디자인 보호법의
쟁점과 사례

지식재산연구총서 ⑥

디자인 보호법의 쟁점과 사례

전성태 · 신현철

한국지식재산연구원 · 新論社

머리말

본서는 디자인권(의장권)에 관한 쟁점과 사례를 해설한 것입니다. 오늘날, 기술의 격차가 줄어들면 들수록 디자인 전략은 기업의 경쟁력을 확보하는 수단이 되며 혁신적이고 참신한 디자인은 기업의 사활을 결정짓는 중요한 역할을 하고 있습니다. 그런데 디자인보호법은 특허법 등 다른 지식재산법에 비하여 판례의 축적이 적고 새로운 법리가 발생하기 쉽지 않다는 등의 이유로 연구 대상에서 소외시되는 경향이 적지 않은 상황입니다.

디자인의 이용과 보호가 새로운 디자인의 창작을 장려하여 산업 발전에 기여한다는 점을 고려한다면 향후 디자인보호법의 역할의 중요성은 증가할 것으로 확신합니다. 본서는 적으나마 디자인보호법의 이해와 연구에 도움이 되고자 집필한 것입니다.

하지만 디자인보호법에 관한 집필은 용기와 도전이 필요한 작업이었습니다. 지식재산법을 연구하는 사람으로서 집필 분야를 가리지 않는 것이 타당하지만, 한국의 디자인보호법에 관한 문헌이나 판례는 특허법 등 다른 지식재산법에 비교하여 매우 적은 편입니다. 그래서 저자들은 본서를 한국의 디자인보호법의 이론적 논의와 판례의 쟁점을 다룸과 동시에 일본의 주요 학설과 리딩 케이스로 잘 알려져 있는 주요 판례를 해설하는 데 초점을 맞추었습니다.

본서는 디자인보호법의 선구적 책들인 노태정 · 김병진 디자인보호법과 송영식 지적소유권법(상-디자인보호법 부분)의 내용들을 많이 참고하였고, 디자인보호법의 주요 판례들을 선별하여 소개하였습니다.

한편, 본서에서 소개하는 일본의 판례는 일본 오사카대학의 茶園 成樹(차엔 시게키) 교수님이 편집한 『意匠法』의 부록인 '의장법 중요 조문 · 판례 일람'에 실린 사안을 중심으로 정리하였고, 필요에 따라 판례를 추가하였습니다. 디자인보호법의 법리는 특허법 등 다른 지식재산법의 법리를 원용하는 경우가 많기 때문에 특허법 등 다른 지식재산법의 판례도 포함하였습니다. 이는 한국과 일본의 디자인보호법(의장법)을 이해하는 데 필수불가결한 것들이기 때문입니다.

각 쟁점의 내용 전개에 있어서는 한국과 일본의 디자인보호법(의장법)의 이론을 간단히 언급하고, 관련 판례를 소개하는 형식을 빌었고 특히 일본의 판례에 대해서는 사안을 충실히 소개함과 동시에 그 해설에서 일본의 학설이나 일본 특허청의 심사기준 등을 언급하여 설명하는데 노력을 기울였습니다.

그럼에도 디자인보호법의 주요 제도나 핵심사례를 충분히 다루지는 못하였습니다. 지면상, 시간상의 관계도 있고, 무엇보다 저자들의 내공의 부족도 하나의 원인이 되었습니다. 본서의 집필을 계기로 앞으로 더욱 정진하여야겠다는 마음을 되새겨 봅니다.

또한 본서는 판례 평석만을 목적으로 한 것이 아니기 때문에 디자인보호법의 법리를 전문적으로 연구하시는 분들에게는 다소 부족하고 미흡한 부분이 많이 있을 것입니다. 이 점에 대해서는 너그러이 보아 주시길 부탁드리며, 이에 관한 평가와 질책은 반성의 계기로 삼아 후일 디자인보호법에 관한 전문 법서 출간의 토대로 삼겠습니다.

끝으로 본서의 이론적 토대를 마련해 주신 노태정 변리사님과 이상정 교수님을 비롯한 여러 선생님들께 감사드리며, 오사카 대학의 교수이신 茶園 成樹(차엔 시게키) 선생님과 여러 선생님께도 감사의 말씀을 드립니다. 또한 집필 기회를 주신 한국지식재산연구원 최덕철 원장님과 관계자 여러분, 新論社 사장님과 편집부분들께도 깊은 감사의 말씀을 드리며 본서가 한국과 일본의 디자인보호법(의장법)의 이해와 법리형성 및 논의의 활성화에 조금이나마 기여할 수 있기를 기대합니다.

공저자

전성태 · 신현철

목차

제4장 디자인 제도론

제5장 디자인 침해론

일러두기

1. 한국과 일본의 디자인보호법(의장법) 주요 용어 비교표

	한국		일본
1	디자인보호법		의장법
2	디자인(권)		의장(권)
3	디자인출원(심사, 등록)		의장출원(심사, 등록)
4	부분디자인		부분의장
5	거절결정(불복심판)		거절사정(불복심판)
6	공지디자인	→	공지의장
7	디자인권 침해		의장권 침해
8	디자인의 동일 · 유사		의장의 동일 · 유사
9	1디자인 1출원		1의장 1출원
10	대법원		최고재판소
11	법원		재판소

2. 참고문헌 약어 일람

* 아래의 문헌에 대해서만 약어로 인용하였고, 그 외의 문헌(판례)에 대해서는 인용방식에 따라 기재하였음(각주 및 참고문헌 참조)

(1) 한국

노태정 · 김병진	노태정 · 김병진, 디자인보호법(제3정판), 세창출판사, 2009.
송영식 외	송영식 외, 지적소유권법(상-디자인보호법 부분), 육법사, 2013.
디자인심사기준	디자인심사기준(2014. 6. 27 전부개정 및 2014. 7.1 시행) : 〈http://www.kipo.go.kr/kpo/user.tdf?a=user.html.HtmlApp&c=3083&catmenu=m02_03_03)〉

(2) 일본

• 판례표시

最(大) 判(決)	最高裁判所(大法廷)判決(決定)
高判(決)	高等裁判所(決定)
知財高判	知的財産高等裁判所判決
地判(決)	地方裁判所判決(決定)

• 잡지명 등의 약어

民 集	最高裁判所民事判例集
知 財 裁 集	知的財産権関係民事・行政裁判例集
無 体 裁 集	無体財産権関係民事・行政裁判例集
判 時	判例時報
判 タ	判例タイムズ
百選(執筆者)	中山信弘・大渕哲也・茶園成樹・田村善之編,『商標・意匠・不正競争判例百選』, 有斐閣, 2007.
百選特許3(執筆者)	中山信弘・相沢英孝・大渕哲也編,『特許判例百選〔第3版〕』, 有斐閣, 2004.
百選特許4(執筆者)	中山信弘・大渕哲也・小泉直樹・田村善之編,『特許判例百選〔第4版〕』, 有斐閣, 2012.

• 문헌약어

意匠法コンメンタール(執筆者)	寒河江孝允・峯唯夫・金井重彦編,『意匠法コンメンタール〔第2版〕』, レクシスネクシス, 2012.
逐条解説	特許庁編,『工業所有権法(産業財産権法)逐条解説〔第19版〕』, 青林書院, 2010.
注解意匠法(執筆者)	満田重昭・松尾知子編,『注解意匠法』, 青林書院, 2010.
加藤	加藤恒久,『意匠法要説』, ぎょうせい, 1981.
斎藤	斎藤瞭二,『意匠法概説〔補訂版〕』, 有斐閣, 1995.
高田	高田忠,『意匠』, 有斐閣, 1969.
茶園[意](執筆者)	茶園成樹編,『意匠法』, 有斐閣, 2012.
注解[上](執筆者)	中山信弘・小泉直樹編,『新・注解特許法(上巻)』青林書院, 2011.
注解[下](執筆者)	中山信弘・小泉直樹編,『新・注解特許法(下巻)』青林書院, 2011.
判例意匠法(執筆者)	三枝英二先生・小谷悦司先生還暦記念,『判例意匠法』発明協会, 1999.

• 문헌약어

意匠審査基準	http://www.jpo.go.jp/cgi/link.cgi?url=/shiryou/kijun/kijun2/isyou-shinsa_kijun.htm
意匠審査便覧	http://www.jpo.go.jp/shiryou/kijun/kijun2/isyou_binran.htm

제1장

서장

제1절 디자인 제도의 개요

디자인보호법(이하, '디자인법'으로 칭함)은 새롭게 창작된 디자인을 보호하는 법률임과 동시에, 지식재산법의 하나이다. 보호대상이 되는 디자인은 물품의 형태이다(디자인법 제2조 제1항). 우리나라 디자인법은 1961년 12월 31일 처음으로 디자인법(구 의장법)이 제정 · 공포되어 시행된 후, 예컨대 2001년 개정법에는 부분디자인제도 도입하고 2004년 개정법에서는 글자체 디자인을 보호하는 규정을 두는 등 지금까지 총 35차례의 제 · 개정을 통한 변화를 거듭하면서 현행법(일부개정 2014.1.21 법률 제12288호)에 이르렀다.

이하에서는 현행 디자인보호법을 (1) 보호대상, (2) 보호요건, (3) 보호주체, (4) 디자인등록출원절차, (5) 심판 및 심결취소소송, (6) 디자인권 및 디자인권의 침해, 그리고 (7) 디자인권의 이용으로 나누어 간단히 살펴보고자 한다.

Ⅰ. 보호대상

디자인법의 보호대상은 디자인, 즉 물품의 형태이다. 디자인법 제2조 제1호는 "'디자인'이란 물품[물품의 부분(제42조는 제외한다) 및 글자체를 포함한다. 이하 같다]의 형상 · 모양 · 색채 또는 이들을 결합한 것으로서 시각을 통하여 미감(美感)을 일으키게 하는 것을 말한다"고 정의하고 있다. 물품에는 물품의 부분이 포함되어 있으므로 물품의 부분의 형태인 부분디자인도 당연히 보호된다.

Ⅱ. 보호요건

디자인이 보호되기 위해서는 보호를 받으려고 하는 디자인에 대하여 디자인등록출원을 받아야 하며, 디자인등록출원에 관계한 디자인(출원디자인)은 다음의 요건을 반드시 충족하여야 한다.

① 공업상 이용가능성
② 신규성
③ 창작비용이성
④ 선원디자인의 일부와 동일 · 유사한 후원 디자인의 보호 제외
⑤ 선원주의
⑥ 부등록사유

디자인은 디자인권에 의해 보호되고, 디자인권은 설정등록에 의해 발생하는 것이므로(디자인법 제90조), 보호요건은 곧 등록요건(디자인법 제30조)이 된다. 그런데 디자인등록출원은 특허청에서 디자인법 제62조에 열거된 사유(거절이유)에 해당하는지 여부가 심사되어 이에 해당될 경우에는 거절결정이 내려진다. 또한 디자인권은 디자인법 제121조 제1항 각호에서 열거된 사유(무효이유)에 해당할 경우에는 무효심판에서 무효심결의 확정에 따라 처음부터 없었던 것으로 된다(디자인법 제121조 제3항). 출원디자인이 보호요건(등록요건)을 충족하지 않은 것은 거절이유이며, 등록요건을 충족하지 않은 디자인에 대한 출원은 거절된다. 또한 무효이유도 있으며, 착오로 등록되어도 디자인권은 무효가 된다.

Ⅲ. 보호주체

보호되는 주체는 디자인을 창작한 자이며, 디자인 창작자에게 디자인등록을 받을 권리가 발생한다. 디자인 등록을 받을 권리는 이전할 수 있다

(디자인법 제54조). 적법하게 디자인등록출원을 하고, 디자인권을 취득할 수 있는 자는 디자인 창작자 또는 디자인 창작자로부터 디자인등록을 받을 권리를 승계한 자이며, 그 이외의 자가 출원(모인출원)한 것은 거절이유(디자인법 제62조 제1항)·무효사유(디자인법 제121조 제1항 제1호)가 된다. 따라서 모인출원에 의해 디자인권이 등록된 경우 디자인 등록을 받을 권리를 가지는 자는 무효심판을 청구하여 당해 디자인권을 무효로 할 수 있다.

Ⅳ. 디자인등록출원 절차

디자인권을 취득하기 위해서는 특허청장에 대하여 디자인등록출원을 하여야 한다. 출원서에는 ① 디자인등록출원인의 성명 및 주소(법인인 경우에는 그 명칭 및 영업소의 소재지), ② 디자인을 창작한 사람의 성명 및 주소, ③ 도면(디자인의 대상이 되는 물품 및 물품류, 디자인의 설명 및 창작내용의 요점) 등을 첨부하여야 한다.

출원이 되면 특허청은 먼저 방식상의 불비가 있는지 여부를 판단하는 방식심사를 한다. 그 후에 심사관은 보호요건(등록요건)을 충족하고 있지 않는 점이나 출원인이 디자인등록을 받을 권리를 가지지 않는 자인지 등 거절이유에 해당되는지 여부에 대한 실체심사를 한다.

심사관은 거절이유를 발견하지 못한 경우에는 등록결정을 하고, 거절이유를 발견한 경우에는 출원인에 대하여 거절이유를 기재한 통지(거절이유통지)를 하는 한편, 의견진술의 기회를 부여한다(디자인법 제63조). 출원인은 이에 대하여 의견서를 제출하거나 보정을 한다. 심사관은 이러한 출원인의 대응에 따라 당해 출원이 거절이유에 해당되지 않는다고 판단될 경우에는 등록결정을 한다. 한편 출원인의 응답이 없는 경우라든가, 응답이 있더라도 거절이유가 해소되지 않았다고 판단하는 경우에는 거절결정을 한다. 거절결정에 불복이 있는 출원인은 거절결정불복심판을 청구할 수 있다

(디자인법 제120조).

특허청은 심사에 있어서 디자인법의 통일적인 해석운용을 도모하기 위하여 디자인심사기준을 마련하고 있다. 디자인심사기준은 법규범 그 자체는 아니다. 그러므로 출원이 거절이유에 해당하는지 여부는 결국 디자인법에 따라 판단되어야 하는 것이다. 그러나 심사는 디자인심사기준에 따라 하도록 되어 있으며, 실무상 중요한 의의를 가진다. 다만, 디자인법에는 특허법과는 달리 심사청구제도(특허법 제59조)나 출원공개제도(특허법 제64조)는 도입되어 있지 않다.

V. 심판 · 심결취소소송

일반적으로 심판이란 행정기관이 사법절차에 준한 절차(준사법절차)에 따라 일정한 결정을 하는 제도를 가리킨다. 디자인법은 주로 다음의 5가지 심판을 두고 있다.

① 심사관이 행한 보정각하결정에 대하여 불복을 신청하는 보정각하결정불복심판(디자인법 제119조)

② 심사관이 행한 거절결정에 대하여 불복을 신청하는 거절결정불복심판 및 디자인등록취소결정에 대한 심판(디자인법 제120조)

③ 디자인권을 소급적으로 소멸시키는 디자인등록무효심판(디자인법 제121조)

④ 디자인의 보호범위를 확인하기 위한 권리범위확인심판(디자인법 제122조)

⑤ 등록디자인 또는 이와 유사한 디자인이 타인의 선출원 권리와 이용 · 저촉관계에 있을 때 이를 조정하기 위한 통상실시권허락심판(디자인법 제123조)

이러한 디자인법상의 심판을 특허법과 비교하면, 특허법에 있는 정정심판은 디자인법에는 존재하지 않는다. 디자인법에서는 설정등록 후, 원서의 기재 · 도면 등을 정정하는 것 자체가 인정되고 있지 않다. 또한 디자인법에는 존속기간 연장등록제도가 마련되어 있지 않으므로, 특허법에 있는 연장등록무효심판제도도 없다. 심판은 심결에 의해 종결한다. 심결에 불복이 있는 자는 그 취소를 구하는 소(심결취소소송)를 제기할 수 있다.

Ⅵ. 디자인권 및 디자인권의 침해

등록결정이 되면 등록료의 납부에 의해 디자인권의 설정등록이 되고, 디자인권이 발생한다(디자인법 제90조). 디자인권의 존속기간은 설정등록일로부터 20년이 되면 종료한다(디자인법 제91조).

디자인권은 업으로서 등록디자인 및 이에 유사한 디자인의 실시에 대한 독점적 배타권이다(디자인법 제92조). 따라서 타인이 무단으로 등록 디자인과 동일·유사한 디자인을 업으로서 실시하는 것은 디자인권 침해가 된다. 또한 타인이 실시하는 디자인을 스스로 독립하여 창작한 경우에도 침해가 되는 것을 부정하지 않는다. 또한 디자인법 제114조는 디자인권의 직접침해는 아니지만, 이를 야기할 개연성이 높은 행위를 간접침해로 보고 있다.

디자인권자는 그 디자인을 침해하는 자에 대하여 침해의 금지를 청구할 수 있고(디자인법 제113조), 침해에 의해 자기가 받은 손해의 배상을 청구할 수 있다(민법 제750조).

Ⅶ. 디자인권의 이용

디자인권의 이용방법으로서는 디자인권자가 등록 디자인 또는 이에 유사한 디자인을 스스로 실시하는 외에, 디자인권 양도, 실시권 설정, 질권의 설정 등을 할 수 있다. 실시권에는 전용실시권과 통상실시권이 있다. 통상실시권자는 업으로서 등록디자인 또는 이에 유사한 디자인을 실시할 권리를 가지는데 지나지 않는다(디자인법 제99조). 이에 비하여 전용실시권자는 디자인권자와 마찬가지로 업으로서 등록 디자인 또는 이에 유사한 디자인을 실시할 권리를 전유한다(디자인법 제92조 단서).

제2절 디자인법의 위상과 목적

Ⅰ. 지식재산법으로서의 디자인보호법의 위상

지식재산법이란 지식재산의 소유에 관한 법이며, 지식재산을 보호의 대상으로 하는 법이다. 지식재산이란 일반적으로 재산적인 가치가 있는 정보를 말한다. 이에 대하여 지식재산권이라는 구체적인 권리가 있는 것은 아니다. 다만, 특허권, 상표권, 저작권 등 무체물에 관한 권리를 총칭한 말일 뿐이다. 이는 지식재산권으로 인정되는 각 권리는 각각의 개별 법률에서 규정하고 있기 때문이다.

지식재산권은 무체물인 정보이므로 자신의 이용을 방해받지 않고도 타인이 무단으로 실시하는 것이 가능하다. 타인이 무단으로 이용할 수 있게 하면 지식재산의 창작자는 자신의 노력의 결과로부터 얻을 이익을 향유하기가 곤란해진다.

지식재산의 창작에는 많은 비용과 시간이 든다. 그럼에도 타인의 무단이용을 방치하는 것은 지식재산의 창작의욕을 저하시키고, 창조 활동을 저해하는 결과를 초래할 것이 분명하다.

그래서 우리나라는 지식재산을 준물권적 권리로 보아 권리형태로서 보호하고 있다. 이러한 지식재산을 보호대상의 관점에서 보면 (1) 창작을 보호하기 위해 인정되는 권리와 (2) 표지 등을 보호하기 위하여 인정되는 권리로 구분된다.

〈보호대상에 따른 분류와 내용〉

<table>
<tr><th></th><th colspan="4">창작법</th><th>표지법</th></tr>
<tr><td></td><td colspan="3">산업상의 창작을 보호하는 법률</td><td>문화적 창작을 보호하는 법률</td><td>선택한 표지를 보호하는 법률</td></tr>
<tr><td>법률명</td><td>특허법</td><td>실용신안법</td><td>디자인보호법</td><td>저작권법</td><td>상표법</td></tr>
<tr><td>대상</td><td>발명</td><td>고안</td><td>디자인</td><td>저작물</td><td>상표</td></tr>
<tr><td>취지</td><td colspan="3">산업상의 창작물에 대하여 일정한 보호를 부여하고, 산업상의 창작의 이용을 촉진하여 산업의 발전에 이바지 한다.</td><td>문화적 창작에 대하여 일정한 보호를 하고, 공정한 이용을 도모하여 문화발전에 이바지 한다.</td><td>표지사용자의 업무상 신용을 보호함으로써 산업발전에 기여하고 수요자의 이익에 이바지 한다.</td></tr>
<tr><td>요건</td><td colspan="2">• 산업상 이용가능성
• 신규성
• 진보성</td><td>• 공업상 이용가능성
• 신규성
• 창작비용이성</td><td>• 인간의 사상과 감정의 표현
• 표현형식의 창작성</td><td>• 자타상표의 식별력이 있을 것</td></tr>
<tr><td>권리발생형태</td><td colspan="2">• 방식주의
• 심사주의</td><td>• 방식주의
• 수정심사주의 (일부 무심사)</td><td>• 무방식 주의</td><td>• 방식주의
• 심사주의</td></tr>
</table>

또한 보호목적의 관점에서 보면, 산업상의 창작을 보호하는 법률인 특허법(실용신안법), 디자인보호법, 상표법은 산업재산권법으로, 문화적 창작을 보호하는 법률인 저작권법으로 구분하기도 한다.

보호 형식적 관점에서 보면, 권리를 부여하여 보호하는 권리부여형(특허법, 상표법 등)과 행위를 규제함으로써 보호하는 행위규제형 방식이 있다. 행위규제형 보호법에는 부정경쟁방지 및 영업비밀보호에 관한 법률이 있다.

이러한 측면에서 보면, 디자인보호법은 보호목적의 관점에서는 산업재산권법, 보호대상의 측면에서는 창작법, 보호방법의 측면에서는 권리부여형 보호법에 속하는 법률이라고 할 수 있을 것이다.

Ⅱ. 디자인법의 목적

디자인법 제1조에서 규정되어 있는 바와 같이, '디자인의 보호와 이용'을 도모하여 '디자인의 창작을 장려'하고, 더 나아가 '산업발전에 이바지하는 것'을 목적으로 한다.

'디자인의 보호'는 창작된 디자인의 디자인등록출원에 대하여 특허청이 등록요건의 심사를 한 후에 설정등록됨으로써 디자인권을 발생시키는 방법을 취한다. '디자인의 이용'이란 주로 보호되는 디자인의 실시에 의한 이용을 가리킨다. 디자인의 창작을 장려하는 데에는 다양한 방법이 있을 수 있지만, 디자인법은 창작된 디자인이 보호되고, 이용될 수 있는 방법을 취함으로써 디자인의 창작활동이 활발히 일어날 수 있도록 하고 있다.

디자인법의 목적은 '디자인의 창작을 장려'함으로써 '산업의 발전에 이바지하는 것'에 있다. 디자인보호법은 독점배타적인 디자인권의 설정이라고 하는 방법으로 디자인의 보호 및 이용을 도모하여 디자인의 창작을 장려함으로써 디자이너 기타 창작자의 보호를 직접목적으로 한다. 뿐만 아니라 디자인은 상품의 외관에 관한 것이다. 그러므로 그 모방행위는 상품의 오인혼동을 초래하여 구매자의 이익을 해할 우려도 있어 디자인보호법은 위조상품방지에 의한 시장경제질서에도 기여하고 물품의 미적 외관을 통한 소비자의 수요를 자극하여 상품수요의 증대를 이끌어 산업발전에 기여하는 측면이 있다.[1)]

이와 마찬가지로 특허법도 '발명의 장려'를 통하여 '산업발전에 이바지하는 것'이다. 두 법 모두 목적이 공통되지만, 특허법은 발명에 의해 새로운 기술과 산업을 탄생시킨다는 점에서의 산업발전이므로 그 목적이 분명하다고 할 수 있다. 그러나 디자인 창작의 장려와 산업발전과의 관계는 반드시 명확하지 않는 측면이 있다.

---

1) 송영식 외, 925면.

이러한 디자인의 창작과 산업발전의 상관성에 대해서는 다양한 견해[2]가 있지만, 디자인을 산업발전에 적극적으로 공헌하는 것으로 파악하기 위해서는 다음과 같은 이해가 필요하다. 물품의 형태인 디자인은 물품의 구매의욕을 환기시키고, 수요를 증대시키는 기능을 가지며, 새롭게 창작된 디자인이 이용됨으로써 생겨나는 수요의 확대는 물품의 유통활동을 확대시키게 된다. 따라서 새롭게 창작된 디자인을 보호하고, 그 실시에 의한 이용을 촉진하기 위한 디자인 창작의 장려는 디자인이 가지는 수요증대 기능의 관점에서 산업의 발전에 기여하는 것이라고 볼 수 있다.[3]

2) 注解意匠法(松尾和子), 102-104頁; 意匠法コンメンタール(峯唯夫), 10-13頁.

3) 茶園[意](茶園成樹), 4頁.

제2장

디자인의 성립론

제1절 디자인의 개념

'디자인'이란 물품[물품의 부분(제42조는 제외한다) 및 글자체를 포함한다. 이하 같다]의 형상 · 모양 · 색채 또는 이들을 결합한 것으로서 시각을 통하여 미감(美感)을 일으키게 하는 것을 말한다(디자인법 제2조 제1호). 이러한 디자인의 정의에 따르면, 아래의 4가지로 디자인을 나누는 것이 가능하다. 즉 디자인법상 디자인이 되기 위해서는 ① 물품성, ② 형태성, ③ 시각성 그리고 ④ 심미성을 갖추어야 한다. 이러한 4가지 요건을 충족한 것은 디자인법상 디자인으로서 취급된다.

제2절 물품성

Ⅰ. 디자인법상 물품

디자인이란 기본적으로 물품에 관계된 것이다. 그러므로 사회에서 디자인이라고 인식된 것이라도 물품에 관계한 것이 아니라면 디자인을 구성하지 않고, 디자인 등록을 받을 수 없다.[4] 물품이란 디자인법의 근간이 되는 개념이지만 디자인법에는 특별한 규정을 두고 있지 않다. 다만 민법에서는 '물건'이란 "유체물 및 전기 기타 관리할 수 있는 자연력을 말한다"(민법 제98조)라고 규정되어 있고, 물건은 동산과 부동산으로 나뉘어 있다(민법 제99조). 또한 사전 상으로는 "일정한 형체를 갖춘 모든 물질적 대상"[5]을 말한다. 그러나 디자인법에서는 민법에서와 같이 '물건' 아니라 '물품'으로 규정되어 있다.

4) 송영식 외, 938면; 노태정 · 김병진, 164면.

5) 네이버 국어사전(http://krdic.naver.com/) 참조.

통설적인 견해는 디자인법상의 '물품'은 통상의 상태에서 독립적으로 거래 대상이 될 것을 필요로 하고, 그것이 부품인 경우에는 이에 더하여 호환성이 있어야 한다고 해석하고 있다.[6] 이에 따르면 새로운 제품이 시장에 나올 경우 그 상품을 구성하는 부품은 시장이 형성되지 않은 이유로 독립적으로 판매되지 않을 것이다. 그 결과 상품의 호환성이 없다고 하여 디자인의 공업성이 인정되지 않을 가능성이 높다. 그러나 이것은 새로운 창작을 보호하는 디자인법의 취지에 반하기 때문에 물품의 성립요건은 엄격하게 해석하는 것이 아니라, 현재의 상품 거래실태에 맞게 그 가능성의 유무로 해석하는 것이 바람직하다.[7]

따라서 디자인법에 '물품'의 정의규정을 두고 있지 않는 이상 '물품'의 개념은 사전적인 사회통념을 참작하면서, 디자인법의 법목적에 비추어 해석될 필요가 있다.[8][9]

Ⅱ. 유체물

일반적으로 디자인법상의 물품이란 독립성 있는 구체적인 물품으로서 유체동산을 말하는 것으로 해석되고 있다.[10] 그러므로 디자인법상 물품은 형태가 구체화되어 고정되어 있어야 하며, 필연적으로 유체물이어야 한다. 따라서 무체물은 디자인법상 물품은 아니다(예: 레이저 광선, 홀로그램, 네

6) 노태정 · 김병진, 171면; 意匠法コンメンタール(五味飛鳥), 24頁.

7) 判例意匠法(伊藤昇), 62頁.

8) 峯唯夫, 『ゼミナール意匠法(第2版)』, 法学書院, 2009, 16頁.

9) 判例意匠法(伊藤昇), 62頁.

10) 송영식 외, 939면; 노태정 · 김병진, 170면; 권택수, "구 의장법 제2조 제1호 소정의 '물품'의 의미 및 그 물품이 의장등록의 대상이 되기 위한 요건", 『대법원판례해설 통권 제37호』, 2001, 310-314면; 조영호, "의장의 대상이 되는 물품은 반드시 실제 거래사회에서 현실적으로 거래되고 다른 물품과 호환될 것을 요하는지 여부", 『정보법판례백선(I)』, 한국정보법학회, 박영사, 2006, 176-177면; 디자인심사기준(2014. 6. 27 전부개정), 100면.

온사인 등).[11] 판례도 역시 "물품이란 독립성 있는 구체적인 유체동산을 의미하는 것으로, 이러한 물품이 디자인 등록의 대상이 되기 위해서는 통상의 상태에서 거래의 대상이 되어야 하고, 그것이 부품인 경우에는 호환성을 가져야 하나, 이는 반드시 실제 거래사회에서 현실적으로 거래되고 다른 물품과 호환될 것을 요하는 것은 아니고, 그러한 독립된 거래의 대상 및 호환의 가능성만 있으면 디자인 등록의 대상이 된다"[12]고 보고 있다.

Ⅲ. 동산

사회통념상 물품이란 부동산 이외의 유체물로 인식되어 있을 것, 그리고 디자인은 공업상 이용되는 것이 아니라면 보호되지 않으므로, 부동산까지도 포함하는 것으로 이해해야 할 이유는 없는 것이다. 그러므로 디자인법상의 물품은 동산에 한하고, 부동산은 물품이 아닌 것으로 해석된다.[13] 이러한 점에서 부동산도 물품에 포함하여 해석되고 있는 실용신안법과는 다르다. 실용신안법은 기술적 사상을 보호대상으로 하는 것이며, 공업상 이용가능성은 보호 요건으로 되어 있지는 않다. 여기서 물품을 부동산도 포함하는 것으로 이해하여, 그 보호대상을 넓히는 것에 법목적상의 의의가 인정되지만 디자인법에는 물품의 범위를 넓히는 것의 의의가 인정되지 않으므로, 사회통념에 따른 해석이 타당하다고 생각된다.[14]

이와 같이, 디자인법상의 물품은 동산에 한정되므로, 토지에 고정되어 있는 디자인이라 할 수 있는 공원 디자인이나 도시 디자인, 토지와 일체로서 존재할 수 있는 빌딩 등은 디자인법상의 물품은 아니다.

---

11) 송영식 외, 939면.

12) 대법원 2001. 4. 27. 선고 98후2900[등록무효(의)].

13) 노태정 · 김병진, 173면.

14) 峯唯夫,『ゼミナール意匠法(第2版)』, 法学書院, 2009, 16頁.

다만, 디자인법은 산업의 발달을 목적으로 하는 것이므로, 그 디자인을 보호하는 것이 산업에 기여할 수 있는 것은 널리 보호하는 것이 법목적을 이룰 수 있는 것이라 할 수 있다. 여기서 최종적으로는 토지에 고정된 부동산으로 사용되는 것이라도 토지로부터 분리하여 존재할 수 있고, 양산 가능한 것은 물품으로서 취급하는 것이 법 목적을 이룰 수 있는 것이라는 점을 알 수 있다.

Ⅳ. 독립하여 거래의 대상이 되는 것

1. 시장에서 유통이 가능한 것

일반적으로 물품은 독립하여 거래의 대상이 되는 것이어야 한다. 휴대폰이나 자전거가 이에 해당되는 것은 분명하다. 이는 완성품에 한정하지 않고, 자동차의 휴대폰 케이스나 자전거의 바퀴와 같은 부품이라도 물품성의 요건을 충족하는 것이라고 생각된다. 우리 판례는 부품이 물품에 해당하기 위해서는 "① 호환성을 가질 것, ② 독립된 거래의 대상일 것(다만, 반드 현실적으로 거래될 필요는 없다고 하였다).[15] '누름버튼용 스위치'의 물품성이 문제된 사안에서 법원은 "누름버튼용 스위치용 푸시는 완성품이 아닌 부품이기는 하나, 그 자체가 전자부품제조업 등에 종사하는 사업자들 간에는 독립된 거래의 대상이 되는 물품임이 분명하고, …여러 수요자에게 납품되는 점에서 호환성있는 물품이며, 크기가 작기는 하나 육안으로 형상과 모양을 파악할 수 있다"고 하여 디자인법상 물품에 해당한다고 하였다.[16]

---

15) 대법원 2001. 4. 27. 선고 98후2900판결.

16) 특허법원 2002. 5. 17.선고 2002허1379[무효심판].

2. 예외

독립하여 거래의 대상이 되지 않는 물품의 부분은 물품성 요건을 충족할 수 없고 디자인에 해당되지 않는다. 따라서 물품의 부분에 대해서는 디자인권의 보호를 취득할 수 없고, 디자인법상의 보호가 충분히 도모되지 않을 우려가 있었다.[17] 이러한 점을 고려하여 2001년 개정법에서 디자인의 정의 규정에 물품의 부분(예컨대 커피 잔의 손잡이, 병의 주둥이, 오토바이의 본체, 안경테의 귀걸이부 등)의 형상·모양·색채 또는 이들의 결합도 디자인임을 명확히 하여 물품의 부분에 관한 디자인도 출원하여 등록받을 수 있도록 하였다.

이와 같이 부분디자인제도를 도입하게 된 것은 부분디자인의 창작적 가치에 대한 보호의 필요성[18]이 증대하고, 부분디자인의 도용으로 인한 권리자 간의 분쟁을 방지하기 위함이었다.[19][20]

이렇게 도입된 부분디자인제도로 말미암아 가위 손잡이 부분이나 휴대전화기의 조작버튼과 같이 물리적으로 분리된 2이상의 부분이 포함되어 있는 경우에도 형태적 일체성이나 기능적 일체성이 인정되면 창작의 일체성이 인정되어 부분디자인으로 등록을 받을 수 있게 되었다.[21]

---

17) 1998년까지 우리 디자인보호법에서는 물품의 부분에 대한 디자인을 인정하지 않았다. 왜냐하면 디자인보호법의 보호대상인 디자인은 물품의 외관적 형태를 통하여 미감을 일으키는 것에 한하고 있었고, 여기서의 물품은 독립성이 있는 구체적인 유체동산으로 통상의 상태에서 독립한 거래의 대상이 되는 것으로 해석하여 왔기 때문이다(송영식 외, 940면; 노태정·김병진, 169면).

18) 구법 하에서는 디자인권이 있는 등록디자인과 전체적 심미감이 동일·유사한 디자인을 정당한 권원이 없는 자가 실시하는 경우에만 디자인권의 침해가 인정되므로 등록디자인의 일부분을 도용하더라도 전체적으로 유사하지 않다면 침해가 성립되지 않았다(송영식 외, 1001면(각주 1744)).

19) 송영식 외, 1001면.

20) 대법원 2001.4.27.선고 98후2900판결; 대법원 2004.7.9. 선고 2003후274판결 참조.

21) 디자인심사기준, 73-74면 참조.

V. 쟁점 및 사례

1. 물품의 동일성 판단기준

물품의 동일성 유무가 문제된 사안에서 법원은 "의장법상의 의장은 물품의 형상, 모양이나 색채 또는 이들의 결합이 시각을 통하여 미감을 일으키게 하는 것으로서 물품을 떠나서는 존재할 수 없고 물품과 일체불가분의 관계에 있으므로 물품에 동일성이 없을 때에는 그 물품의 표현인 의장 또한 유사성이 없다고 보아야 할 것이다"고 판단하였다. 물품의 동일성 유무에 대해서는 "물품의 용도, 기능 등에 비추어 거래통념상 동일 종류의 물품으로 인정할 수 있는지의 여부에 따라 인정해야 할 것인바, 출원 의장인 접시덮개와 인용의장인 접시는 양자 모두 식품 용기류에 속하기는 하나 접시는 식품을 담아 받쳐주는 용도와 기능을 가진 반면 접시덮개는 위와 같은 접시위에 덮어 식품에 이물의 부착을 막고 식품의 보온, 보습 및 방취를 하는 용도와 기능을 가진 것이므로 위와 같은 용도와 기능의 차이에 비추어 볼 때 거래통념상 동일 종류의 물품이라고 볼 수 없다"고 판시한 바 있다.[22)]

다만, 디자인법 시행규칙의 물품구분표상의 같은 유별에 속하는 물품이라도 동일성이 없는 물품이 있을 수 있고, 서로 다른 유별에 속하는 경우라도 동일성이 인정되는 경우가 있다고 하여 물품구분표는 디자인등록 사무의 편의를 위한 것으로 동종의 물품을 법정한 것은 아니라고 판시하고 있다(대법원 1992.04.24. 선고 91후1144 판결 의장등록무효).

따라서 물품의 동일성 판단은 물품의 용도, 기능 등에 비추어 거래 통념상 동일종류의 물품으로 인정할 수 있는지 여부에 따라 결정되는 것으로서 사회가 변함에 따라 거래양태가 달라진 경우에는 물품의 동일성에 대

---

22) 대법원 1985.05.14. 선고 84후110판결(거절사정); 대법원 1991.07.12. 선고 90후1994판결(거절사정); 대법원 1991.11.26. 선고 91도612 판결; 대법원 1985.5.14.선고 84후110판결.

한 판단기준도 변하는 변동가능성이 있는 개념이라고 할 것이다.

■ 일본의 중요 판례 해설: 『약품보관고사건(藥品保管庫事件)』[23]

【사안의 개요】

X(신청인, 항고인)는 의장의 대상이 되는 물품을 '보관고'라는 의장(본건 의장)의 의장권자이다. Y(피신청인, 상대방)는 '약품보관고'라는 의장(Y의장)을 제조 · 판매하고 있다. X는 Y가 업으로 본건 의장과 유사한 Y의장을 제조 · 판매하는 것은 X의 의장권(본건의장권)을 침해하는 것이라고 하여, Y의장의 금지가처분을 신청하였다. 원심은 공지의장과의 관계에서 본건 의장의 요부를 한정적으로 해석하여 본건 의장과 Y의장은 유사하지 않다고 하여 가처분신청을 기각하였다. X는 본건 의장의 유사 범위를 결정함에 있어서 참작해서는 안 되는 의장을 참작하여 본건 의장의 요부를 결정한 원심에는 잘못이 있다고 하여 항고하였다.

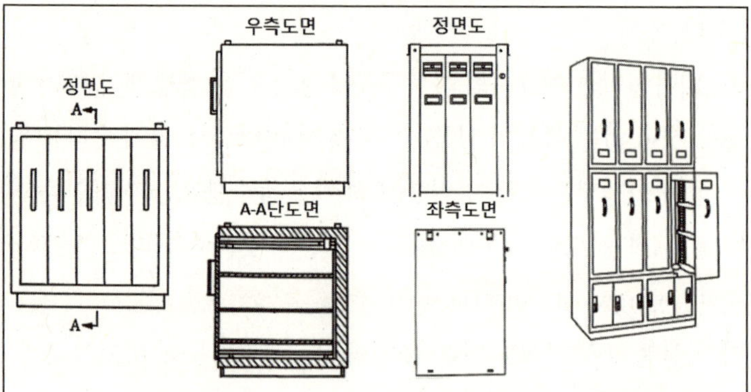

[본건의장] [Y의장의 예] [공지의장의 예]

23) 大阪高決昭和56年9月28日無体裁集第13巻第2号630頁.

【법원의 판단】 항고기각

"X는, 본건 의장의 실시품은 과학기기나 시약관련 회사를 통해서만 시장에 공급되고 이과기기관련업계가 그 분야인 것에 반하여, 1968년 실용신안 출원공고에 게재된 수직형 서랍 장치가 부착된 철제 케비넷(…)등 의장의 각 물품은 공구 및 사무기기 관련 업계가 그 분야이며 본건 의장의 실시품과는 공급된 시장이 다르고 따라서 동일 또는 유사 물품이 아니기 때문에 본건 의장의 유사 범위를 결정함에 있어서 앞의 각 공지의장은 참작해서는 안 된다고 주장한 것에 대하여, 물품의 유사 판단은 물품의 용도와 기능을 기준으로 해야 하며 X의 주장처럼 물품이 공급되는 시장이 동일한지 여부는 판단 기준이 될 수 없다고 해야 한다. 그리고 물품의 용도와 기능이 같은 것은 동일 물품이고, 용도가 동일하지만 기능이 상이한 것은 유사 물품이라고 해석하는 것이 타당하다."

"본건에 관해서 보면 본건 의장의 실시품 및 공지의장…의 대상물품은 모두 비교적 소형의 물품을 수납하고 보관하는 것에 사용되는 것이어서 용도는 동일하다고 말할 수 있고 단지 수납하는 물품이 다르다는 점에서 기능을 달리하는 것에 지나지 않기 때문에 본건 의장의 실시품과 각 공지의장의 대상물품은 유사 물품이라고 해야만 한다. 따라서 본건 의장의 유사범위를 판정함에 있어서 앞의 각 공지의장을 참작해야만 하는 것은 당연하며 이에 관한 X의 주장은 채용할 수 없다."

"X는 공지의장…(은) 모두 본건 의장과 유사성이 없기 때문에 본건 의장의 유사 범위를 결정함에 있어서 참작해야 하는 공지의장이 아니라고 주장하지만…앞의 각 공지의장과 본건 의장과는 유사한 부분이 있는 이상 앞의 각 공지의장을 참작해서 본건 의장의 유사 범위를 판정하는 것은 전혀 문제가 되지 않는다."

【해설】

본건은 의장권 침해 사건인데 본건 의장과 Y의장의 유사판단이 쟁점이 된 것이 아니라, 본건 의장의 요부를 결정함에 있어서 참작한 공지의장의 물품과 본건 의장이 유사한지 여부가 검토의 대상이 되었다.

의장법 제23조는 "의장권자는 업으로서 등록의장 및 이것에 유사한 의장의 실시를 하는 권리를 전유한다(…)"고 하여 의장권과 의장의 대상이 되는 물품과의 관계에 관하여 규정하고 있는데, 이 규정은 의장권의 효력이 등록의장 및 이것에 유사한 의장에 관하여 그 등록의장의 대상이 되는 물품과 동일 또는 유사 물품에 미치는 것으로 이해되고 있다.[24)]

본건의 의의는 본건 의장의 유사 범위를 결정함에 있어 본건 의장(이과기기 관련업계)과 공지의장(공구 및 사무기기 관련 업계 등)의 실시품의 분야가 다르다는 사실은 판단기준이 될 수 없고 물품의 용도와 기능을 기준으로 하여[25)] 물품의 용도와 기능이 같은 것은 동일한 물품이며 용도가 동일하지만 기능이 상이한 것은 유사 물품이라는 규범을 제시한 점에 있다.

의장의 물품의 유사 판단에 관해서는 다양한 학설이 주장되고 있는데, 통설에 의하면, 물품의 유사는 물품의 용도·기능을 근거로 판단하며 이것들의 공통성이 있으면 유사하고, 공통성이 없으면 유사하지 않다고 해석하고 있다.[26)] 본판결도 "물품의 유사 판단은 물품의 용도와 기능을 기준으로 해야… 한다"고 하여 통설을 근거로 판단한 것으로 볼 수 있다.[27)] 특허청의 의장심사기준22.1.3.2(2)에도 "의장의 대상이 되는 물품의 사용 목적, 사용 상태 등에 근거하여 두 의장의 의장의 대상이 되는 물품의 용도 및 기능을 인정한다"고 하여 본판결과 같은 취지의 판단을 하고 있다.

본판결에서는 본건 의장과 공지의장은 유사하다고 판단하였기 때문에 공지의장의 존재를 이유로 무효의 항변이 적용되는 사안이라고 말할 수 있다. 본건의 판단기준은 의장권 침해에서의 물품의 유사 판단이나 출원 의장의 신규성 판단에 영향을 줄 것으로 보인다.[28)]

---

24) 竹田稔,『知的財産権侵害要論 特許・意匠・商標編[第5版]』, 発明協会, 2007, 652頁.

25) 斎藤, 147頁에는 물품은 '용도와 기능'에 의하여 특정된다고 말하고 있다.

26) 高田, 138頁; 渋谷達紀,『知的財産法講義II-著作権法・意匠法-[第2版]』, 有斐閣, 2007, 606頁.

27) 百選[青木博通], 111頁.

28) 百選[青木博通], 110頁.

2. 부품의 물품성에 대한 판단기준

'스위치'가 물품에 해당되는지 여부가 문제된 사안에서 판례는 "구 의장법 제2조 제1호에서 말하는 '물품'이란 독립성이 있는 구체적인 유체동산을 의미하는 것으로서, 이러한 물품이 의장등록의 대상이 되기 위해서는 통상의 상태에서 독립된 거래의 대상이 되어야 하고, 그것이 부품인 경우에는 다시 호환성을 가져야 하나, 이는 반드시 실제 거래사회에서 현실적으로 거래되고 다른 물품과 호환될 것을 요하는 것은 아니고, 그러한 독립된 거래의 대상 및 호환의 가능성만 있으면 의장등록의 대상이 된다"고 판시하였다. 특히 이 사건 등록의장의 물품인 '스위치'는 스위치 대판, 스위치 기판, 뚜껑체, 붙임쇠 및 위 붙임쇠 위에 끼움 처리되는 작동체인 노브 등으로 구성되어 있고, 이는 완성품인 스위치의 조립과정에 있어 플레이트와 노브덮개를 제외한 나머지 부품을 조립한 상태로서, 거래관념상 또는 완성품인 스위치의 기능(전기회로를 개폐하는 기능과 안전성을 담보하는 기능)상으로 볼 때, 스위치의 안전성을 담보하는 기능과 밀접한 관련이 있는 플레이트 및 노브덮개가 결여된 이 사건 등록의장의 대상물품은 스위치로서의 완성품이라고 보기 어렵고 완성품에 가까운 부품이라고 파악하였다.

또한 이 '스위치'의 거래실태를 살펴본 바, 해당 스위치는 일반수요자에게는 독립된 거래의 대상이 되는 경우는 극히 드물지만, 적어도 거래자들 사이에서는 독립된 거래의 대상이 되고 호환의 가능성이 있다고 하여 '스위치'를 디자인법상의 물품으로 인정하였다.[29)]

이 판결은 부품이 물품으로 인정되기 위해서는 ① 독립된 거래의 대상이 될 것, ② 호환성을 가질 것을 설시한 판결이다. 여기서의 '호환성'은 현실적 호환성이 아니라 호환의 가능성으로 충분하다고 본 사례이다.[30)] 이

---

29) 대법원 2001.04.27. 선고 98후2900 판결 등록무효(의).

30) 부품의 물품성 판단이 문제가 된 사례에서 법원은 "온열치료용롤러가 통상의 상태에서 독립

판결은 부품이 구 의장법상 물품으로서 의장등록의 대상이 되기 위한 요건 중 특히, 독립거래의 시간적 한계와 호환성의 범위에 대하여 최초로 그 입장을 명시적으로 밝힌 점에서 그 의의가 있다.[31)]

■ 일본의 중요 판례 해설 : 『텐테이블사건(ターンテーブル事件)』[32)]

【사안의 개요】

이 사건 의장, 즉 모터가 장착된 레코드플레이어용 턴테이블(부품)이 '물품'에 해당하는지 여부가 쟁점이 된 사안이다.

X(원고)는 의장의 대상이 되는 물품을 '레코드 플레이어'로 하는 의장등록출원을 하였는데 거절사정을 받았다. 이 거절사정에 대하여 거절사정불복심판을 청구하였는데, 특허청은 "본원의장의 턴테이블은 모터가 장착되어 있어야만 완성품이 되고 호환성이 있는 부분품으로 인정할 수 없는 미완성품이기 때문에 한 개의 의장 전체를 나타내는 하나의 물품의 출원이라고 인정할 수 없다. 따라서 본원 의장은 의장법 제3조 제1항 본문의 '공업상 이용할 수 있는 의장'에 해당하지 않기 때문에 등록은 거절되어야만 한다"고 하여 "본건 심판의 청구는 성립하지 않는다"는 심결을 하였다.

본건은 X가 특허청장관을 상대로 제기한 상기 심결의 취소를 구하는 소송이다. 심결의 취소이유는 다음과 같다. (1) 본원 의장에 관련된 물품은 주위의 턴테이블 플레임과 내부의 위쪽에 장착된 협의의 턴테이블과 이 턴테이블의 중심부가 고착되어 있는 센터스핀들로 구성되어 있는 레코드 플레이어용 턴테이블(본원 턴테이블)이기 때문에 완성된 의장이다. (2) 그림에

되어 거래되었다거나 그와 같은 거래의 가능성이 인정될 만한 증거가 없으므로 (구)의장법상 물품에 해당되지 않는다"고 판시한 바 있다(2004. 7. 9. 선고 2003후4309판결).

31) 조영호, "의장의 대상이 되는 물품은 반드시 실제 거래사회에서 현실적으로 거래되고 다른 물품과 호환될 것을 요하는지 여부", 『정보법판례백선(I)』, 한국정보법학회, 박영사, 2006, 180면.

32) 東京高判昭和53年7月26日無体裁集第10巻第2号369頁.

서 모터와 불가분의 관계에 있는 센터스핀들을 알 수 있기 때문에 본원 턴테이블에는 모터의 장착을 예상할 수 있고 모터가 장착되어 있는 것과 동일하게 해석할 수 있다. (3) 본원 턴테이블과 같은 물품은 외부 형상의 의장, 특히 평면도 및 측면도 부분이 보는 사람에게 중요시되므로 의장의 대상이 되는 물품이 완성되어 있다고 말할 수 있다.

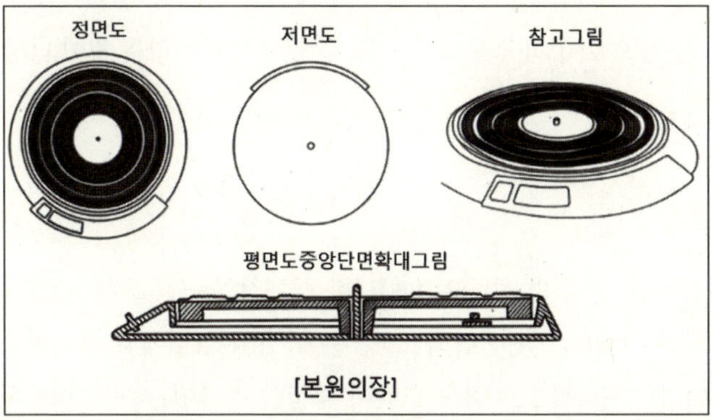

[본원의장]

【법원의 판단】 청구인용

(1) 법원은 "모터가 장착된 물품의 의장이 되기 위해서는 모터 부분이 외부에 나타나는 경우에 한하여 그 외관이 의장의 요소가 된다"고 하여 상기 (2)의 주장을 인정하지 않았다.

(2) 모터가 장착되어 있지 않은 본원 턴테이블은 의장법 제7조가 말하는 "물품의 구분(의장법상의 1물품)"에 해당하는 것으로서, "물품이 의장법상의 1물품이 되기 위해서는 (a) 호환성이 있을 것, (b) 통상의 상태에서 독립하여 거래의 대상이 될 것을 필요로 한다."고 한 뒤, 전기축음기 내지 그 부품의 의장 등록예에 관하여 ①모터가 장착되어 있는 것(모터가 외관상 나타나 있지 않기 때문에 모터 자체가 의장의 요소가 되지 않는 경우도 포함)과 ②모터가 장착되어 있지 않은 것으로 분리하여 모터의 장착 유무가 의장법상의 물품의 판단에서 어떻게 취급되는지를 검토하였다. 그 결과 "본원의장과 같이 모터를 장착하지 않은 것도 호환성이 있으며 통상의 상태로 독립적으로 거래의 대상이 되는 것으로 취급하고 있다. 그리고 모터의 장착 유무가 해당물

품의 호환성, 독립 거래의 대상인지 여부의 판단에 미치는 영향에 관하여 상기 등록예의 벨트 드라이브 방식에 의한 것과 본원 턴테이블과 같은 다이렉트 드라이브 방식에 의한 것을 다르게 해석해야만 하는 특별한 사정도 인정할 수 없다"고 하여, "상기 각 등록 예에 따르면, 모터가 장착되어 있지 않은 본원 턴테이블도 본원의장의 출원 시에 호환성이 있고 통상의 상태로 독립적으로 거래의 대상이 될 수 있다고 추정할 수 있기 때문에 의장법상의 1물품으로서 의장의 대상이 될 수 있다고 해석하는 것이 타당하다"고 판시하였다.

【해설】

의장법상 '물품'의 성립요건에 관한 구체적인 규정을 두고 있지 않지만, 통설적인 견해는 의장법상의 '물품'은 통상의 상태에서 독립적으로 거래대상이 될 것을 필요로 하고 그것이 부품인 경우에는 이에 더하여 호환성이 있어야 한다고 해석하고 있다.[33] 이에 따르면 새로운 제품이 시장에 나올 경우 그 상품을 구성하는 부품은 시장이 형성되지 않은 이유로 독립적으로 판매되지 않고 상품의 호환성이 없다고 하여 의장의 공업성이 인정되지 않을 가능성이 많다. 그러나 이것은 새로운 창작을 보호하는 의장법의 취지에 반하기 때문에 상기 물품의 성립요건은 엄격하게 해석하지 말고 현재의 상품 거래 실태에 맞게 그 가능성의 유무로 해석하는 것이 바람직하다.[34]

이 점에서 본판결은 "모터가 장착되어 있지 않은 본원 턴테이블도 본원의장의 출원 시에 있어서 호환성이 있고 통상의 상태로 독립적으로 거래의 대상이 될 수 있다고 추정할 수 있기 때문에 의장법상의 1물품으로서 의장의 대상이 될 수 있다고 해석하는 것이 타당하다"고 판시하고 있다. 이 판단에서는 업계의 거래 실태를 중시하기보다는 과거의 의장 등록예를 참고로 논리적으로 상기 물품의 성립요건의 가능성을 추인하고 있다. 이러한

33) 意匠法コンメンタール(五味飛鳥), 24頁.

34) 判例意匠法(伊藤昇), 62頁.

해석은 독립거래의 대상인지 여부와 호환성의 판단이 같은 업계의 거래상의 객관적인 사실의 문제라고 한 종래의 통설적인 입장[35]과 상이한 점이 있으나 물품의 성립요건을 의장제도의 취지에 맞게 획일적이지 않고 기능적으로 상품 거래 형태의 변화를 고려한 판단으로서 의의가 크다. 즉 본판결은 상기 통설을 근거로 한 특허청의 의장심사나 심결의 판단을 바꾼 사례라고 말할 수 있다. 다만 물품의 성립요건은 어떤 것을 배제하기 위한 취지에서 요구되는 것인지 명확하지 않다는 지적을 피할 수 없다.[36] 이 점에 대해서는 판례의 축적에 의하여 해결될 것으로 기대된다.

결론적으로 본 판결이 본원의장의 턴테이블은 모터가 내부에 감춰진 형태가 아니라 모터가 외부에 장착되는 것으로서 모터가 장착되어 있는 물품의 의장과는 다른 것이라고 인정한 것은 적절한 판단이라고 사료된다.

물품의 부분에 관하여서는 1998년(평성10년) 의장법 개정에서 부분의장제도가 도입되었다. 이것은 물품 전체뿐만 아니라 물품의 부분의 형상, 모양 등에도 의장권이 발생한다는 것을 명확히 한 것으로 본건과 같은 문제는 의장적으로 별로 중요하지 않는 부분을 파선 등으로 표시하여 '부분디자인으로 등록 받으려고 하는 부분 이외의 부분'으로 의장등록출원을 하는 것으로 해결할 수 있을 것으로 보인다.[37]

제3절 형태성

Ⅰ. 형태성의 내용

형상(shape)이란 유형적 존재인 물품이 공간을 점유하는 윤곽을 말하

35) 高田, 276頁.

36) 茶園[意](青木大也), 19頁.

37) 百選(瓜本忠夫), 99頁.

며,[38] 글자체를 제외한 모든 디자인은 형상을 수반한다. 디자인법의 조문상으로는 형상, 모양, 색채 또는 이들의 결합이라고 하여 병렬적으로 규정되어 있다. 그래서 모양만의 디자인, 색채만의 디자인도 인정된다고 생각될 수 있다. 그러나 디자인은 거래의 대상이 되는 독립한 물품이므로 형상은 디자인의 필수구성요소로 이해된다.[39]

세상의 모든 물품에는 색채가 존재하므로, 형상만의 디자인은 인정될 수 없다고도 생각될 수 있다. 이에 대하여, 형상 디자인의 도면을 제출할 때 그 형상이 담고 있는 도면의 색채를 어떻게 볼 것인가 하는 점이 문제된다. 학설로는 용지색설, 재질색설, 무색설, 무모양 일색설 등[40]이 있으나, 색채를 정하지 않은 형상만의 디자인의 창작도 있을 수 있고, 이를 인정해도 특별한 문제는 없을 것이다. 그러므로 형상만의 디자인은 인정된다고 생각되고, 이때의 색채에 대해서는 색채의 한정이 없는 디자인이라고 해석될 것이다.[41]

디자인은 물품의 형태이다. 그래서 물품 자체의 형태가 아니라면 디자인을 구성할 수 없다. 물품 자체의 형태란 물품 그 자체가 가지는 특징 또는 성질(물품 그 자체의 속성)로부터 생기는 형태를 말한다.[42] 다시 말하면, 특정한 형태가 있는 물품에 어떠한 조작을 가함으로써 일시적으로 특이한 형태를 구체화시킨 것은 물품 자체의 형태가 아니므로 디자인을 구성하지 않는다.[43]

예컨대 손수건 또는 타월을 접어서 이루어진 꽃모양과 같이 물품을 상업적으로 이용하는 과정에서 만들어지는 디자인으로서 그 물품 자체의 형

---

38) 노태정 · 김병진, 177면.

39) 茶園[意](青木大也), 21頁.

40) 학설에 대한 자세한 사항에 대해서는 노태정 · 김병진, 183면 참조.

41) 노태정 · 김병진, 184면; 加藤, 87頁.

42) 일본 심사기준 21.1.1.2(2)①.

43) 峯唯夫, ゼミナール意匠法(第2版), 法学書院, 2009, 18頁.

태로 볼 수 없는 것은 디자인을 구성하지 않는다.[44] 또한 쉬링크 포장에 따라, 즉 피포장물의 형태에 따라 구체적인 형태가 특정되는 것은 물품 자체의 형태는 아니다.[45] 또한 물품의 선택, 배열에 창작성이 인정되는 인테리어 디자인이나 점포디자인도 물품 자체의 형태가 아니어서 디자인을 구성하지 않는다.[46]

Ⅱ. 문자 디자인의 취급

디자인의 정의에 있어 형태성이 특히 문제가 되는 것은 문자를 어떻게 취급할 것인지의 여부이다. 문자란 말의 음과 뜻을 표시하는 시각적 기호이다. 문자는 서체(typeface)와 함께 현실의 디자인에 있어서 그 배치 · 구성 또는 표현 형태에 따라 커다란 구성요소로 취급된다.

이것은 시각에 의한 정보전달을 목적으로 하는 비주얼디자인(visual design)뿐만 아니라 제품의 출처나 제품명을 나타내는 포장에 있어서도 디자인상 무시할 수 없는 요소가 되기 때문이다. 이러한 문자가 디자인 보호법상 디자인의 구성요소, 즉 모양이라고 할 수 있는지의 여부에 대하여 종래 실무상의 해석은 '모양'을 구성하지 않는다고 하여 부정하였다.[47]

글자는 언어의 전달수단이고 일상생활에 필수불가결한 기호이다. 글자는 선이나 점으로 구성되고 다양한 변화를 통하여 미감을 나타낼 수 있다. 그래서 글자가 물품의 표면에 장식적으로 사용되어, 디자인으로써 중요한 기능을 발휘하는 점에 대해서는 의심할 여지가 없다.

---

44) 디자인심사기준, 101면.

45) 斎藤, 64頁.

46) 峯唯夫, ゼミナール意匠法(第2版), 法学書院, 2009, 18頁.

47) 그 이유에 대해서는 i) 원래 의미전달기호인 문자는 공공성이 있으므로 특정인에게 독점권을 주어서는 안 되고, ii) 상품의 식별기호인 문자는 상표로 오인될 수 있으며, iii) 문자를 포함한 디자인을 등록하면 문자가 가지는 의미관념에도 독점권을 부여한 결과를 낳을 염려가 있다는 것 등이다(노태정 · 김병진, 186면).

디자인법상 등록이 인정되는 '디자인'이란 "물품…의 형상, 모양, 색채 또는 이것들의 결합으로써 시각을 통하여 미감을 일으키게 하는 것을 말한다"고 규정하고 있다(동법 제2조 제1항). 하지만 '모양'의 의의에 대해 디자인법상의 규정은 없고 사회통념을 기준으로 판단하고 있다.[48] 현대사회에서 도안화된 글자의 장식적 효과는 널리 이용되고 있다.

디자인법상 글자를 보호함에 있어 특별히 유의해야 하는 점은 이하의 두 가지를 들 수 있다. 첫 번째는 특정한 사람에게 글자의 독점권을 부여하는 결과를 초래해서는 안 된다는 것이다. 즉, 글자를 도안화한 후에도 글자로서 읽을 수 있다면 디자인등록으로 인하여 그 글자가 표현하는 의미에 독점권을 부여한 것처럼 해석될 수 있는 우려가 있다. 특히 디자인권자는 등록디자인뿐만 아니라 유사한 디자인을 실시하는 권리를 독점하기 때문에(디자인법 제99조), 유사한 글자까지 독점권이 부여되어 그 결과 권리남용을 초래할 우려가 있다.[49]

그리고 두 번째는 글자를 구성요소로 하는 디자인의 디자인권과 다른 산업재산권과의 효과의 중첩이다. 이 점에 관하여 다른 산업재산권 중에 상표권과의 관계가 가장 문제가 되기 쉽다. 예를 들면, 상품에는 종종 상품명, 제조자의 명칭, 상품의 사용방법, 특징이나 장점 등이 글자로 표현되어 있다. 이러한 글자가 디자인의 일부로 등록되면 마치 그 글자의 상표등록을 인정한 것과 같은 효과를 발생시킬 우려가 있다.

또한, 제조자의 명칭도 상호상표와의 혼동가능성을 부정할 수 없고, 상품의 사용방법이나 장점 등에 관해서는 특허권이나 실용신안권과의 관계가 문제가 될 수 있다. 이처럼 디자인권의 한계와 다른 배타적 권리와의 관

---

48) 兼子一・染野義信, 『工業所有権法』, 日本評論社, 1968, 590頁에서는 "물품을 평면적으로 파악하여 거기에 나타난 점, 선 등의 회화적 요소의 집합을 말한다"고 정의하는 한편, 高田, 45頁에서는 "일반적으로 형상의 표면에 선으로 나타난 그림, 채색의 변화 또는 바람을 말한다" 고 정의하고 있다.

49) 高田, 58頁; 判時第986号(匿名), 47頁.

계를 고려한다면 디자인법상의 모양에 해당하는 글자는 일반인의 인식에서 글자 본래의 기능이 없어질 정도까지 글자나 배열에 창작성이 있는 것에 한정하는 것이 바람직한 해석이라고 할 수 있다.[50]

Ⅲ. 쟁점 및 사례

■ 글자(문자)의 취급

단순한 영문자만으로 표시가 디자인등록의 대상이 될 수 있는지가 문제된 사례에서 법원은 "의장이라 함은 물품의 형상, 모양이나 색채 또는 이들을 결합한 것으로서 시각을 통하여 미감을 일으키는 것을 말하고(구 의장법 제4조), 영문자는 이미 공지 공용되어 창작성이 결여되어 있는 것이므로 단순히 영문자만을 표시한 것은 의장등록의 대상이 될 수 없다"고 판시한 바 있다.[51]

■ 일본의 중요 판례 해설 : 『컵누들 사건(カップヌードル事件)』[52]

【사안의 개요】

Y(피청구인, 상고인)는 의장의 대상이 되는 물품을 '포장용 용기'로 하는 본건 의장의 의장권자이다. 의장의 요지는 역원추 형상을 전체형상으로 하고 상면전체를 여는 곳으로 하는 용기로서, 용기주위의 상부에 가는 선을 수평으로 표시하고 그 아래에 작고 세로로 긴 직사각형을 파단선형으로 띠처럼 주위를 두르고 그 아래에 작은 정사각형을 파단선형으로 띠처럼 주

50) 松尾和子, "図案化された文字と意匠の意義."『民商法雑誌』(第85巻第1号), 有斐閣, 1981, 113頁.

51) 대법원 1989.7.25.선고 88후1021판결.

52) 最判昭和55年10月16日民集第131号13頁.

위를 두르며 그 하부에도 상기상부처럼 가는 선을 수평으로 표시하고 그 바로 위에 작고 세로로 된 긴 직사각형을 파단선형으로 띠처럼 주위를 두르고 있다.

X(청구인, 원고)는 본건 의장은 주지한 형상 용기의 둘레에 의장법상의 '의장'에 해당하지 않는 문자를 표시한 것이기 때문에 의장법 제48조[53]의 규정에 따라 무효가 되어야 한다고 하여 특허청에 무효심판을 청구하였다.[54] 이 청구에 대하여 특허청은 "본건 의장에는 용기의 둘레에 횡선의 띠 및 글자 등의 도형이 있고 게다가 글자의 구성태양에 창작성이 있어 모양으로 인정할 수 있는 범위에 속하기 때문에 단순히 (출원전의 공지)형상의 용기와 유사하다고 말할 수 없다"고 하여 "본건 심판의 청구는 성립되지 않는다"는 심결을 하였다.

X는 특허청을 상대로 상기 심결의 취소를 구하는 소송을 제기하였다. 원심[55]은 "글자라도 모양화가 진행되어 언어의 전달 수단으로서 글자 본래의 기능이 상실되어 있다고 보이는 것은 모양으로서 그 창작성을 인정할 여지가 있다. 그러나 본건 의장에서의 'CUP' 및 'NOODLE'은 알파벳을 읽기 위한 일반적인 배열방법으로 배열되어 있고, 컵에 들어 있는 누들(면의 일종)을 나타내는 상품명을 마치 상표와 같이 표시하여 이것을 보는 사람으로 하여금 그렇게 읽게 하고, 그렇게 읽는 것도 충분히 가능하다고 보이기 때문에, 아직 알파벳이 모양으로 변화하여 문자본래의 기능을 상실하고 있다고는 말할 수 없다. 따라서 이것을 모양이라고 인정할 수 있는 범위의

---

53) 일본 의장법 제48조(의장등록무효심판)

① 의장등록이 다음 각 호의 어느 하나에 해당할 때는 그 의장등록을 무효로 하는 의장등록무효심판을 청구할 수 있다.

1. 그 의장등록이 제3조, 제3조의 2, 제5조, 제9조 제1항 및 제2항, 제10조 제2항 및 제3항, 제15조 제1항이 준용하는 특허법 제38조 또는 제68조 제3항이 준용하는 동법 제25조의 규정을 위반하였을 때(…).
2. 이하 생략.

54) 茶園[意](青木大也), 59頁에는 의장법상의 '의장'이 아닌 경우 의장법 제3조 본문의 '의장의 공업성'요건을 충족하지 않음을 이유로 동법 제48조의 무효사유가 된다고 하고 있다.

55) 東京高判昭和55年3月25日無体裁集第12巻第1号108頁.

것이라고 한 심결은 잘못된 판단이라고 말하지 않을 수 없다"고 하여 특허청의 심결을 취소하였다.

본건은 이 판단에 대한 Y의 상고심이다. 상고이유는 "문자와 모양의 한계는 문자로서 읽어낼 수 있는지 여부가 아니라, 창작성에 있어야 한다. 즉, 창작성이 뛰어나다고 하더라도 문자의 기능이 반드시 상실되는 것이라고 말할 수 없다"고 하여 글자 본래의 기능이 남아있어도 글자에 창작성이 있으면 모양이 될 수 있고, 또한 "만약 일부 글자 등 모양이라고 인정할 수 없는 것이 있어도 그 외의 부분에 창작성이 있는 모양 등이 있다면, 그것을 전체로서 의장이 되는지 여부를 판단해야 한다. 그럼에도 불구하고 단지 구성 요소에 모양화 되지 않은 글자가 있다는 이유만으로 상기 판단을 하지 않은 원심은 '의장'에 관한 법령해석에 잘못이 있다고 말하지 않을 수 없다"는 것이다.

[본건등록의장]

【법원의 판단】 상고기각

"원심의 판단은 정당하며, 그 판단과정에 위법은 없다"고 하여 원심을 유지하였다. 판결이 확정된 후 특허청은 "'CUP' 및 'NOODLE'의 알파벳이 아직 문자로서의 기능을 잃어버리지 않고 모양으로 인정될 범위의 것이 아니라도, 용기주위의 상부에 표시된 가로줄 무늬띠 등에 관한 신규성이 인정되고, 본건 의장은 컵의 형상과 가로줄 무늬띠에 의하여 포장용 용기의 형상 및 모양의 결합에 관한 의장이라고 인정되기 때문에 그 의장 모양의 구성요소로 인정할 수 없는 문자가 첨부도면 대용사진에 나타나 있다고 하여도 그 외의 의장구성요소를 무시한 채 본건의 의장전체가 의장을 구성하지 않는 것이라고 말할 수는 없다"고 판단하여 무효사유가 없다고 하였다.

【해설】

본건 등록의장의 무효심판사건에 대한 특허청의 심결은 글자가 동법 제2조 제1항의 '모양'에 해당하는지 여부의 판단기준을 해당문자의 구성 태양의 창작성 유무에 두는 한편, 최고재판소가 지지한 원심은 해당글자가 글자 본래의 말의 전달수단으로서의 기능이 있는지 여부에 초점을 맞추고 있다.

본건의 'CUP NOODLE'에 관하여 원심도 상품명을 마치 상표처럼 표시하고 있다고 설시하고 있다. 본건은 글자는 의장을 구성하지 않는다는 과거의 실무[56]에 대하여, '문자와 표식은 그 실질적인 의미를 자세히 살피지 아니하고 그 정보를 취사선택한 단순한 외관적 형상'으로 인식하면 된다는 비판적 견해가 뿌리 깊었던 학설상의 흐름에 종지부를 찍은 판결이라고 말할 수 있다.[57]

그 후 1994년(평성6년)개정된 일본특허청의 의장심사기준21.1.2(1)에서는 물품에 표시된 문자, 표식의 취급에 관하여 "(1) 물품에 표시된 글자 · 표식은 (2)에서 언급한 것을 제외하고 의장을 구성하는 것으로 취급한다. (2) 물품에 표시된 글자, 표식 중에 오로지 정보전달을 위해서만 사용되는 것은 모양으로 인정하지 않고 의장을 구성하지 않는다. 단, 도형 중에 표시되어 있어도 삭제를 필요로 하지 않는다"고 규정하고 그 예로서 ① 신문, 서적의

56) 百選(水野みな子), 97頁에 의하면 1959년(昭和34年) 의장법에 의한 특허청의 운용에서는 의장법 제2조의 '모양'에 해당하지 않는 글자이며 단순한 글자, 표식으로도 인정할 수 없는 글자는 등록 전에 이것을 삭제하는 보정을 권유하는 실무가 행하여지고 있었다고 설명하고 있다.

57) 意匠法コンメンタール(五味飛鳥), 49頁.

문장부분, ② 성분표시, 사용설명 등을 일반적인 태양으로 나타낸 글자를 들고 있다. 현재는 의장에 글자가 포함된 등록의장을 찾기 쉽고 의장 중의 글자가 모양의 범위에 포함되는지 여부는 재판소의 판단에 맡겨져 있다.[58)]

또한 본건은 무효심판취소소송에 관한 사안인데, 거절사정취소소송에 관한 사안[59)]에서도 같은 취지의 판단이 내려졌다. 즉, 이 사안에서는 이하의 본원의장에 대하여 의장의 정의를 확인한 후, "따라서 의장 중에 문자가 존재할 경우 그 문자가 모양이라고 인정받을 경우를 제외하고 문자는 의장의 구성 요소라고 인정할 수 없다"고 하여 본원의장은 인용의장과 요부가 일치하고 차이점은 미세하다고 하여 본원의장의 거절사정에 대한 심판청구 불성립 심결을 유지하였다.

[본원의장] [인용의장]

제4절 시각성

Ⅰ. 시각성의 내용

시각성이란 디자인의 성립요소의 하나로서 시각 이외의 오감을 제외하

58) 百選(水野みな子), 97頁.

59) 東京高判平成2年3月7日無体裁集第22巻第1号142頁(『COKE事件』).

고 육안으로 식별 가능한 것으로 외부에서 파악할 수 있는 것을 말한다.[60] 그러나 우리 디자인법은 시각성의 의미, 즉 지각을 통하여 라는 것이 구체적으로 어떠한 의미를 담고 있는지에 대하여 별 다른 설명이 없다.[61]

우리 디자인법 제2조 제1호는 디자인을 "시각을 통하여 미감을 일으키게 하는 것"이라고 하여 시각성을 디자인의 불가결한 요소로 규정하고 있다. 그러므로 ① 시각 외의 감각을 위주로 파악되는 것, ② 분상물(粉狀物) 또는 입상물(粒狀物)의 하나의 단위, ③ 외부에서 볼 수 없는 곳(즉 분해하거나 파괴하여야 볼 수 있는 곳),[62] ④ 확대경 등에 의해 확대하여야 물품의 형상 등이 파악되는 것. 다만 디자인에 관한 물품의 거래에서 확대경 등에 의해 물품의 형상 등을 확대하여 관찰하는 것이 통상적인 경우에는 시각성이 있는 것으로 본다.[63]

시각성과 관련해서는 '지나치게 작은 디자인'을 어떻게 취급할지가 문제된다. '시각을 통하여'라는 문언으로부터 보면, 육안으로 관찰할 수 있는 형태가 디자인의 요소가 됨에는 이론이 없을 것이다. 문제는 너무 작아서 육안으로는 확인할 수 없는 형태도, '시각을 통하여'라는 요건을 충족하는 것으로 볼 것인가 하는 점이다. 정밀기계 산업에 있어서는 미세한 부품에 높은 가치가 인정되는 경우가 많다. 그러므로 그러한 부품에 대한 디자인권을 취득할 수 있는지가 크게 문제되는 바이다. 또한 디자인은 외부로부터 인식할 수 있을 것이 요구되므로, 외부로부터 인식할 수 있는 형태는 디자인의 요소가 될 것이다. 한편, 통상 외부로부터 시각을 통하여 인식할 수 없는 내부형태(예컨대, 부품을 분해하여야만 볼 수 있는 형태 등)에 대하여 디자인의 요소로서 인정할 수 있을지 문제된다.

---

60) 노태정 · 김병진, 190면.

61) 안원모, "디자인보호법상의 디자인의 성립성", 『법학연구 18권 2호』, 연세대학교, 2008, 120면.

62) 다만 뚜껑을 여는 것과 같은 구조로 된 것은 그 내부라도 디자인의 대상이 된다.

63) 디자인심사기준, 102-103면.

육안으로 관찰할 수 없지만 디자인법의 보호대상이 되는 디자인과 그렇지 않은 디자인의 구분은 어떻게 하는가. '물품의 거래상황'에 근거하여 판단해야만 한다는 것이다. 특히 물품분야에 있어서는 거래관행을 존중하여 그러한 거래분야에서 통상적으로 이루어지는 물품의 형태를 파악하는 방법을 무시하여서는 아니 될 것이고, 법의 해석도 그러한 거래상황에 부합되게 탄력적으로 해석하는 것이 타당하다.[64]

디자인법의 목적이 궁극적으로는 산업의 발달에 기여하는 것이기 때문에 그 전제가 되는 물품의 거래상황을 기준으로 판단하는 것은 타당하다.[65] 또한 물품의 거래상황에 근거하여 판단한다는 것은 구체적인 상황에 맞는 유동적인 판단이 가능하다고 볼 수 있다. 즉, 현재는 거래할 때 형상 등을 확대하여 관찰하는 것이 통상이 아닌 물품이라도 기술의 진보에 따라 장래에 확대 관찰하여 거래하는 것이 통상이 되는 물품의 경우 그 시점에서 보호의 가능성이 있다고 할 수 있다. '외부에서 육안으로 볼 수 있는 부분'만이 디자인이다. 외부에서 볼 수 없는 부분은 디자인이 아니다. 따라서 분해하거나 파괴해서 볼 수 있는 부분은 디자인이 아니다.[66] 하지만 사용상 덮개를 여는 구조로 되어 있는 것은 그 덮개를 열었을 때 보이는 부분, 즉 피아노나 오르간의 건반 등은 덮개를 열면 보이는 부분이기 때문에 디자인이 되는 반면,[67] '개폐되지 않는 기계의 내부구조여서 수요자가 볼 수 없는 형상 등은 디자인의 대상이 되지 않는다'고 설명하고 있다.[68] 그러므로 디자인법상의 디자인의 구성요소인 '시각성'의 판단은 통상의 사용 상태에서 외부 인식이 가능한지 여부가 핵심이 된다고 말할 수

64) 안원모, "디자인보호법상의 디자인의 성립성", 법학연구 18권 2호, 연세대학교, 2008, 134면.

65) 牛木理一先生古希記念(藤本昇), "意匠法上の視覚性について", 『意匠法及び周辺法の現代的課題』, 発明協会, 2005, 43頁; 加藤, 108頁; 渋谷達紀, 『知的財産法講義II－著作権法・意匠法－[第2版]』, 有斐閣, 2007, 272頁.

66) 디자인심사기준, 102-103면.

67) 高田, 76頁.

68) 田村義之, 『知的財産法[第5版]』, 有斐閣, 2010, 364頁.

있다.[69)]

Ⅱ. 쟁점 및 사례

1. 외부에서 인식할 수 없는 디자인의 취급

눈으로 관찰할 수 없는 조명기구용 틀이 디자인 등록의 대상이 될 수 있는지가 문제된 사안에서 원심은 "이 사건 광고용 조명기구(이하 '기구'라 한다)가 완성된 경우에는 등록의장품인 조명기구용 틀(이하 '틀'이라 한다)이 외피로 덮어 씌워져 있어 외부에서 틀 전체의 모습을 볼 수는 없지만 틀을 조립한 후 외피가 덮어 씌워지기 전에는 틀 전체의 모습을 볼 수 있고, 외피로 덮어 씌워진 후라도 외피가 틀에 지지되어 형상을 갖추고 있기 때문에 외부에서 틀의 외곽의 형상을 충분히 알아볼 수 있을 뿐만 아니라 기구를 분해하거나 파괴하지 않더라도 기구의 수리를 위하여 외피의 일부를 들추거나 광고 내용을 변경하기 위하여 외피를 교체하는 경우 틀의 형상을 볼 수 있다"고 판시하였다.[70)] 따라서 원심은 이 사건의 등록디자인의 시각성을 인정하였다.

그러나 대법원은 (구)의장법 제2조 1호는 시각, 즉 육안으로 디자인을 파악·식별할 수 있어야 함은 물론 외부로부터 보이는 것이어야 하고, 물건이 완성된 경우 시각에서 사라져 수요자나 거래자에게 미감을 자아낼 수 없는 부분(물품을 분해하거나 파괴하여야만 볼 수 있는 것)은 디자인등록에서 제외된다고 판시하면서, "이 사건 등록의장품(조명기구 틀)은 거래시나 운반시 또는 설치 시에도 등록된 형상과 모양이 외부에 나타난다고 보기 어렵고, 기구를 설치한 후에도 외피 안에 공기가 정상적으로 채워져 있는 한 외피의 형상과 모양만을 외부에서 볼 수 있을 뿐 그 틀은 외부에서 볼 수

69) 茶園[意](青木大也), 27頁.

70) 특허법원 1998. 11. 5. 선고 98허58 판결.

없고, 단지 외피 속에 채워진 공기가 약간 빠져나간 비정상적인 경우에만 틀의 윤곽 즉, 틀의 형상을 어느 정도 짐작케 할 정도로 나타날 뿐이며, 나아가 광고내용 등을 바꾸기 위하여 외피를 교체하는 경우를 상정해 보아도 외피를 제거하면 일시적으로 의장의 형상과 모양이 드러날 것이나, 곧 의장품인 틀 자체를 분해하고 새로운 외피를 설치한 후 그 새로운 외피 안에 들어가 다시 틀을 재조립하게 될 것인 점에서 이 사건 등록 의장품인 틀은 그 자체의 완성된 형상과 모양이 거래자나 일반 수요자에게 노출되어 심미감을 자아낼 수 있는 경우란 거의 없다고 볼 수 있고, 완성품인 기구의 외피를 제거 내지 훼손하지 않는 한 그 형상과 모양을 외부에서 쉽사리 파악 · 식별할 수 없어 의장등록의 대상이 되지 않는다고 볼 여지가 있다 할 것이다"라고 판시하였다.[71)]

따라서 우리 판례는 외부에서 인식할 수 없는 디자인에 대하여 실제 거래상황을 고려하여 시각성이 있는지를 파악함으로써 디자인 등록 가능성 여부를 판단하고 있다고 할 수 있다.

■ 일본의 중요 판례 해설 : 『발광다이오드가 부착된 상품진열대 사건(発行ダイオード付商品陳列台事件)』[72)]

【사안의 개요】

X(피청구인, 원고)는 의장의 대상이 되는 물품을 '발광다이오드가 부착된 상품진열대'로 하는 등록의장(본건 등록의장)의 의장권자이다. Y(청구인)는 본건 등록의장을 무효로 하는 심판을 청구하였고, 이에 대하여 특허청은 본건 등록의장을 무효로 하는 심결(본건 심결)을 하였다.

---

71) 대법원 1999. 7. 23. 선고 98후2689[등록무효(의)].

72) 知財高判平成20年1月31日(平成18年(行ケ)第10338号), 裁判所HP.

심결 이유에 의하면, Y가 본건 등록의장의 무효 주장에 인용한 상품 카탈로그(인용간행물)에 게재된 '발광 다이오드가 부착된 상품진열대'의 의장(인용의장)은 본건출원일 전에 반포된 간행물이며, 본건 등록의장과 인용의장을 대비하면 의장의 대상이 되는 물품이 일치하고 그 형태도 전체적으로 미감이 공통되므로 두 의장은 유사하다. 따라서 본건 등록의장은 의장법 제3조 제1항 제3호에 해당하므로 의장등록을 받을 수 없다고 하였다. 본건은 X가 제기한 본건 심결의 취소를 구하는 소송이다.

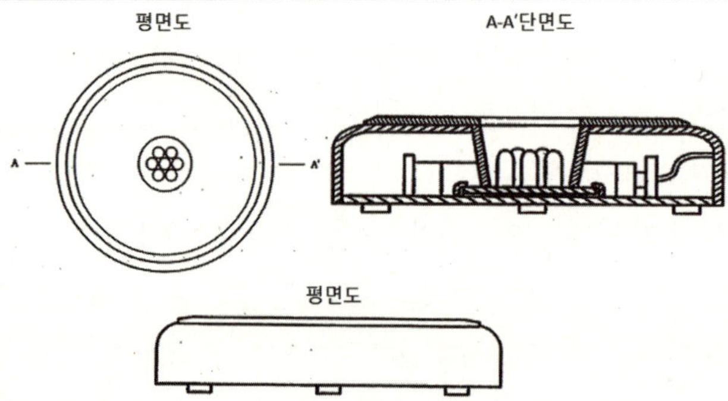

[본건등록의장]

【법원의 판단】 청구기각

"X는, …본건 등록의장은 평평하고 짧은 원주 모양의 진열대 본체가 속이 비어 있는 것인데 반하여 인용의장은 속이 비어 있는지 여부가 불분명한 점에 차이가 있다고 주장한다.

확실히 본건 등록의장의 단면도에 의하면, 본건 등록의장의 진열대 본체는 속이 비어 있지만, …해당물품을 분해하지 않는 한 진열대 본체가 속이 비어 있는지 모른다. 의장법에 말하는 '의장'이란 물품의 형상, 모양 및 색채 또는 이것들의 결합이며, 시각을 통해서 미감을 일으키게 하는 것을 말하는 바, 대상 물품을 분해하지 않으면 보이지 않는 부분은 시각을 통해서 미감을 일으키게 하는 것이라고는 말할 수 없다.

이 점에 관한 X의 주장에 의하면, 의장법 제24조는 등록의장의 범위를 원서 및 원서에 첨부한 도면에 기재된 의장에 근거하여 정해야 한다고 규정하고 있기 때문에 본체에 들어가 있는 상태이어서 외부에서 시인할 수 없는 부품의 의장이라도 등록의장의 범위에 포함된다고 하였다.

그러나 상술한 대로 본체에 들어가 있는 상태이어서 외부에서 시인할 수 없는 부품의 의장은 시각을 통해서 미감을 일으키게 할 여지가 없다고 할 것이다. X의 상기주장은 독자적인 견해이기 때문에 채용할 수 없다."

【해설】

본판결은 물품 내부의 의장에 관한 의장법상의 취급을 명확히 한 점에서 실무상의 의의를 가진다.

일반적으로 의장법상의 '의장'의 4요건은 (1) 물품성, (2) 물품의 형태, (3) 시각성, (4) 미감이며, 일본의 통설적인 견해는, '시각성'의 요건에는 이하의 3가지 의미가 있다고 주장하고 있다. 즉, ① 시각 이외의 감각으로 느낄 수 있는 것은 의장이 아니다. ② 육안으로 식별할 수 있는 것만이 의장이 될 수 있다.[73] ③ 외부에서 볼 수 있는 것이어야만 하고 외부에서 볼 수 있는 부분이 의장이라고 설명하고 있다.[74] 본건에서 문제가 된 것은 상기 3가지 의미 중에 ③에 관한 것이다.[75]

X는 진열대 내부에 공간이 있는 점이 종래의 공지의장과 다르다고 주장하였는데, 재판소는 분해를 해 보지 않는 이상 공지의장과의 상이점을 알 수 없기 때문에 분해하지 않으면 보이지 않는 부분은 시각을 통해 미감을 일으키게 하는 것이라고 말할 수 없다고 판단하였다. 즉 분해하지 않으면 시인할 수 없는 형태는 의장의 요소라고 말할 수 없다는 것이다.

---

73) 본서의 『커넥트접속단자사건(コネクター接続端子事件)』을 참조하길 바란다.

74) 高田, 75頁. 한편, 峯唯夫, "意匠の使用概念からのアプローチ", 『DESIGN PROTECT』(第51号), 日本デザイン保護協会, 2001년, 8頁에서는 시인성의 요건은 (1) 물품성, (2) 물품의 형태만의 해석으로도 가능하다고 말하고 있다.

75) 의장권 침해소송에서 (3) 시각성이 문제된 사례로서 知財高判平成17年8月30日(平成17年(ネ)第10016号), 裁判所HP『プリント配線板用コネクタ事件』 등이 있다.

한편, ③에 관한 통설적인 견해는 "외부에서 육안으로 볼 수 있는 부분만이 의장이다. 외부에서 볼 수 없는 부분은 의장이 아니다. 따라서 분해하거나 파괴해서 볼 수 있는 부분은 의장이 아니다. 하지만 사용상 덮개를 여는 구조로 되어 있는 것은 그 덮개를 열었을 때 보이는 부분, 즉 피아노나 오르간의 건반 등은 덮개를 열면 보이는 부분이기 때문에 의장이 되는 반면,[76] 개폐되지 않는 기계의 내부구조이어서 수요자가 볼 수 없는 형상 등은 의장의 대상이 되지 않는다"고 설명하고 있기 때문에,[77] 의장법상의 '의장'의 구성요소인 '시각성'의 판단은 통상의 사용 상태에서 외부 인식이 가능한지 여부가 핵심이 된다고 할 수 있다.[78]

이상의 해석에 대한 다른 견해는 없는 것으로 알려져 있는데, 문제는 내부의 형태가 '판매(구매)할 때'에 인식할 수 있는 경우에만 의장을 구성하는지, 아니면 '제조할 때'나 '사용할 때'에 인식할 수 있는 경우도 의장을 구성하는지이다. 이것은 복수의 부품을 조합하여 일체적인 상태로 판매하고 이것들을 분리사용하는 것이 상정된 물품의 경우, 분해함으로 인하여 처음으로 보이는 물품의 형태는 의장을 구성하는지가 문제 된다.[79] 이 쟁점에 관하여는 본서의 『감속기 사건』[80] 사건에서 구체적으로 살펴보기로 한다.

2. 너무 작아 잘 보이지 않는 디자인의 취급

누름버튼용 스위치의 물품성 및 시각성이 문제된 사안에서 특허법원은 부품이 물품으로 인정되기 위한 요건, 즉 "① 통상의 상태에서 독립된 거

76) 高田, 76頁.

77) 田村義之, 『知的財産法[第5版]』, 有斐閣, 2010, 364頁.

78) 茶園[意](青木大也), 27頁.

79) 意匠法コンメンタール(五味飛鳥), 54頁.

80) 東京高判平成15年6月30日平成15年(ネ)第1119号, 裁判所HP.

래대상이 될 것, ② 호환성을 가질 것"이라는 대법원 2001.4.27.선고 98후2900판결을 인용하면서 물품성을 인정하고, 누름버튼 스위치용 푸시의 현실적인 거래사실을 인정하면서, "누름버튼 스위치용 푸시는 완성품이 아닌 부품이기는 하지만, 그 자체가 전자부품제조업 등에 종사하는 사업자들 간에는 독립된 거래의 대상이 됨이 분명하고, ……누름버튼 스위치용 푸시는 그 크기가 작은 물건이기는 하나 거래시 육안으로 형상과 모양을 파악하는데 어려움이 없으며, 누름버튼 스위치 케이스 및 받침부 등 다른 부품과 결합하여 완성품을 이룬 이후에도 그 상단부의 형상이 외부로 돌출되어 있음을 별지 도면 기재에 의하여 알 수 있으므로, 물품성의 요건을 모두 갖추었다"고 판시하였다.[81)]

결국 이 판결도 너무 작아 잘 보이지 않는 디자인, 즉 육안으로 관찰하여 잘 보이지 않는 디자인이라도 현실적인 거래실정 등을 감안하여 파악하여야 한다는 점을 시사하고 있다.

■ 일본의 중요 판례 해설: 『커넥트접속단자사건(コネクター接続端子事件)』[82)]

【사안의 개요】

X(원고)는 의장의 대상이 되는 물품을 '커넥터접속단자'로 하는 의장(본원의장)에 관하여 의장등록출원을 하였는데 특허청으로부터 거절사정을 받았고 이에 대한 불복심판에 대해서도 청구불성립심결(본건심결)을 받았다. 그 이유는 (1) 의장등록을 받을 수 있는 의장은 의장 전체의 형태가 육안으로 인식할 수 있을 것을 필요로 한다는 점, (2) 본원 의장은 최하부의 횡폭의 치수가 0.15mm이고, 그 형태의 구체적 태양을 육안으로 인식할 수

---

81) 특허법원 2002. 5.17.선고 2002허1379[무효심판].

82) 知財高判平成18年3月31日判時第1929号84頁.

없을 정도로 극소하기 때문에 시각을 통해 미감을 일으키게 하는 것이라고 할 수 없다는 것이다.

본건은 X가 제기한 본건 심결의 취소를 구하는 소송이며, 쟁점은 육안으로 인식할 수 없는 극소한 의장의 등록 가부를 부정한 특허청 심사기준의 타당성 등이다.

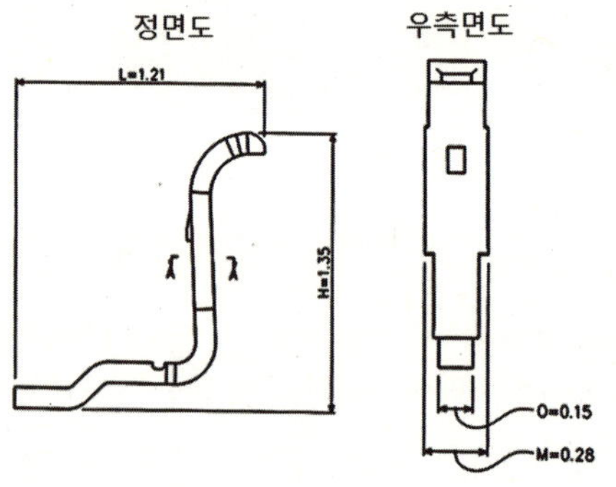

[본원의장]

【법원의 판단】 청구기각

X는 심결취소의 이유로서 (1) 본원의장 전체크기의 오인, (2) 본원의장의 시인성 판단의 오인, (3) 육안관찰에 관한 판단의 오인, (4) 일반적인 거래상태에 관한 판단의 오인이 있었다고 주장하였다.

1. (3)육안관찰에 관한 판단의 오인

"의장심사기준은 의장등록요건의 심사를 담당하는 심사관의 기본적인 사고방식을 나타내고, 출원인의 출원 관리 등의 지표로서 널리 이용되고 있는 것이며, 의장등록출원이 의장법에서 규정하는 의장등록요건에 적합한지 여부에 대한 특허청 판단의 공평성, 합리성을 담보할 목적으로 작성된 판단 기준이지만 … 행정절차법 제5조의 '심사기준'으로써 정해진 것은 아니다. 즉 의장심사기준은 법규범이 아니기 때문에 심결이 의장심사기준을 따른 것인지 여부는 심결의 적법성과 직접적인 관계는 없는 것이며, 심결의 판단을 시인할 수 있는 것인지 여부는 심사기준의 운용 실정도 근거가 되지만 어디까지나 의장법 제3조 제1항의 본문,[83] 동법 제2조 제1항의 규정에 따라 판단해야 한다."

"의장법의 목적은 의장의 보호 및 이용을 도모함으로써, 의장의 창작을 장려하고, 나아가 산업의 발달에 기여하는 것에 있다(의장법 제1조). 이 목적에 비추어 보면, 육안관찰의 오인에 관하여 미세한 물품이라도 공업적으로 동일한 형상 등을 갖춘 물품으로서 설계 · 제작하는 것이 가능할 경우에는 그 의장을 보호해야 할 것이며, 특히, 미세한 물품에 관한 형성 기술, 가공 기술이 발달하고 정교한 물품이 제작되어 거래되고 있는 현대사회의 실정에 비추어 보면, 의장법에 의한 보호를 부여할 필요성이 높다고 할 수 있다.

한편, 의장의 대상이 되는 물품의 형상 등이 해당물품이 거래되는 통상의 상태에서 시각에 의하여 인식될 수 없을 때는 의장을 이용하고 있다고 말하기 어렵기 때문에 의장법의 상기목적에 비추어 동법의 보호대상이 되지 못한다.

그렇다면 의장의 대상이 되는 물품의 거래에 있어서 해당물품의 형상 등을 육안에 의해 관찰하는 것이 통상일 경우에는 육안에 의해 인식할 수 없는 형상 등은 '시각을 통하여 미감을 일으키게 하는 것'에 해당하지 않고 의장등록을 받을 수 없다고 해야만 한다. 그러나 의장의 대상이 되는 물품 거래에서 현물 또는 견본 제품을 확대경 등으로 관찰하고 확대 사진이나 확대 그림을 카탈로그나 사양서 등에 게재하는 방법에 의하여, 해당물품의 형상 등을 확대하여 관찰하는 것이 통상일 경우에는 해당물품의 형상 등은 육안에 의하여 인식할 수 없다고 하더라도 '시각을 통하여 미감을 일으

83) 일본 의장법 제3조(의장 등록의 요건)

① 공업상 이용할 수 있는 의장을 창작한 자는 다음의 의장을 제외하고 그 의장에 관하여 의장등록을 받을 수 있다.

1. 의장등록출원 전에 일본 국내 또는 외국에 공연히 알려진 의장
2. 의장등록출원 전에 일본 국내 또는 외국에서 반포된 간행물에 기재된 의장 또는 전기통신 회선을 통하여 공중이 이용 가능하게 된 의장
3. 제 1 호 또는 제 2 호에 해당하는 의장과 유사한 의장

키게 하는 것'에 해당한다고 해석하는 것이 타당하다."

"이상으로 의장등록을 받을 수 있는 의장은 육안에 의해 인식할 수 있는 것에 한정된다고 한 심결에는 동법 제3조 제1항 본문, 동법 제2조 제1항의 해석을 잘못한 위법이 있다. 그러나 이 위법이 심결의 결론에 영향을 줄 것인지 여부는 본원 의장에 관련되는 물품의 거래 상황에 입각해서 판단해야 한다."

2. (4)일반적인 거래 상태에 관한 판단의 오인

"앞에서 보듯이 본원의장에 관련되는 물품 '커넥터접속단자'의 거래에서 물품의 형상 등을 확대해서 관찰하고 있다고 말할 수 없기 때문에 그 형상은 육안에 의해 인식할 수 있다고 인정되지 않는 한 의장법이 보호하는 의장에 해당하지 않는다고 해석해야 한다."

3. (1)본원의장 전체 크기의 오인 및 (2)본원의장의 시인성 판단의 오인

"본원 의장은 미세한 것이며, 육안에 의해 인식할 수 없다고 한 심결의 판단에 잘못은 없다." 또한, X는 본원의장과 같은 정도 또는 그것보다 작은 의장이 등록된 예가 다수 있다는 이유로 본원의장에 대하여도 의장등록을 인정받아야 한다고 주장한다. 하지만 "그 등록의장은 카탈로그에 평면도, 정면 그림 및 측면도의 확대 그림이 게재되며, 거래할 때 형상 등을 확대하여 관찰하는 것이 통상이라고 인정할 수 있기 때문에 육안에 의한 형상 등의 인식이 곤란할 만큼의 크기라고 하여도, 그로 인해 의장등록이 안 되는 것은 아니다."

"그리고 육안에 의한 형상 등의 인식이 곤란한 물품에 대하여 의장등록을 인정받을 수 있을 것인가 여부는 물품마다의 거래 실정 등에 따라 판단해야 하기 때문에, X의 상기주장은 채용할 수 없다"고 판시하였다.

【해설】

의장법 제2조 제1항 제1호는 의장법이 보호하는 의장에 관하여 "이 법률

에서의 '의장'이란 물품…의 형상, 모양 및 색채 또는 이것들의 결합으로써 시각을 통하여 미감을 일으키게 하는 것을 말한다"고 정의하고 있다. 즉 의장법상의 '의장'으로서 보호를 받기 위해서는 (1) 물품성, (2) 물품의 형태, (3) 시각성, (4) 미감이라는 4요건의 충족이 필요하다. 이 요건을 충족하지 못하는 의장이 출원될 경우 그 의장은 의장법 제3조 제1항 본문의 '공업상 이용할 수 있는 의장'에 해당하지 않아 거절된다(동법 제17조). 본건은 상기의 4요건 중에 (3)시각성이 쟁점이 된 사례이다.

의장법상 '의장'이 육안으로 관찰할 수 있는 것에 한정되는지 여부 등 '시각성' 요건에 관한 규정은 없다. 특허청의 심사기준21.1.1.3에는 의장의 구성 요건인 '시각에 호소하는 것'의 설명으로 "의장법 제2조의 정의에 따라 의장이란 시각을 통하여 미감을 일으키게 하는 것이기 때문에 시각에 호소하지 않는 것은 의장이라고 인정할 수 없다"고 하고 있고, '시각에 호소하는 것에 관하여'란 "의장 등록 출원된 것의 전체의 형태가 육안에 의해 인식할 수 있는 것을 말한다"고 설명하고 있다. 본건 심결의 판단도 상기 의장심사기준에 따른 것이라고 말할 수 있다. 또한, 학설에 있어서도 "의장법 제2조의 '시각을 통하여'는 다음에서 말하는 육안으로 식별할 수 있는 것이어야만 한다는 것을 의미한다. …이것은 확대경이나 현미경으로 본 상태를 나타내는 것이 아니라는 것을 의미한다"는 등 육안으로 관찰할 수 있는 것에 한정하는 것이 통설이었다.[84]

하지만 본판결에서는 의장심사기준은 "법규범이 아니기 때문에 심결이 의장심사 기준을 따른 것인지 여부는 심결의 적법성과 직접적인 관계는 없는 것이며, …동법 제3조 제1항의 본문, 동법 제2조 제1항의 규정에 따라 판단해야 한다"고 한 뒤,[85] 의장의 목적을 고려한다면 "미세한 물품에 관한 형성 기술, 가공 기술이 발달하고 정교한 물품이 제작되어 거래되고 있는 현대사회의 실정에 비추어 보면, 의장법에 의한 보호를 부여할 필요성이 높

84) 高田, 76頁.

85) 본건에 앞서 특허청 심사기준은 법규범이 아니라고 한 사안으로서 知財高判平成17年11月11日判時第1911号48頁이 있다.

다"고 판시하고 있다. 현대사회의 실정에 맞는 판단이라고 평가할 수 있다.

그렇다면 육안으로 관찰할 수 없지만 의장법의 보호대상이 되는 의장과 그렇지 않은 의장의 구분은 그 전제가 되는 물품의 거래상황을 기준으로 판단하는 것이 타당하다.[86] 또한 물품의 거래상황에 근거하여 판단한다는 것은 구체적인 상황에 맞는 유동적인 판단이 가능하다고 볼 수 있다. 즉, 현재는 거래할 때 형상 등을 확대하여 관찰하는 것이 통상이 아닌 물품이라도 기술의 진보에 따라 장래에 확대 관찰하여 거래하는 것이 통상이 되는 물품의 경우 그 시점에서 보호의 가능성이 있다고 할 수 있다.

본건에서 본건 의장의 대상이 되는 물품인 '커넥터접속단자'에 관해서는 구입 결정 시나 납입 시에 확대경 등으로 관찰한다고 하여도 그것은 오로지 불량품의 유무 등을 검사하기 위한 것이고 미감을 일으키게 하는 것인지 여부의 견지에서 확대 관찰하는 것이 아니기 때문에 거래할 때 물품의 형상 등을 확대 관찰하는 것이라고 말할 수 없다고 판단하였다.[87] 거래할 때 확대 관찰하는 것이 통상이라고 하여도 그 관찰이 미감의 인지에서 이루어져야만 한다는 점에 주의가 필요하다.

위에서 본 것과 같이 본건은 미세한 물품의 제조가공기술이 발달한 현대사회의 실정에 맞게 의장법상의 의장을 육안 관찰할 수 있는 것에 한정되지 않는다고 한 점은 타당하고 이후의 의장의 심사실무에 영향을 미칠 것으로 사료된다.[88]

---

86) 牛木理一先生古希記念(藤本昇), "意匠法上の視覚性について", 『意匠法及び周辺法の現代的課題』, 発明協会, 2005, 43頁; 加藤, 108頁; 渋谷達紀, 『知的財産法講義II－著作権法・意匠法－[第2版]』, 有斐閣, 2007, 272頁.

87) 牛木理一, "肉眼により認識することができない意匠の登録は認められない", 『知財管理』(第57巻第2号), 日本知的財産協会, 2007, 275頁에서는 이 판단에 대하여 의문을 제기하고 있다.

88) 判時第1929号(匿名), 86頁.

제5절 심미성(미감)

디자인은 미감을 일으킬 것이 요구된다. '미감'이란 미에 대한 감각이다.[89] 디자인의 성립요건으로서의 물품성, 형태성, 시각성, 미감성은 서로 불가분의 관계로 맺어져 있고 그 중 핵심적 요건은 미감성 요건이라고 할 수 있다.[90]

다만, 미감을 주관적인 아름다움으로 이해하면, 이는 사람에 의해 천차만별인 것으로 될 우려가 있다. 법률상 요건으로서 법적 판단의 대상으로 친숙한 것은 아니다. 그러므로 미감은 넓게 시각을 통하여 인간의 마음에 주는 감각적인 영향 일반을 의미하는 것으로 해석된다. 이 요건에 대해서는 디자인법의 보호대상으로부터 오로지 물품의 기술적 기능을 발휘시키기 위한 형태를 제외하고, 특허법이나 실용신안법의 보호범위와의 경계를 긋기 위한 요건으로 파악된다.[91]

실무상으로는 무언가의 미감을 일으키는 것이면 족하다고 되어 있고, 미감을 일으키지 않는 것의 예로서 ① 기능, 작용·효과를 주목적으로 한 것이므로, 미감을 대부분 일으키지 않는 것, ② 디자인으로서의 결합이 아니라, 번잡한 느낌만을 주는 것으로 미감을 거의 일으키지 않는 것이 열거되고 있다.[92] 그러나 이러한 요건에 의해 디자인에 해당되지 않는다고 판단된 사례는 극히 적다고 생각된다.

---

89) 逐条解説, 1008頁. 다만, 이에 대해서는 많은 논의가 있다.

90) 안원모, "디자인보호법상의 디자인의 성립성", 『법학연구 18권 2호』, 연세대학교, 2008, 120면.

91) コンメンタール意匠法, 57頁(五味飛鳥). 斎藤, 75-76頁.

92) 일본 심사기준 21.1.1.4(2).

제6절 부분디자인

물품의 부분에 관한 정의는 우리 디자인법상 존재하지 않으나, 부분디자인에 대한 디자인심사기준에 비추어보면, "창작의 단위가 될 수 있는 형태적 또는 기능적인 일체성이 인정되는 물품의 일부"라는 정도의 요건을 충족하면 좋을 것이다.[93)]

디자인법 제2조 제1호에서 '물품'에서 '물품의 부분'도 포함하고 있으므로, 통상의 전체 디자인에 요구되는 물품성, 형태성, 시각성, 심미성을 갖추어야 한다. 특히 물품성에 대해서는 모양과 같은 부분이라고 할 수 있더라도 물품에 고정되지 않은 것은 이에 속하지 않고, 물품이 특정되지 않은 모티브 등은 물품의 부분이라 할 수 없다.[94)]

물품의 부분의 형상 · 모양 · 색채 또는 이들의 결합은 디자인 등록을 받을 수 있다. 구체적으로는 ① 물품 부분의 형상만의 디자인, ② 물품 부분의 형상과 모양의 결합디자인, ③ 물품 부분의 형상과 색채의 결합 디자인은 등록받을 수 있다. 그러나 모양만의 디자인은 등록의 대상이 되지 않는다.

---

93) 디자인심사기준 103-104면.

94) 意匠法コンメンタール(中川裕幸), 67-68頁.

제3장

디자인의 동일·유사론

제1절 개념 및 학설

Ⅰ. 개념

디자인이란 물품[물품의 부분(제42조는 제외한다) 및 글자체를 포함한다. 이하 같다]의 형상·모양·색채 또는 이들을 결합한 것으로서 시각을 통하여 미감(美感)을 일으키게 하는 것을 말한다(디자인법 제2조 1호). 그러므로 디자인의 구성요소는 ① 물품의 형상, ② 물품의 형상과 모양, ③ 물품의 형상과 색채, ④ 물품의 형상과 모양 및 색채를 말한다.

우리 디자인법은 디자인의 동일 개념 외에 유사개념을 도입하고 있다. 여기서 동일은 물리적인 동일을 의미하는 것은 아니다.[1] 디자인법에서 디자인의 동일이 문제되는 규정은 출원의 보정과 요지변경, 출원의 분할, 조약에 의한 우선권 주장 시이다. 한편 디자인이 유사하다는 것은 물품이 동일 또는 유사하고, 형태가 동일 또는 유사한 것을 말한다. 또한 디자인의 유사개념이 문제되는 것은 디자인의 등록요건과 관련된 규정인 신규성(디자인법 제33조 제1항), 선출원 및 확대된 선출원주의(제33조 제3항), 유사디자인(디자인법 제33조 제2항) 규정이다. 그리고 등록 후에는 디자인권의 효력의 범위와 침해여부(디자인법 제92조) 판단 시에도 문제된다.[2]

Ⅱ. 학설

우리 디자인법에서 유사의 의미에 대하여 정의규정을 두고 있지는 않으며 디자인제도의 목적, 취지에 입각하여 여러 견해로 주장되고 있다.[3] 한

1) 노태정·김병진, 391면.

2) 송영식 외, 977면; 노태정·김병진, 392면; 특허청, 『디자인보호법 이론과 판례』, 2014, 145면.

3) 노태정·김병진, 401면; 송영식 외, 982-983면; 황의창·황광연, 『디자인보호법』, 법영사, 2011,

편 판례는 "비교대상이 되는 2개의 디자인의 공통적인 동질성으로 인해 시각을 통하여 유사한 미감을 일으키면 두 디자인은 유사한 것"으로 본다.[4)]

디자인법상 '디자인'은 물품의 형상, 모양 및 색채 또는 이것들의 결합으로서, 시각을 통해서 미감을 일으키게 하는 것을 말하는 것이라고 규정하고 있다. 이 규정에서 본다면 '디자인'은 항상 물품과 결합하고 있다는 특징이 있고 그 유사는 시각을 통해서 얻을 수 있는 미감의 공통성 유무에 있다고 볼 수 있다. 유사 판단은 디자인이 물품의 외관이기 때문에 물품의 전체적 관찰을 한 후 해당 디자인을 접하는 사람의 주의를 끄는 요부를 특정하여, 그 미감의 공통성의 유무에 의하여 행하여진다.[5)6)] 이 판단 방법에 관한 다른 의견이나 논의는 볼 수 없는데, 문제는 그 요부의 특정에서의 공지디자인의 참작 판단과 미감의 공통성 유무의 판단 주체이다.[7)]

디자인보호의 취지에 관한 견해의 대립을 반영한 의장의 유사판단기준에 관해서는, 학설상 (1) 창작설, (2) 혼동설, (3) 수요설 등의 대립이 있다.[8)] (1) 창작설은 디자인법의 목적은 의장 창작의 보호라고 보고, 디자인의 유

137면; 牛木理一,『意匠法の研究[第4版]』, 発明協会, 1994, 123頁; 牧野利秋・飯村敏明編(山田知司), "意匠の類否",『新・裁判実務大系 4 知的財産関係訴訟法』, 青林書院, 2001, 374頁; 高田, 149頁; 竹田稔,『知的財産権侵害要論 特許・意匠・商標編[第5版]』, 発明協会, 2007, 652頁; 牛木理一古希記念(内藤義三・川岸弘樹), "意匠権の本質",『意匠法及び周辺法の現代的課題』, 発明協会, 2005, 87頁; 村林隆一先生傘寿記念(小谷悦司), "登録意匠の要部認定と類否判断について",『知的財産権侵害訴訟の今日的課題』, 青林書院, 2011, 279頁.

4) 대법원 1992.3.31.선고 91후1595판결.

5) 대법원 1987.2.24.선고 85후101판결; 대법원 1990.5.8.선고 89후2014판결; 대법원 1991.6.11.선고 90후1024판결; 대법원 1991.9.10.선고90후2072 · 2089(병합); 대법원 1991.9.10.선고 90후2096판결 등.

6) 東京高判平成10年6月18日知財裁集第30巻第2号342頁(『자주식클레인사건(自走式クレーン事件)』에서는 의장의 요부에 관하여, "의장의 대상이 되는 물품의 성질, 용도, 사용 태양, 그리고 공지의장에는 없는 신규의 창작 부분의 존재여부 등을 참작하여 거래자·수요자의 가장 주의를 끌기 쉬운 부분"이라고 설명하고 있다).

7) 百選(土肥一史), 101頁.

8) 학설의 소개에 관해서는 茶園[意](茶園成樹)102, 103頁을 참조하였다.

사는 두 개의 디자인이 동일한 미적 특징을 발휘하며 동일한 창작 가치나 형태의 범위에 속하는지 여부에 의하여 판단해야 한다는 견해로서[9] 그 판단 주체는 디자이너 등 당업자를 말하며 공지디자인을 참작하여 공지디자인이 없는 새로운 부분이 디자인의 요부가 된다. (2) 혼동설은 디자인제도의 취지를 유통질서 유지로 보고, 디자인의 유사는 혼동이 발생할 우려의 정도가 비슷한지 여부에 의하여 판단해야 한다는 견해로서[10] 그 판단 주체는 수요자가 되고 수요자의 주의를 끄는 부분이 디자인의 요부가 된다. 그리고 혼동설에 근거를 두고 요부를 판단함에 있어서 공지디자인을 참작하는 견해를 수정혼동설이라고 한다.[11] 그리고, (3) 수요설은 디자인법의 목적을 디자인 수요환기기능의 보호에 있다고 보고 디자인의 유사는 거래자 · 수요자의 관점에서 구매심리에 대한 감각적 자극이 동일한 경우인지 여부, 또는 수요증대가치가 동일한지 여부에 의하여 판단해야 한다는 견해이다.[12]

제2절 디자인의 동일 · 유사 판단

I. 서설

유사판단기준 자체는 반드시 명확한 것은 아니다. 그러나 대략적으로

9) 牛木理一,『意匠法の研究[第4版]』, 発明協会, 1994, 123頁; 牧野利秋·飯村敏明編(山田知司), “意匠の類否”,『新 · 裁判実務大系 4 知的財産関係訴訟法』, 青林書院, 2001, 374頁.

10) 高田, 149頁; 竹田稔,『知的財産権侵害要論 特許 · 意匠 · 商標編[第5版]』, 発明協会, 2007, 652頁.

11) 牛木理一古希記念(内藤義三 · 川岸弘樹), “意匠権の本質”,『意匠法及び周辺法の現代的課題』, 発明協会, 2005, 87頁; 村林隆一先生傘寿記念(小谷悦司), “登録意匠の要部認定と類否判断について”,『知的財産権侵害訴訟の今日的課題』, 青林書院, 2011, 279頁.

12) 加藤, 129頁.

판단하는 방법은 정해져 있다. 기본적으로 ① 대비되는 디자인에 관계한 물품이 동일 · 유사한지 여부, ② 대비되는 디자인의 형태가 동일 · 유사한지 여부를 기준으로 판단한다. 특히 ②의 경우에는 부분적 관찰과 함께 전체적 관찰을 중심으로 하고, 종합적으로 대비되는 두 디자인이 수요자에 대하여 다른 미감을 주는지 여부에 따라 판단한다.

Ⅱ. 물품의 동일 · 유사

물품이 동일하다는 것은 물품의 용도 · 기능이 공통하고 있는 것을 말하고, 물품이 유사하다는 것은 물품의 용도[13]가 동일하고 기능이 다른 것을 말한다.[14] 예를 들면, 볼펜과 샤프 펜슬은 '쓰는 것'으로서 용도가 공통하므로 유사물품에 해당된다. 비유사 물품인 경우라도 용도상으로 '혼용'될 수 있는 것은 유사한 물품으로 볼 수 있다.[15] 여기서 '혼용'이란 용도가 다르고 기능이 동일한 물품을 용도를 달리하여 사용하는 것을 말한다(예: 수저통과 연필통).

디자인은 물품의 형태이므로, 대비되는 디자인이 동일, 유사, 비유사한가를 판별하는 요소로서 '물품'과 '형태' 두 가지가 있다. 그리고 이들 요소와 디자인의 유사여부와의 관계는 이하의 표와 같이 정리할 수 있다.[16]

---

13) '용도'란 물품이 실현하려는 사용목적을 말하며, '기능'이란 용도를 실현할 수 있는 구조 · 작용 등을 말한다(디자인심사기준, 169면).

14) 디자인심사기준, 169면.

15) 대법원 2004.6.10.선고 2002후2570판결.

16) 디자인심사기준, 173면.

물품 / 형태	동일물품	유사물품	비유사물품
형상 · 모양 · 색채 동일	동일 디자인	유사 디자인	
형상 · 모양 · 색채 유사	유사 디자인	유사 디자인	
형상 · 모양 · 색채 비유사			

물품의 유사란 대개 용도가 공통하고 기능이 다른 것(예를 들면, 샤프펜슬과 볼펜)을 말한다. 형태의 유사란 형태가 다르지만, 전체로서 관찰한 경우에 얻어질 수 있는 미적 창작의 인상(시각적 효과)이 공통하고 있는 것을 말한다.

유사여부판단에 있어서 특징적인 부분을 중시하여 흔히 있는 부분을 가볍게 보는 등 창작 가치를 정확히 평가하도록 배려한다.

1. 물품의 유사여부에 관한 구체적 판단방법

(1) **완성품과 부품[17]의 경우** : 완성품과 부품은 용도가 서로 다른 비유사물품으로 본다. 다만, 부품의 구성이 완성품에 가까운 경우에는 양 물품은 유사물품으로 보아 디자인의 유사여부를 판단한다(예: '사진틀'과 '사진틀테', '손목시계'와 '손목시계 본체', '안경'과 '안경테')

(2) **형틀과 그 형틀로부터 만들어지는 물품의 경우** : 유사하지 않은 것으로 본다(예: '빵틀'과 '빵').

(3) **글자체와 글자체의 경우** : 규칙 [별표4](물품류 구분) 중 제18류 제3군의 '글자체'에서 한글 글자체, 영문자 글자체, 한자 글자체, 그 밖의 외국문자 글자체, 숫자 글자체, 특수기호 글자체 상호간에는 유사한 물품으로 보

17) 여기서 '부품'이란 완성품의 일부를 구성하는 물품으로서 분리가 가능하고 독립거래의 대상이 되는 것을 말한다(예: 자전거 핸들). 한편 '부속품'이란 완성품의 용도를 확장하거나 기능을 보조, 보충하는 역할을 하는 물품으로서 그 자체가 독립거래의 대상이 되는 것을 말한다(예: 자전거 반사경)(디자인 심사기준, 170면).

지 않는다.[18)]

2. 형태의 동일 · 유사

디자인의 유사여부는 동일 또는 유사물품 사이에서만 유사여부를 판단하는 것이 원칙이다.[19)] 그러므로 두 물품이 서로 유사하지 않으면 형태와는 상관없이 두 디자인은 비유사한 디자인이다.

형태가 동일하다는 것은 형태의 구성요소가 동일한 것을 말한다. 즉 형태의 구성요소에 차이는 없지만 전체로서 관찰할 경우의 미감이 공통하고 있음을 의미한다. 디자인의 유사여부는 어디까지나 전체 관찰에 의해 결정된다. 일반적으로는 대비하는 2개의 디자인이 '공통점에 의한 미감' > '차이점에 의한 미감'인 경우에는 '유사'로 판단되고, 대비되는 2개의 디자인이 '공통점에 의한 미감' < '차이점에 의한 미감'인 경우에는 '비유사'로 판단된다.[20)]

3. 두 디자인의 공통점과 차이점에 의한 가중치 판단

'공통점에 의한 미감'과 '차이점에 의한 미감'의 대소를 판정하기 위해서는 각각이 전체관찰에서 어느 정도 가중치를 가지고 평가되어야 할 것인지가 결정되어야 한다. 이와 같이, 공통점 및 차이점을 분석한 후에 당해 디자인의 유사여부판단의 요부가 되는 구성요소가 발견된다. 이 구성요소를 디자인의 요부라고 부른다.[21)22)]

---

18) 디자인심사기준, 170면.

19) 대법원 1999.12.28.선고 98후492판결.

20) 峯唯夫, ゼミナール意匠法(第2版), 法学書院, 2009, 67頁.

21) 峯唯夫, ゼミナール意匠法(第2版), 法学書院, 2009, 69頁.

22) 일반적으로 당해 디자인 분야에 밝은 자가 관찰하면, 그들은 주변 디자인에 대하여 지식을 가지고 있으므로, '공통점은 있고, 새로운 형태는 없다'고 생각하여 세부 형태에 주목하여 판단하는 경향이 있다. 그런 까닭에 공통점이 디자인 전체의 골격을 이루는 잘 눈에 띄는 부분이라도, 그 공통성은 비교적 낮게 파악되고 차이점은 높게 평가된다. 한편 당해 디자인 분야의

침해사건에서는 디자인의 요부가 인정되고, 디자인의 유사여부는 요부의 공통성을 중심으로 판단되는 것이 일반적이다. 등록디자인의 요부가 확인대상디자인과 공통한 경우에는 유사로 판단되고, 등록디자인의 요부가 확인대상디자인과 다른 경우에는 비유사로 판단된다.[23] 디자인의 유사여부는 일반 수요자를 기준으로 판단한다(혼동설). 여기서 일반 수요자란 개개의 현실의 수요자가 아닌 객관적으로 상정되는 평균적, 이상적 수요자를 말한다. 현재 통설과 판례의 입장이다.[24]

최근 일본의 판례는 "디자인의 유사여부를 판단함에 있어서는 디자인을 전체로서 관찰하는 것을 요하지만, 이 경우 디자인에 관계한 물품의 성질, 용도, 사용태양, 게다가 공지디자인에는 없는 신규한 창작 부분의 존재여부 등을 참작하여, 거래자 · 수요자가 가장 주의를 끌기 쉬운 부분을 디자인의 요부로 파악하여 등록디자인과 상대방 디자인이 디자인의 요부에 있어서 구성태양을 공통으로 하고 있는지 여부를 관찰할 필요가 있다"고 보고 있다.[25] 즉 전체관찰을 기본으로 하여 각 디자인의 구체적 특성을 고려하고 일반 수요자는 물론 거래자의 관점에서 디자인 요부에 대한 공통성을 파악하는 방법을 사용하고 있다고 볼 수 있다.

지식에 문외한인 자가 관찰하면 전체 골격을 이루는 '공통점'에 눈이 가게 되어, 세부 차이는 낮게 평가되는 경향이 있다. 디자인의 유사여부 판단론에 있어서 '창작설', '혼동설' 중 어느 입장에 서는가에 따라 평가의 가중치가 변하게 된다. 현실의 사안에 있어서는 형태가 동일한 것은 거의 없고, 형태의 유사여부가 최대의 쟁점이 된다. 그런데 형태의 유사여부의 판단방법, 요부의 인정방법은 아직 확립되어 있다고는 할 수 없는 상황에 있다. 판단방법의 다툼은 판단 주체를 '창작자', '수요자', '양자를 종합한 보는 사람' 중 누구로 할 것인가. 그리고 유부 판단 자료로서 선행 디자인을 어떻게 위치시킬 것인가 하는 것으로 집약된다(峯唯夫, ゼミナール意匠法(第2版), 法学書院, 2009, 69頁).

23) 茶園[意](茶園成樹), 106頁.

24) 송영식 외, 983면.

25) 知 財 高 判 平 成23年3月28日(平 成22年(ネ)10014号); 知 財 高 判 平 成22年7月20日(平 成19年(ネ)10032号); 大阪地判平成23年9月15日(平成22年(ワ)9966号); 東京地判平成22年5月14日(平成20年(ワ)36851号) 등.

[디자인 제도의 취지에 따른 유사판단방법]

디자인법의 제도취지	유통질서유지	창작의 보호	중간적 방법
보는 사람	수요자	창작자	창작자는 아니지만 일반 수요자보다도 디자인에 구체적 지식을 가진 자
선행 디자인	중시하지 않음	중시	중시
판단 포인트	수요자에 의한 오인 · 혼동	창작의 요부의 공통성	미감의 공통성
비 고	수요자가 주목하는 부분, 대부분의 부분은 눈에 띄는 부분을 중시하는 경향	선행 디자인과 비교하여 당해 디자인 독자의 형태를 중시하는 경향	선행 디자인과 비교한 당해 디자인 독자의 형태와 같이, 수요자가 주목하는 부분을 중시하는 경향

출처: 峯唯夫, ゼミナール意匠法(第2版), 法学書院, 2009, 70頁

한편 우리나라의 심사실무상은 디자인의 유사여부판단에 있어 단순히 외관상 서로 유사한 미감을 일으키게 하는지 여부를 일반 수요자의 관점뿐만 아니라, 디자인 분야의 형태적 흐름을 기초로 하여 두 개의 디자인을 관찰하여 창작적 공통성이 인정되는지 여부 등 창작자의 입장도 고려하여 통상적으로 판단이 이루어지고 있다.[26)]

4. 특허청의 디자인 유사여부 판단방법[27)]

(1) 디자인의 유사여부 판단의 일반원칙

1) 디자인의 유사여부 판단은 디자인의 대상이 되는 물품이 유통과정에서 일반수요자를 기준으로 관찰하여 다른 물품과 혼동할 우려가 있는 경우에는 유사한 디자인으로 본다. 또한 혼동할 우려가 있을 정도로 유사하

26) 노태정 · 김병진, 412면.

27) 디자인심사기준, 173-175면.

지는 않더라도 그 디자인 분야의 형태적 흐름을 기초로 두 디자인을 관찰하여 창작의 공통성이 인정되는 경우에도 유사한 디자인으로 본다.

2) 유사여부는 전체적으로 관찰하여 종합적으로 판단한다.

① 「관찰」은 육안으로 비교하여 관찰하는 것을 원칙으로 하되, 디자인에 관한 물품의 거래에서 물품의 형상 등을 확대하여 관찰하는 것이 통상적인 경우에는 확대경 · 현미경 등을 사용하여 관찰할 수 있다.

② 「전체적으로 판단한다」란 디자인을 구성하는 각 요소를 분리하여 개별적으로 대비할 것이 아니라 그 외관을 전체적으로 대비 관찰하여 보는 사람으로 하여금 상이한 심미감을 느끼게 하는지 여부에 따라 판단하여야 한다는 것이므로 그 지배적인 특징이 유사하다면 세부적인 점에 다소 차이가 있을지라도 유사한 것으로 본다.

③ 상식적인 범위에서 물품의 대소의 차이는 유사여부 판단의 요소로 고려하지 아니한다.

④ 재질은 그 자체가 모양이나 색채로서 표현되는 경우에만 유사여부 판단의 요소로 참작한다.

⑤ 기능, 구조, 정밀도, 내구력, 제조방법 등은 그 자체가 외관으로 표현되지 않는 한 유사여부 판단의 요소가 될 수 없다.

3) 디자인의 유사범위의 폭 설정방법

참신한 디자인일수록 유사의 폭을 넓게 보고, 같은 종류의 것이 많이 나올수록 유사의 폭을 좁게 본다.

① 유사의 폭이 비교적 넓은 것

㉮ 새로운 물품

㉯ 같은 종류의 물품 중에서 특히 새로운 부분을 포함하는 것

㉰ 특이한 형상 또는 모양

② 유사의 폭이 비교적 좁은 것 : 옛날부터 흔히 사용되었거나 여러 가지 디자인이 많이 창작되었던 것. (예) 칼, 식기, 포장용 용기 등

(2) 디자인의 형태에 의한 유사여부 판단방법

1) 형상, 모양 및 색채에 의한 디자인의 유사여부 판단은 다음과 같이 한다.

① 형상이나 모양 중 어느 하나가 유사하지 아니하면 원칙적으로 유사하지 아니한 디자인으로 보되, 형상이나 모양이 디자인의 미감에 미치는 영향의 정도 등을 종합적으로 고려하여 디자인 전체로서 판단한다.

② 모양의 유사여부는 주제(Motif)의 표현방법과 배열, 무늬의 크기 및 색채 등을 종합하여 판단한다.

③ 색채는 모양을 구성하지 아니하는 한 유사여부 판단의 요소로 고려하지 아니한다.

④ 공지의 형상을 구성요소로 하고 있는 경우에도 그 부분이 특별한 심미감을 불러일으키지 못하는 것이 아닌 한 그것까지 포함한 전체로서 관찰하여 느껴지는 심미감에 따라 판단한다.

⑤ 공지의 형상에 독특한 모양이 화체되어 새로운 미감을 일으키는 경우에는 모양에 비중을 두어 판단한다.

2) 물품의 잘 보이는 면에 유사여부 판단의 비중을 둔다.

① 텔레비전, 에어컨 등은 6면 중 정면에 비중을 둔다.

② 전화기 등은 6면 중 저면에 비중을 적게 둔다.

③ 물품의 구매 시 일반수요자가 중요하게 생각하는 부분은 유사여부판단 시 비중을 높게 둔다.

3) 물품 중 당연히 있어야 할 부분은 그 중요도를 낮게 평가하고 다양한 변화가 가능한 부분을 주로 평가한다.
(예) 수저의 경우에는 손잡이 부분의 형태에 비중을 두고 판단한다.
4) 물품의 사용에 따라 형태가 변화하는 물품들 간에는 형태 변화의 전후를 기준으로 서로 같은 상태에서 대비하여 전체적으로 판단한다.

(3) 동적디자인의 유사여부 판단방법

1) 동적디자인과 정적디자인 간
① 동적디자인의 정지 상태 및 동작 중의 기본적 주체를 이루는 자태가 정적디자인과 유사하면 유사한 디자인으로 본다. 다만, 동작의 내용이 특이하면 유사하지 아니한 디자인으로 본다.
② 정적디자인이 동적디자인의 정지 상태 또는 동작 중의 기본적 주체를 이루는 자태와 유사하면 유사한 디자인으로 본다.
2) 동적디자인 상호간
동적디자인 상호간에는 그 정지상태, 동작의 내용 및 동작 중의 기본적인 주체를 이루는 자태 등을 전체로서 비교하여 유사여부를 판단한다.

(4) 완성품(부품의 종합체)과 부품의 디자인의 유사여부 판단방법

1) 완성품과 부품은 비유사물품이므로 법 제46조(선출원)를 적용하지 않는다.
2) 선출원된 완성품의 공개 또는 공고 전에 후출원된 부품은 완성품에 관한 선출원이 공개 또는 공고된 때에 법 제33조(디자인등록의 요건) 제3항(확대된 선출원)을 적용하여 거절한다.
3) 공지된 부품을 이용한 완성품은 그 부품이 공지된 것을 이유로 거절하지 아니한다.
4) 공지된 완성품에 부착된 부품의 디자인과 동일하거나 유사한 부품의

디자인은 그 완성품에 의하여 공지된 디자인으로 보아 법 제33조(디자인등록의 요건) 제1항(신규성) 각 호를 적용한다(예: ㉠ "자전거"와 "자전거 핸들", ㉡ "가방"과 "가방지").

(5) 합성물 디자인의 유사여부 판단방법

1) 합성물이란 수 개의 구성부분이 결합하여 이루어진 물품으로서 1개의 물품으로 취급된다(예: 장기짝, 트럼프, 화투, 완성형태가 단일한 조립완구).
2) 합성물의 디자인은 구성 각편이 모아진 전체를 하나의 디자인으로 보아 대비 판단한다.
3) 완성형태가 다양한 조립완구와 같이 구성 각편의 하나가 디자인등록의 대상이 되는 경우 그 조립완구와 구성 각편의 유사여부 판단은 위 완성품과 부품의 디자인의 유사여부 판단에 준하여 판단한다.

(6) 화상디자인의 유사여부 판단방법

1) 화상디자인이 표시된 표시부를 갖는 물품에 관한 디자인의 유사여부는 동일 · 유사한 물품 간에만 판단한다.
2) 화상디자인의 유사여부 판단은 디자인에 관계되는 모양의 유사여부 판단과 동일하게 판단한다.

(7) 부분디자인의 유사여부 판단방법

디자인이 속하는 분야의 통상의 지식을 기초로 다음 각 호의 요소를 종합적으로 고려하여 판단한다.

1) 디자인의 대상이 되는 물품
2) 부분디자인으로서 디자인등록을 받으려는 부분의 기능 · 용도

3) 해당 물품 중에서 부분디자인으로서 디자인등록을 받으려는 부분이 차지하는 위치 · 크기 · 범위

4) 부분디자인으로서 디자인등록을 받으려는 부분의 형상 · 모양 · 색채 또는 이들의 결합

(8) 한 벌의 물품의 디자인의 유사여부는 한 벌의 물품 전체로서 판단한다.

(9) 글자체디자인의 유사여부 판단방법

출원 디자인이 다음의 어느 하나에 해당되는 경우에는 기존 글자체디자인과 동일 · 유사한 것으로 본다.

1) 기존 글자체의 복사나 기계적 복제에 해당되는 경우

① 복사: 어떠한 가감도 없이 그대로 다시 만드는 것

② 기계적 복제(모양 · 굵기): 장체(長体), 평체(平体), 사체(斜体), 혹은 굵기 변화 등에 의한 글자체의 복사 생성

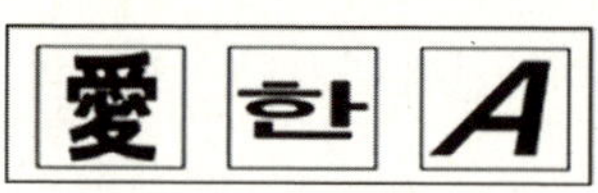

③ 기계적 복제(장식): 윤곽선, 음영 혹은 색구분, 색흐림 처리 등에 의한 글자체의 복사 생성

2) 기존 글자체의 부분적 변경에 해당되는 경우

① 부분적 변경: 구성 요소의 모양을 변경하거나 곡선 · 기울기를 변경

하는 처리 등에 의한 글자체의 모사 · 변경

※ 상세설명: 「愛」는 点을 둥글게 했다. 「한」은 선을 절제해서 떼어냈다. 「A」는 바(bar)의 右側을 절제했다.

② 파생 글자체용 변경: 점글자체 등 출력기의 특성에 맞춰 기존의 글자체디자인을 충실히 재현하는 변경

3) 기존 글자체의 자족(字族, 패밀리글자체)에 해당되는 경우

① 자족(굵기): 기존 글자체를 기초로 굵기가 다른 글자체를 제작하는 것

② 자족(모양): 기존 글자체를 기초로 장체 · 평체 · 사체 등 모양이 다른 글자체를 제작하는 것

③ 자족(장식): 기존 글자체를 기초로 윤곽선, 음영, 윤곽선 응용(내선) 등 장식이 다른 글자체를 제작하는 것

제3절 쟁점과 사례

Ⅰ. 디자인의 동일 · 유사 판단기준

우리 대법원은 디자인의 유사여부를 판단함에 있어서 "디자인을 구성하는 각 요소를 분리하여 개별적으로 대비할 것이 아니라 그 외관을 전체적으로 대비 관찰하여 보는 사람으로 하여금 상이한 심미감을 느끼게 하는지 여부에 따라 판단하여야 하므로 그 지배적인 특징이 유사하다면 세부적인 점에 다소 차이가 있을지라도 유사하다고 보아야 하고, 그 구성요소 중 공지의 형상부분이 있다고 하여도 그것이 특별한 심미감을 불러일으키는 요소가 되지 못하는 것이 아닌 한 이것까지 포함하여 전체로서 관찰하여 느껴지는 심미감에 따라 판단해야 하며 의장법이 요구하는 객관적 창작성이란 과거 또는 현존의 모든 것과 유사하지 아니한 독특함만을 말하는 것은 아니므로 과거 및 현존의 것을 기초로 하여 거기에 새로운 미감을 주는 미적 창작이 결합되어 그 전체에서 종전의 의장과는 다른 미감적 가치가 인정되는 정도면 의장등록을 받을 수 있으나, 부분적으로는 창작성이 인정된다고 하여도 전체적으로 보아서 종전의 의장과 다른 미감적 가치가 인정되지 않는다면 의장등록을 받을 수 없다"고 판시하였다.[28)]

즉 위의 판결은 디자인의 유사여부판단의 전제로 두 디자인의 '전체적 관찰'을 중시하면서도 기존의 디자인과 대비하여 새로운 독창성이 요구되는 것이 아니라 기존의 디자인에 기초하여 전체적으로 보았을 때 종전의 다자인과 다른 새로운 미감을 줄 경우에는 디자인 등록을 받을 수 있다고 보았다.

이를 전제로 '덤프트럭 적재함 덮개용 회전 지지구'로 하는 이 사건 등록의장(등록번호 제344983호)과 원심의 비교대상의장을 대비한 결과 전체적

28) 대법원 2001. 6. 29. 선고 2000후3388판결 참조.

으로 볼 때 보는 사람으로 하여금 느껴지는 심미감에 별다른 차이가 없는 유사한 의장이라고 하여 등록의장을 무효로 판단하였다(대법원 2006.7.28.선고 2005후 2915판결).[29)]

■ 일본의 중요 판례 해설: 『가요신축호스사건(可撓伸縮ホース事件)』[30)]

【사안의 개요】

Y(피청구인, 피공소인, 피상고인)는 의장의 대상이 되는 물품을 '가요성 신축호스'로 하는 의장(본건 등록의장)의 의장권자이다. X(청구인, 공소인, 상고인)는 본건 등록의장에 대하여 등록무효심판을 청구하였는데 특허청은 심판청구불성립의 심결을 내렸다.

X는 이 심결에 불복하여 동경고등재판소에 심결취소소송을 제기하였으나 다음과 같은 이유로 청구가 기각되었다. (1) 두 의장의 유사는 의장의 대상이 되는 물품의 제조 방법이나 내부 구조의 유사와는 관계가 없고 출원 의장 자체의 외견을 전체적으로 관찰하여 의장적 효과, 즉 시각을 통하여 미감을 일으키는 태양이 유사한지 여부에 따라 결정해야만 하는 바, 본건의 두 의장은 전혀 다른 의장적 효과를 가지고 있으므로 유사하지 않다. (2) 의장법 제3조 제1항은 동일 또는 유사한 물품의 공지 의장과의 관계에서 창작성이 결여된 의장, 즉 동일 또는 유사한 의장의 등록을 방지하며, 동조 제2항은 동일 또는 유사한 물품 이외의 물품과 일체를 이루는 주지의 의장이나 주지의 형상, 모양 및 색채 또는 이것들의 결합과의 관계에서 창작성이 없는 의장, 즉 전용(転用) 의장의 등록을 방지하고자 하는 것이다.

---

29) 이 판결과 유사한 취지로 대법원 2010. 11. 11.선고 2010후2209 판결에서도 디자인의 유사여부는 "이를 구성하는 각 요소를 분리하여 개별적으로 대비해야 할 것이 아니라 그 외관을 전체적으로 대비 관찰하여 보는 사람으로 하여금 상이한 심미감을 느끼게 하는지의 여부에 따라 판단하여야 하므로 그 지배적인 특징이 유사하다면 세부적인 점에 다소 차이가 있을지라도 유사하다고 보아야 한다"고 하였다.

30) 最判昭和49年3月19日民集第28巻第2号308頁.

따라서 동일 분야의 물품의 관계에서 등록의장이 등록요건을 갖추고 있는지 여부의 판단은 오로지 동조 제1항에 의해야만 하고 동조 제2항을 적용할 수 없다고 해석하는 것이 타당하다.

이에 대하여 X는 상고하였다. 주된 쟁점은 의장법 제3조 제2항의 해석이다. 즉, X는 동법 제3조 제2항은 동일 물품 간에도 적용이 되고 설령 제1항의 유사성이 부정된다고 하여도 제2항의 창작 용이성 판단을 해야 하는 바, 원심이 이것을 부정한 것은 제2항의 해석을 오해한 것이라고 주장하였다.

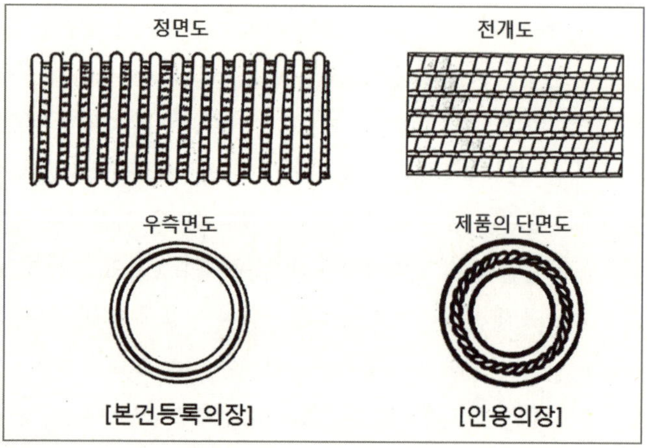

【법원의 판단】 상고기각

"원판결이 본건 등록의장은 인용 의장에 유사한 것이 아니라고 판단한 것은 타당하다. …생각건대, 의장은 물품과 일체를 이루는 것이기 때문에 등록 출원 전에 일본 국내 및 외국에서 공연히 알려진 의장 또는 등록 출원 전에 일본 국내 및 외국에서 반포된 간행물에 기재된 의장과 동일 또는 유사한 의장이라는 이유로 의장법 제3조 제1항에 의하여 등록 거절이 되기 위해서는 먼저 그 의장의 대상이 되는 물품이 동일 또는 유사하며, 그 위에 의장자체에 관해서도 동일 또는 유사한 것이라고 인정되어야 한다. 그러나 동조 제2항은 그 규정으로부터 알 수 있듯이, 동조 제1항이 구체적인 물품과 결부되어 의장의 동일 또는 유사를 문제로 하는 것과는 관점을 달리하고, 물품과의 관계를 떠난 추상적인 모티프로서 일본 국내에서 널리 알려진 형상, 모양 및 색채 또는 이것들의 결합을 기준으로 당업자가 용이하게 창작할 수 있는 의장이 아닌 것을 등록 요건으로 한 것이며 그 모티프(motif)가 결부되는 물품의 이동유사(異同類似)는 아무런 문제가 되지 않는다.

이것을 동조 제1항 제3호와 동조 제2항과의 관계에 관해서 추가적으로 부연하면, 동조 제1항 제3호는 의장권의 효력이 등록의장과 유사한 의장, 즉 등록의장의 대상이 되는 물품과 동일 또는 유사한 물품에 관하여 일반수요자에게 등록의장과 유사의 미감을 일으키게 하는 의장에도 미치는 것으로 여겨지고 있는바(동법 제23조), 이와 같은 물품의 의장에 관하여 일반수요자의 입장에서 본 미감의 유사를 문제로 하는 것에 대하여, 동법 제3조 제2항은 물품의 동일 또는 유사라는 제한을 두지 않고, 사회적으로 널리 알려진 모티프를 기준으로 당업자의 입장에서 의장 착상의 새로움 내지 독창성을 문제로 하는 것이기 때문에 양자는 사고방식의 기초를 달리하는 규정이라고 해석된다. 따라서 동일 또는 유사의 물품에 관한 의장 상호간에 있어서도, 그 의장적 효과의 유사에 의한 동조 제1항 제3호의 유사성 판단과 한쪽의 의장의 형상, 모양, 색채 등을 근거로 당업자가 용이하게 다른 쪽의 의장을 창작할 수 있는가라는 동조 제2항의 창작 용이성의 판단과는 반드시 일치하는 것은 아니고, 유사 의장이면서 동조 제2항의 창작이 용이한 의장에도 해당한다고 인정되는 경우가 있고, 동시에 의장적 효과가 다르기 때문에 유사 의장이라고는 말할 수 없지만 동조 제2항의 창작 용이성은 인정할 수 있는 경우도 있을 수 있다. 단, 전자의 경우에는 동조 제2항 괄호안의 규정에 의하여 동조 제1항 제3호의 규정만을 적용하여 등록을 거절하는 것으로 충분하다."

"동일 또는 유사의 물품 의장에 관해서는 동조 제2항을 적용할 여지가 없다고 한 원심의 판단에는 동조의 해석을 오해한 위법이 있다고 해야 한다". 하지만 본건 등록의장은 인용의장 등과 "전혀 다른 의장적 효과를 가지고 있기 때문에 본건 등록의장은 그 착상의 관점에서도 독창성을 인정받을 수 없는 것이 아니고, 이것을 인용의장 등의 형상, 모양, 색채 또는 이것들의 결합에 근거하여 당업자가 용이하게 창작할 수 있는 의장이라고 말할 수는 없다."

【해설】

의장의 유사성 문제는 의장법의 중심적인 문제 중의 하나이다. 본건은 이 문제에 관한 최고재판소의 판단을 제시한 중요한 판결이다.

의장보호의 취지에 관한 견해의 대립을 반영한 의장의 유사판단 기준에 관해서는, 학설상 (1) 창작설, (2) 혼동설, (3) 수요설 등의 대립이 있다.[31]

위와 같은 학설이 대립하고 있는 상황에서, 본건은 동법 제3조 제2항이 정한 창작비용이성의 요건과의 관계에서 동법 제3조 제1항 제3호의 유사에 관하여 다음과 같이 설시하고 있다. "동조 제1항 제3호는 의장권의 효력이 등록의장과 유사한 의장, 즉 등록의장의 대상이 되는 물품과 동일 또는 유사한 물품에 관하여 일반수요자에게 등록의장과 유사한 미감을 일으키게 하는 의장에도 미치는 것으로 여겨지고 있는 바(동법 제23조),[32] 이와 같은 물품의 의장에 관하여 일반수요자의 입장에서 본 미감의 유사를 문제로 하는 것에 대하여, 동법 제3조 제2항은 물품의 동일 또는 유사라는 제한을 두지 않고, 사회적으로 널리 알려진 모티프를 기준으로 당업자의 입장에서 의장 착상의 새로움 내지 독창성을 문제로 하는 것이기 때문에 양자는 사고방식의 기초를 달리하는 규정이라고 해석된다"고 하여, 의장의 유사를 '일반수요자의 입장에서 본 미감의 유사'의 문제라고 설시하고 있다.[33] 본판결은 유

31) 학설의 소개에 관해서는 茶園[意](茶園成樹)102, 103頁을 참조.

32) 일본 의장법 제23조(의장권의 효력): 의장권자는 업으로서 등록의장 및 이것에 유사한 의장을 실시하는 권리를 전유한다.

33) 같은 취지의 판단으로서 最判昭和50年2月28日判タ第320号160頁『帽子事件(모자사건)』이 있다.

사판단기준을 제시하지는 않았지만 판단 주체를 일반수요자로 하고 있어서 상기 창작설을 부정한 것으로 해석된다.[34] 하지만, '혼동'이라는 용어도 사용하지 않고 있기 때문에 혼동설에 근거하고 있다고도 단정할 수 없다.[35]

단, 하급심 판결에서는 본판결이 제시한 '일반수요자의 입장에서 본 미감의 유사'를 거론하면서도 선행공지의장의 존재를 참작하고, 선행의장에 볼 수 없는 특징부분이며 보는 사람의 주의를 끄는 부분을 의장의 요부로 하여 유사 판단을 하는 사안이 많아졌는데, 이에 대하여 학설은 본건의 판시를 따르면서 선행공지의장의 존재를 참작함으로써 등록의장의 객관적인 창작성의 소재를 명확히 하여 사안의 적정한 해결을 도모하는 창작설에 가까운 판단이라고 평가하고 있다.[36]

본판결이 근거가 되어 2006년(平成18년)개정에 의하여 동법 제24조 제2항이 규정되었다.[37] 즉 이 규정은 "등록의장과 그 외의 의장이 유사한지 여부의 판단은 수요자의 시각을 통하여 일으키는 미감에 근거하여 행하는 것으로 한다"고 하여 의장의 유사 판단의 주체는 '수요자'라는 것을 명확히 하였다. 학설은 이 규정에 대하여, 상기 하급심 판결에서 축적되어 온 객관적인 창작성의 유무를 고려하지 않고 단순히 수요자의 시각을 통하여 일으키게 하는 미감만을 근거로 유사를 판단하는 것으로서, 판례의 흐름이나 창작 보호법인 의장법의 취지에 반한다는 비판이 제기되고 있다.[38]

참고 자료: 일본 의장심사기준 22.1.3.1

22.1.3.1 의장의 유사판단

의장의 유사판단이란 의장이 유사한지 여부의 판단이며, 수요자(거래자를 포함한다)

34) 茶園[意](茶園成樹), 103頁.

35) 意匠法コンメンタール(峯唯夫), 141頁. 한편, 혼동설에 근거한 재판례로서 東京高判平成7年9月26日知的裁集第27巻第3号682頁『タイムカード事件』등이 있다.

36) 注解意匠法(森本敬司), 398頁.

37) 注解意匠法(森本敬司), 398頁.

38) 注解意匠法(森本敬司), 398頁.

(판단 주체에 관해서는 22.1.3.1.1을 참조)의 입장에서 본 미감의 유사에 관한 판단을 말한다.

이하에서 설명하는 유사판단의 수법은 의장심사에서의 객관적인 유사판단을 담보하기 위하여 필요한 의장적 특징, 즉 의장의 미감을 형성하는 요소의 추출 방법과 그 대비 방법에 관한 기본적인 사고방식을 나타낸 것이다.

22.1.3.1.1 판단 주체

의장의 유사판단에서, 판단 주체는 수요자(거래자를 포함한다)(의장법 제24조 제2항. 동 규정이 말하는 '수요자'란 거래자를 포함하는 개념이므로, 여기서는 '수요자(거래자를 포함한다)'로 한다)이며, 물품의 거래, 유통의 실태에 따른 적절한 사람으로 한다.

신규성 판단 시에서의 의장의 유사 판단 주체에 관해서는 조문상 명확히 규정되어 있지 않지만, 등록의장의 범위를 규정하고 있는 의장법 제24조 제2항에는 "등록의장과 그 외의 의장이 유사한지 여부의 판단은 수요자의 시각을 통하여 일으키게 하는 미감에 근거하여 행하는 것으로 한다"라고 규정되고 있으므로, 신규성 판단에서의 의장의 유사 판단 주체도 동일하게 수요자(거래자를 포함한다.)로 한다.

의장의 유사판단은 원래 인간의 감각적인 부분에 의한 것이 크지만, 그 판단을 함에 있어서는 의장창작에 관한 창작자가 주관적인 시점을 배제하고 수요자(거래자를 포함한다)가 관찰한 경우의 객관적인 인상으로 판단한다.

22.1.3.1.2 의장의 유사 판단의 수법

(1) 의장의 유사 판단의 관점

의장심사에서 유사 판단은 다음의 ①~⑤의 관점에 의하여 행한다.

① 대비하는 두 의장에서 의장이 되는 물품의 인정 및 유사 판단

② 대비하는 두 의장의 형태 인정

③ 형태의 공통점 및 차이점의 인정

④ 형태의 공통점 및 차이점의 개별 평가

⑤ 의장전체의 유사판단

(2) 대비하는 두 의장에서 의장의 대상이 되는 물품의 인정 및 유사 판단

의장의 대상이 되는 물품의 사용 목적, 사용 상태 등에 근거하여 두 의장의 의장의 대상이 되는 물품의 용도 및 기능을 인정한다.

의장이란 물품의 형태이므로, 의장의 유사는 대비하는 의장 간의 의장의 대상이 되는 물품의 용도 및 기능이 동일 또는 유사한 것을 전제로 하지만, 이 경우에서 말하는 '의장의 대상이 되는 물품의 용도 및 기능이 동일 또는 유사한 것'이란 물품의 상세한 용도 및 기능을 비교한 뒤에 그 유사를 결정할 필요 없이, 구체적인 물품에 나타난 형태의 가치를 평가하는 범위에서 용도(사용 목적, 사용 상태 등) 및 기능에 공통성이 있는 물품이라면 물품의 용도 및 기능에 유사성이 있다고 판단할 수 있다.

의장의 대상이 되는 물품의 용도(사용 목적, 사용 상태 등) 및 기능에 공통성이 없을 경우에는 의장은 유사하지 않다.

한편, 경제산업성령이 정하는 의장법 시행 규칙 별표 제1(하부의 란)에 나타낸 '물품의 구분'은 원서에 기재해야 하는 물품 구분의 구체적인 예를 제시하고 있는 것에 지나지 않고 물품의 유사를 직접 규정하고 있는 것이 아니다.

(3) 대비하는 두 의장의 형태 인정 및 형태에서의 공통점 · 차이점의 인정

(i) 육안에 의한 관찰

관찰은 육안에 의한 시각 관찰을 기본으로 한다(단, 육안에 의하여 인식할 수 없는 것이라도 거래할 때 확대 관찰하는 것이 통상일 경우에는, 육안에 의하여 인식할 수 있는 것과 동일하게 취급한다). 이것은 통상적으로 물품은 육안에 의하여 관찰되어 육안에 의하여 인식할 수 있는 형태 전체의 미감이 그 의장의 대상이 되는 물품의 선택 · 구입을 좌우하기 때문이다. 한편, 의장의 대상이 되는 물품전체의 형태는 육안에 의하여 인식할 수 있지만, 일부의 형태는 미세하여 육안에 의해서는 인식할 수 없는 경우에는 육안에 의하여 인식할 수 있는 형태만을 의장의 형태로서 인정하여 유사 판단을 한다.

(ii) 관찰 방법

의장의 유사 판단은 의장의 대상이 되는 물품을 관찰할 때 통상 이용되는 관찰 방법에 의하여 행한다.

예를 들면, 구입할 때나 사용할 때 실제로 손에 들고 시각 관찰하는 필기도구 의장의 경우는 의장전체를 동일한 비중으로 관찰하지만, 통상 설치 상태에서 배면 및 저면을 보지 않는 텔레비전 수상기 의장의 경우는 주로 정면, 측면, 평면 방향에 비중을 두

고 관찰한다.

(iii) 형태의 인정

의장의 대상이 되는 물품전체의 형태(의장을 대충 파악하였을 때의 골격적 형태, 기본적 구성 태양이라고도 한다) 및 각 부분의 형태를 인정한다.

(iv) 형태의 공통점 및 차이점의 인정

두 의장의 '의장의 대상'이 되는 물품전체의 형태(기본적 구성 태양) 및 각 부분의 형태의 공통점 및 차이점을 인정한다.

(4) 형태의 공통점 및 차이점의 개별평가

각 공통점 및 차이점의 형태에 관하여, 이하의 (i) 그 형태를 대비 관찰한 경우에 주의를 끄는 부분인지 아닌지의 인정 및 그 주의를 끄는 정도의 평가와, (ii) 선행의장과의 대비에 근거하여 주의를 끄는 정도의 평가를 한다.

각 공통점 및 차이점의 형태가 (i) 및 (ii)의 관점에서 보아 어느 정도 주의를 끄는 것인지를 검토하여 각 공통점 및 차이점이 의장 전체의 미감에 주는 영향의 크기를 판단한다.

(i) 대비 관찰한 경우에 주의를 끄는 부분인지 아닌지의 인정 및 평가

각 공통점 및 차이점의 형태가 대비 관찰한 경우에 주의를 끄는 부분인지 아닌지 및 그 주의를 끄는 정도는

- 그 부분이 의장전체에서 차지하는 비율의 대소,
- 그 부분이 의장의 대상이 되는 물품의 특성으로부터 보아 시각적 인상에 큰 영향을 미치는 부분인가에 의하여 인정 · 평가한다.

한편, 구체적인 평가 방법 및 평가 결과는 개별 의장마다에 다른 것이지만, 일반적으로는 다음과 같다고 말할 수 있다.

(a) 의장 전체적으로 차지하는 비율에 관한 평가

출원 의장과 인용 의장의 공통점 또는 차이점에 관한 부분에 관하여, 그 크기가 의장의 대상이 되는 물품 전체에서 차지하는 비율이 클 경우에는 작을 경우와 비교하여 그 부분이 주의를 끄는 정도는 크다.

의장의 대상이 되는 물품 전체의 형태(기본적 구성 태양)는 의장의 골격이라고도 말할 수 있는 것으로서 시각적 인상에 주는 영향은 통상적으로 가장 크다.

(b) 물품의 크기 차이에 관한 평가

두 의장의 '의장의 대상'이 되는 물품자체의 크기(설명의 기재가 없는 경우에 인정하는 통상의 크기 범위를 포함한다.)가 달라도 그것이 물품의 용도 및 기능의 인정에 영향을 미치지 않는 한, 그 차이는 강하게 주의를 끄는 것이 되지 않는다.

(c) 물품의 특성에 근거하여 관찰되기 쉬운 부분인지 아닌지의 평가

의장에는 시각관찰을 행한 경우에 관찰되기 쉬운 부분, 관찰되기 어려운 부분이 존재한다. 공통점 및 차이점의 형태가 관찰되기 쉬운 부분의 형태라면 주의를 끌기 쉽다고 말할 수 있다.

관찰되기 쉬운 부분은 의장의 대상이 되는 물품의 용도(사용 목적, 사용 상태 등) 및 기능, 그 크기 등에 근거하여, (1)의장의 대상이 되는 물품이 선택·구입될 때에 보이기 쉬운 부위인지 아닌지, (2)수요자(거래자를 포함한다.)가 관심을 가져 관찰하는 부위인지 아닌지를 인정하여 추출한다.

단, 이렇게 하여 추출되는 부분이라고 하여도, 그 형태가 기능적 필연성만에 근거한 것일 경우에는 의장적 특징으로서는 고려하지 않는다.

(d) 물품의 내부형태의 평가

의장은 의장의 대상이 되는 물품을 관찰할 때에 눈에 띄기 쉬운 부위의 형태를 중심으로 비교되어야 하기 때문에 유사 판단은 의장의 대상이 되는 물품의 외관에 관하여 행하고, 사용 시에 보이지 않는 내부형태는 의장의 특징으로서 고려하지 않는다.

내부 형태를 관찰할 수 있는 것은 사용 시에 눈에 뜨이기 쉬운 형태가 주의를 끌기 쉬운 부분이 된다.

예를 들면, 냉장고 의장의 경우 문을 연 상태도 사용 시의 형태인 한편, 냉장고의 용도 및 기능은 문을 닫은 상태에서 내부에 식품 등을 냉각 보관하는 것이기 때문에 통상은 문을 닫은 상태로 시각 관찰되는 것이라고 말할 수 있다. 따라서 이러한 경우는 닫은 상태의 외관이 주의를 끄는 정도는 내부 형태의 그것보다 크다. 한편, 인간이 내부에 들어가서 사용하는 것을 주체로 하는 욕실의 의장 등의 경우에는 내부 형태가 주의를 끄는 부분이 된다.

(e) 물품의 유통 시에만 시각 관찰되는 형태의 평가

사용 시·설치 시에는 그 일부가 보이지 않는 물품(예를 들면, 일부가 흙에 묻혀 있는 펜

스나 벽 또는 천장에 일부가 들어 가 있는 조명기구 등)의 경우, 물품의 유통시에만 시각 관찰되는 부위가 주의를 끄는 정도는 원칙적으로 그 외의 부위보다도 작다.

단, 그 외의 부위의 형태가 흔히 있는 형태 등 의장전체의 미감에 주는 영향이 작은 경우에는 상대적으로 물품의 유통 시에만 시각 관찰되는 부위의 의장전체에서의 중요도가 높아져 의장전체에서의 최종적인 판단을 할 때에 유사의 판단을 좌우하는 경우도 있다.

(ii) **선행 의장과의 대비에 근거한 평가**

출원 의장과 인용 의장의 각 공통점 및 차이점의 형태가 선행 의장과 대비하였을 경우에 주의를 끌기 쉬운 형태인지 아닌지를 평가한다. 형태가 주의를 끌기 쉬운 것인지 여부는 같은 형태를 가진 공지 의장의 수나 다른 일반적으로 보이는 형태와 어느 정도 다른 형태인지, 또는 그 형태의 창작적 가치의 정도에 의하여 변한다.

(a) 선행 의장 조사를 전제로 하는 공통점의 평가

출원 의장과 인용 의장의 각 공통점의 형태가 다른 선행 의장에서 극히 일반적으로 보이는 흔한 태양인 경우에는, 그 형태는 특징적인 형태라고는 말할 수 없다. 따라서 다른 선행 의장에서도 보이는 형태이지만, 극히 일반적으로 보이는 흔한 태양이라고는 말할 수 없는 경우와 비교하여 그 형태가 주의를 끄는 정도는 적다.

어느 경우에도 흔한 형태나 공연히 알려진 형태를 단순히 제외하지 않는다.

(b) 선행 의장 조사를 전제로 하는 차이점의 평가

출원 의장과 인용 의장과의 대비에 의하여 인정되는 각 차이점의 형태가 다른 선행 의장에서 볼 수 없는 신규한 형태이며 창작적 가치가 높다고 인정되는 경우, 그 형태는 과거의 것과는 다른 강한 인상을 주고 강하게 주의를 끄는 것이다. 각 차이점의 형태가 다른 선행 의장에서 극히 일반적으로 보이는 흔한 태양일 경우, 그 형태는 강하게 주의를 끄는 것이 될 수 없다. 단, 흔한 형태나 공지 형태의 조합에 따라서는 그 조합의 태양이 주의를 끄는 경우도 있다.

(iii) **기능적 의미를 가지는 형태 및 재질에서 유래하는 형태의 취급**

기능적 의미를 가지는 형태 및 재질에서 유래하는 형태에 관하여 일반적으로는 다음과 같이 취급한다.

(a) 기능적 형상의 평가

기능적인 요구의 실현에 조형적인 자유도가 있고 그 형상이 아니면 안 되는 필연성이 없는 경우의 형상에 관해서는 그 조형적인 특징을 고려한다. 단, 물품의 기능을 확보하기 위한 불가결한 형상만으로 이루어진 의장은 의장법이 원래 보호를 예정하지 않은 기술적 사상의 창작에 대하여 배타적 독점권을 부여하는 것이 되기 때문에 보호하지 않는다(의장법 제5조 제3호).

또한, 시각에 큰 영향이 없는 근소한 형상의 차이에 관하여, 그 차이가 기능에 크게 관련되어 있다고 하여도 특별히 중요시하지 않는다.

(b) 물품의 기능면의 요구를 가미하여 구성된 모양의 평가

단지 장식을 목적으로 하는 모양(예를 들면, 식탁용 접시의 표면에 부착된 모양에 더하여, 최근 키 시트나 터치패널) 등 물품 표면의 입력 · 조작부의 태양이 요철의 입체 형상을 수반하지 않는 평면적인 도형 등으로서 구성되는 예가 많다. 이러한 의장의 대상이 되는 물품과의 관계에서 일정한 기능을 가지는 모양에 관한 의장적인 특징의 평가는 그 모양이 가지는 의미, 즉 무엇을 의도한 모양인가, 물품의 용도 · 기능과의 관계에서 어떤 기능을 담당하는 모양인가라는 점을 이해한 뒤 행하는 것이며 형상의 경우와 동일하게 평가한다.

(c) 재질에서 생기는 모양 · 색채의 평가

의장의 구성 요소로서 참으로 고려해야 하는 모양 · 색채는 의장 창작자의 창작 행위에 의하여 나타낸 모양 · 색채이지만, 원서에 첨부한 도면 등에 나타낸 의장이, 의장의 대상이 되는 물품을 제조할 때 통상 사용되는 재질 그 자체의 모양 · 색채로 나타나 있다고 인정되는 경우, 그 모양 · 색채는 그 물품분야에서는 흔한 것이기 때문에 그 모양 · 색채가 의장전체의 미감에 주는 영향은 극히 적다.

(5) 의장 전체의 유사 판단

두 의장의 형태의 각 공통점 및 차이점에 관한 개별 평가에 근거하여, 의장 전체로서 두 의장의 모든 공통점 및 차이점을 종합적으로 관찰한 경우에, 수요자(거래자를 포함한다)에 대하여 다른 미감을 일으키게 하는 것인지 여부를 판단한다.

의장은 전체가 유기적인 관계를 가지고 결합된 것이기 때문에 각 공통점 및 차이점을 개별적으로 평가하는 것만으로는 유사를 판단할 수는 없고, 각 형태의 조합에도 주의하면서 공통점 및 차이점을 종합적으로 검토한 후에, 그 공통점 및 차이점이 의장 전체 미감의 유사에 대하여 어떠한 영향을 주고 있는지를 후에 평가해야 한다.

기본적인 사고방식은 아래와 같다.

(ⅰ) **공통점 및 차이점에 관한 종합 판단**

어떤 공통점 또는 차이점이 유사 판단을 함에 있어서 가장 중요한 요소가 되는지 여부는 다른 공통점 및 차이점과의 상대적인 관계로 결정된다. 어떤 공통점 또는 차이점이 유사 판단에 주는 영향의 크기를 생각할 때, 다른 공통점 및 차이점이 의장전체의 미감에 주는 영향이 작으면 그 공통점 또는 차이점이 유사 판단에 주는 영향은 상대적으로 큰 것이 된다. 한편, 의장전체의 미감에 주는 영향이 같은 정도 혹은 보다 큰 공통점 또는 차이점이 다른 곳에 있는 경우에는 그 공통점 또는 차이점이 유사 판단에 주는 영향의 크기는 상대적으로 작아진다.

(ⅱ) **의장의 대상이 되는 물품 전체의 형태**(기본적 구성 태양)

의장의 대상이 되는 물품 전체의 형태(기본적 구성 태양)는 의장의 골격이라고도 말할 수 있으며, 시각을 통하여 일으키게 하는 미감에의 영향이 가장 크기 때문에 의장이 유사하기 위해서는 원칙적으로 의장의 대상이 되는 물품 전체의 형태(기본적 구성 태양)가 공통되는 것이 필요하다.

단, 출원 의장과 인용 의장의 '의장의 대상'이 되는 물품 전체의 형태(기본적 구성 태양)에 차이점이 있다고 하여도, 두 의장 모두 흔한 형태이며 동시에 각 부분의 형태의 공통점이 현저한 것과 같은 경우에는 의장의 대상이 되는 물품 전체의 형태(기본적 구성 태양)의 차이를 넘어서 두 의장이 유사한 경우도 있다.

예를 들면, 모양이 있는 직육면체 형태의 포장용 상자에서 상자 전체의 세로, 가로, 높이의 비율이 다른 2개의 의장이 있는 경우, 두 의장 모두 포장용 상자의 비율로서는 흔하여 주의를 끄는 것이 아니며, 동시에 공통되는 모양이 특징적으로 강하게 주의를 끄는 것이라고 인정된다면, 의장의 대상이 되는 물품 전체의 형태(기본적 구성 태양)의 차이(상자 전체의 세로, 가로, 높이의 비율)를 넘어서 두 의장은 유사한 경우가 있다.

각 부분의 형태의 차이점에 관해서도 유사 판단에 주는 영향의 크기가 작을 경우에는 공통되는 의장의 대상이 되는 물품 전체의 형태(기본적 구성 태양)가 흔한 것이라 하여도, 여전히 그 의장에서 가장 유사 판단에 주는 영향이 큰 것이 되어 두 의장이 유사한 경우도 있다.

또한, 공지 또는 주지의 형태를 모은 의장이라고 하여도, 그 조합의 태양이 신규이며 의장의 대상이 되는 물품 전체의 형태(기본적 구성 태양)가 신규인 경우에는, 그 조합에 의한 의장의 대상이 되는 물품 전체의 형태(기본적 구성 태양)이 신규인 형태로서 평가된다.

(iii) 출원에 관한 의장 중에 사용된 공지 형태

출원 의장 중에 사용된 공지 형태가 유사 판단에 주는 영향의 크기는 신규한 형태에 비교하여 일반적으로 적어지지만 의장은 전체가 유기적인 결합에 의하여 성립하는 것이기 때문에 공통점 또는 차이점의 형태가 공지 형태라고 하여도, 그 공통점 또는 차이점을 단순히 제외하여 그 외의 공통점 및 차이점에 관해서만 판단하지 않는다.

공지형태의 조합이 신규일 경우는 그 조합에 관한 태양을 평가한다.

(iv) 의장의 구성 요소간의 관계

의장의 구성 요소인 형상, 모양, 색채 가운데, 어느 구성 요소가 유사 판단에 큰 영향을 주는지는 일괄적으로 말할 수 없고, 선행하는 공지의장과의 관계에서 가장 특징이 크게 주의를 끄는 것이 유사 판단에 주는 영향이 크다고 말할 수 있다.

하지만 형상 및 모양은 사람의 지혜에 근거하는 창작을 필요로 하는 경우가 많음에 비하여 색채는 그것이 모양을 구성하지 않는 한, 창작이라고 하기보다는 선택이라고 형용하는 것이 타당하며, 색채만을 변경한 다수의 제품 종류가 통상 준비되어 있는 것에서, 색채는 형상 및 모양보다도 주의를 끌기 어렵다고 말할 수 있다. 따라서 일반적으로 색채는 형상 및 모양보다도 유사 판단에 주는 영향이 적다.

(v) 동일 물품 분야에서의 기존 유사 판단 사례와의 관계

일반적으로, 대비하는 두 개의 의장의 공통점 및 차이점이 의장전체의 미감에 주는 영향의 크기에 관한 평가가 동일 물품 분야의 기존 판단 사례와 같은 경우에는 기존 유사 판단 사례와 동일한 결과가 된다.

그러나 의장의 유사 판단은 그 외의 부분을 포함하는 의장전체에 관하여 행하는 것이기 때문에 대비하는 두 의장이 기존의 판단 사례와 같은 공통점 혹은 차이점을 가지고 있다고 하여도, 그것들이 물품 특성 등에서 보아 의장전체에서 주의를 끄는 부분의 공통점 또는 차이점인지 여부의 인정 및 그 주의를 끄는 정도에 관한 평가는 항상 같다고 말할 수는 없다. 또한, 선행공지의장은 매일 누적되므로 해당 선행공지의장과의 대비에 의한 평가는 항상 같다고 말할 수 없다.

이와 같이, 같은 공통점 · 차이점을 가지고 있다고 하여도 그것들이 유사 판단에 주는 영향의 크기에 관한 평가는 항상 같다고는 말할 수 없기 때문에 동일 물품 분야에서의 기존의 유사 판단 사례라고 하여도 그 결론만을 다른 사례에 단순하게는 적용하지 않는다.

Ⅱ. 공지형상부분의 유사판단과 권리범위 판단기준

공지형상 등이 포함된 디자인의 동일 · 유사 판단이 문제된 사례에서 대법원은 "디자인의 구성요소 중 물품의 기능을 확보하는 데 필요한 형상 또는 공지의 형상 부분이 있다고 하여도 그것이 특별한 심미감을 불러일으키는 요소가 되지 못하는 것이 아닌 한 그것까지 포함하여 전체로서 관찰하여 느껴지는 장식적 심미감에 따라 판단해야 할 것이고, 보는 방향에 따라 느껴지는 미감이 같기도 하고 다르기도 할 경우에는 그 미감이 같게 느껴지는 방향으로 두고 이를 대비하여 유사 여부를 판단하여야 할 것이다(대법원 1992. 11. 10. 선고 92후490 판결, 대법원 2005. 6. 10. 선고 2004후2987 판결 등 참조)[39]"라는 선행 판결을 언급한 후, "롤러부와 장착부의 형상이 이 사건 등록디자인(등록번호 제345777호)의 대상이 되는 물품인 '건물 차양막 받침구'의 기능을 확보하는 데 필요한 형상 또는 공지의 형상 부분이라 하더라도, 이는 보는 사람의 주의를 끄는 특징적인 부분에 해당하고 또한, 당해 물품의 기능을 확보하기 위하여 반드시 원심 판시와 같은 롤러부와 장착부의 형상을 가진다고 할 수 없으며 동일한 기능을 수행하면서도 전체적인 미감을 고려하여 롤러부와 장착부의 형상을 얼마든지 다르게 구성할 수 있으므로, 이 부분은 당해 물품을 대하는 일반 수요자가 느끼는 전체적인 심

39) 다만, 디자인이 전부 공지된 경우에는 신규성 상실로 무효가 되거나 거절사정될 것임은 물론이고 침해소송 및 권리범위확인심판사건에서는 권리범위가 인정되지 않는다(성기문, "공지부분이 포함된 특허 및 의장을 둘러싼 실무상의 제문제", 『특허소송연구 2집』, 특허법원, 2002. 263면).

미감에 영향을 미치는 요소임이 분명하다"고 하였다.

등록디자인	비교대상디자인
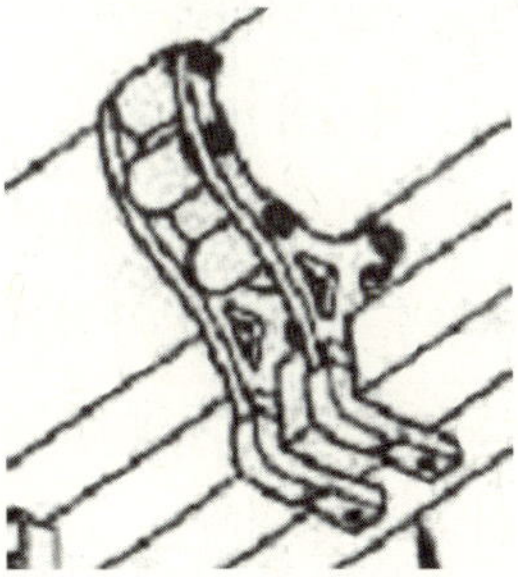	

따라서 "이 사건 등록디자인과 원심[40] 판시 비교대상디자인 4의 유사 여부를 판단할 때에는 롤러부와 장착부의 형상 부분까지 포함하여 전체로서 대비 관찰하여야 할 것인바, …… 양 디자인은 전체적으로 그 심미감이 유사하다. 다만, 양 디자인은 프레임과 장착부를 연결하는 부위에서의 형상 및 삼각형 구멍의 유무, 장착부가 통철판 구조로 형성되었는지의 여부 등에서 차이가 나기는 하나, 이러한 차이점들은 당해 물품에 근접하여 자세히 볼 때에만 비로소 인식할 수 있는 세부적인 구성의 미세한 차이에 불과하거나 흔히 취할 수 있는 변형에 해당하여 새로운 미감적 가치를 창출한 부분이라고 볼 수 없으므로, 이와 같은 차이점들로 인하여 양 디자인의 전체적인 심미감이 달라진다고 보기는 어렵다"고 판시하였다.[41]

40) 특허법원 2007. 10. 31. 선고 2007허4861판결.

41) 대법원 2009.1.30. 선고 2007후4830판결(이 사건 판결은 종래 대법원의 태도를 따르면서도, 디자인의 등록요건 판단시와 침해 판단시 디자인의 유사 여부에 관한 판단 기준을 구별하여야 한다는 점을 전제로 하고 있다. 즉 디자인의 등록요건으로서 디자인의 유사여부를 판단할 때에 물품의 기능을 확보하는 데 필요한 형상이라는 이유만으로 이 부분을 제외하고 판단해서는 안 되고, 이 부분까지 포함하여 전체로서 관찰하여 느껴지는 장식적인 심미감에 따라 판단하여야 한다는 점을 최초로 판시한 사례로서 그 의의가 있다고 한다. 한동수, "디자인의 등록요건 판단시 물품의 기능을 확보하는데 필요한 형상 부분이 있는 디자인의 유사여부 판단방법", 『대법원판례해설 80호』, 법원도서관, 2009, 491면).

한편, 등록디자인이 신규성 있는 부분과 함께 공지의 형상과 모양을 포함하고 있는 경우 등록디자인 권리범위의 판단 기준에 대하여 대법원은 "등록디자인이 신규성이 있는 부분과 함께 공지의 형상과 모양을 포함하고 있는 경우 그 공지 부분에까지 독점적이고 배타적인 권리를 인정할 수는 없으므로 디자인권의 권리범위를 정함에 있어서는 공지 부분의 중요도를 낮게 평가하여야 한다. 그렇다고 하더라도 이러한 부분들이 유사하다는 사정만으로는 곧바로 양 디자인이 서로 유사하다고 할 수는 없다(대법원 2005. 10. 14. 선고 2003후1666 판결 참조). 이 판결의 의미는 권리범위확인사건에 있어서 등록디자인과 대비되는 디자인이 등록디자인과 공지된 형태에 있어서 유사한 점이 있다고 하더라도 이 부분에 대해서는 등록디자인에 대하여 독점적·배타적 권리를 인정할 수 없어 그 중요도를 낮게 보아야 한다는 취지이다. 즉 등록디자인과 공지된 형태의 부분이 유사하다고 하여 등록디자인과 대비되는 디자인이 등록디자인의 권리범위에 속하지 않게 되는 것뿐이지, 공지형상 부분이 요부에서 제외되고 그로 인하여 두 디자인의 심미감이 유사하지 않다고 보아 등록디자인과 대비되는 디자인이 등록디자인의 권리범위에 속하지 않는 것을 의미하는 것은 아니라고 보아야 한다.[42]

따라서 등록디자인과 그에 대비되는 디자인이 공지 부분에서는 동일·유사하다고 하더라도 나머지 특징적인 부분에서 서로 유사하지 않다면 대비되는 디자인은 등록디자인의 권리범위에 속한다고 할 수 없다"고 판단하였다(대법원 2004. 8. 30. 선고 2003후762 판결 등 참조).

즉 우리 대법원은 등록디자인에 공지형상이 포함되어 있더라도 그 부분이 지배적인 특징이 있는 부분으로 볼 수 있고, 이를 포함한 전체적인 관찰을 통하여 디자인의 유사여부를 판단하여야 한다고 하였다.

---

42) 유영선, "등록무효소송에서 기본적 또는 기능적 형태를 포함하고 있는 디자인의 유사성 판단 기준", 『지적재산권 7호』, 한국지적재산권법제연구원, 2009, 63면.

Ⅲ. 두 디자인의 색채만이 다른 경우의 유사판단

이 사안은 등록디자인과 비교대상디자인이 그 형상, 모양과 기본적인 채색구도는 동일하나 색채가 다른 경우의 유사여부가 문제되었다. 이에 대하여, 법원은 "디자인을 이루는 구성요소에는 형상과 모양뿐 아니라 색채도 포함되지만, 대비되는 두 디자인이 형상과 모양에서 동일하고 색채의 구성에 있어서도 바탕색으로 된 부분과 채색되어 있는 부분의 위치와 면적 등 기본적인 채색 구도가 동일하다면, 그 두 디자인의 채색된 부분의 구체적인 색채가 다른 색으로 선택되었다는 점만으로는 특별한 사정이 없는 한, 보는 사람이 느끼는 심미감에 차이가 생긴다고 볼 수 없다"고 판시하였다.

등록디자인	비교대상디자인
 [그림 1] 정면사진  [그림 2] 배면사진	 [그림 3]

구체적으로 법원은 "공지의 족구공 형상에 모양과 색채를 결합한 '족구공'을 디자인 창작의 요점으로 하는 이 사건 등록디자인(제226553호)은 동

일한 면적을 가지며 대칭인 12개의 조각을 이어 붙여서 만든 것으로서 그 절반에 해당하는 6개는 흰색의 바탕색으로 남겨두고 나머지 6개는 채색된 부분을 이루되 빨간색과 파란색을 각 3조각씩 입힌 것으로서 그 정면사진은 "[그림 1]"와 같고, 배면사진은 "[그림 2]"와 같으며, 원심 판시의 비교대상디자인도 [그림 3] 공지의 배구공을 이 사건 등록디자인에 사용된 것과 동일한 형상과 모양의 12개의 조각을 이어 붙여서 만든 것으로서, 양 디자인은 형상과 모양이 동일하고, 기본적인 채색 구도에 있어서도 전체의 절반에 해당하는 6개의 조각에 대해서는 흰색 내지는 흰색과 거의 동일한 바탕색으로 놓아 둬둔 채 6개의 조각에 대해서만 채색을 한 점 및 채색된 조각의 위치가 동일하며, 단지 이 사건 등록디자인은 빨간색과 파란색을 각 3개의 조각씩 입힌 데에 반하여 비교대상디자인은 단일의 진한 감색(거의 검정색과 같아 보인다)을 입혔다는 차이가 있을 뿐이므로(원심 판시의 비교대상디자인에는 영문으로 'TRIUMPH' 등의 문자가 포함되어 있으나 그 글꼴이 도형화 된 것도 아니고 문자 본래의 의미 전달에 충실한 것으로서 디자인의 유사 여부를 판단함에 있어서 고려할 것은 아니다), 다른 특별한 사정이 보이지 아니하는 이 사건에서 위 두 디자인은 보는 사람에게 주는 심미감에 차이가 없는 유사한 디자인"이라고 판단하였다.[43]

Ⅳ. 물품의 기능이나 속성 등 형태의 변화가 일어나는 부분의 유사판단

디자인의 유사 여부는 이를 구성하는 각 요소를 분리하여 개별적으로 대비할 것이 아니라 그 외관을 전체적으로 대비 관찰하여 보는 사람으로 하여금 상이한 심미감을 느끼게 하는지의 여부에 따라 판단하여야 하므로, 그 지배적인 특징이 유사하다면 세부적인 점에 다소 차이가 있을지라

43) 대법원 2007.10.26.선고 2005마977결정[의장권침해금지가처분].

도 유사하다고 보아야 하고, 한편 대비되는 디자인의 대상 물품이 그 기능 내지 속성상 사용에 의하여 당연히 형태의 변화가 일어나는 경우에는, 그와 같은 형태의 변화도 참작하여 그 유사 여부를 전체적으로 판단하여야 한다(대법원 1999. 10. 8. 선고 97후3586 판결 참조).

이 사건 등록디자인과 원심판시 비교대상디자인 2의 전체적인 형상과 모양이 잘 나타나는 사시도 및 정면도를 중심으로 하여, 이 사건 등록디자인 '[그림 1]', '[그림2]'와 비교대상디자인 2 '[그림 1]', '[그림2]'를 대비하여 보면, 양 디자인은 전체적으로 몸체부의 단면이 '冂'형상이고,

	등록디자인	비교대상디자인
그림 1	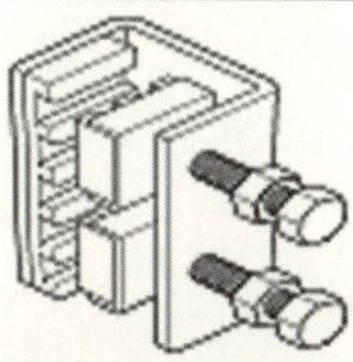	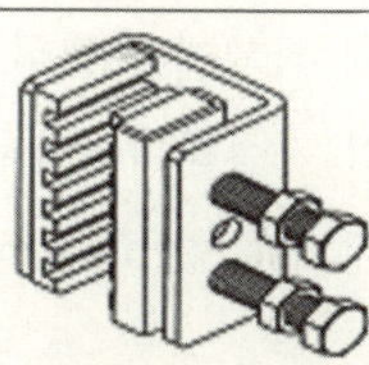
그림 2	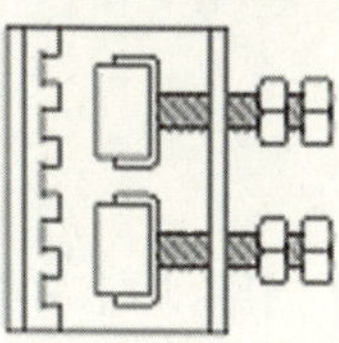	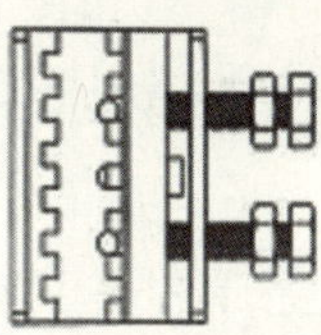

법원은 위 등록디자인과 비교대상디자인에 대하여 "몸체 좌측에 고정패드, 우측에 가압패드가 구성되어 있으며, 고정패드에는 요홈부와 돌출부가 반복적으로 형성되어 있는 점, 가압패드에는 한쪽이 요홈부와 돌출부가 반복적으로 형성되어 있고, 다른 쪽은 회전 가능하고 몸체부의 바깥쪽으로 노출되도록 나사가 형성되며 너트가 포함된 클램핑 볼트가 2개씩 형성되어 있는 점 등 그 지배적인 특징이 유사하다"고 보았다. 특히 위 가압패드의 통상적인 사용형태를 고려해 보았을 때, 다소간의 차이는 있을지라도 "가압패드의 형상과 모양에 관한 양 디자인의 위와 같은 차이는 흔

히 취할 수 있는 변형에 해당하여 새로운 미감적 가치를 창출한 부분이라 고 할 수 없으므로 이로 인하여 양 디자인의 심미감이 달라진다고 할 수 없다. 그 밖에 양 디자인은 고정패드의 돌출부의 개수, 몸체를 가설물에 고정하기 위해 형성된 체결공의 개수 등에서도 차이가 있으나 이는 당해 물품을 자세히 볼 때에만 비로소 인식할 수 있는 세부적인 구성의 미세한 차이에 불과하여 전체적인 심미감에 영향을 미칠 수 없다"고 판단하여 양 디자인은 심미감이 달라 비유사하다고 판단한 원심에 대하여 디자인의 유사 여부에 관한 법리를 오해하여 판결에 영향을 미친 위법이 있다고 하였다.[44)]

이와 같이, 대법원은 대비되는 디자인의 대상 물품이 그 기능 내지 속성상 사용에 의하여 당연히 형태의 변화가 일어나는 경우에는 그 디자인이 가지고 있는 형태의 변화에 대해서도 충분히 참작하여 양 디자인의 유사 여부를 판단하고 있다고 할 수 있다.

V. 글자체 디자인의 유사판단

이 사건은 글자체 디자인의 유사판단의 기준에 대하여 설시한 판결이다. 이 판결에서는 "디자인의 등록요건 판단에 있어 그 유사 여부는 이를 구성하는 각 요소를 분리하여 개별적으로 대비할 것이 아니라 그 외관을 전체적으로 대비 관찰하여 보는 사람으로 하여금 상이한 심미감을 느끼게 하는지 여부에 따라 판단하여야 하므로 그 지배적인 특징이 유사하다면 세부적인 점에 다소 차이가 있을지라도 유사하다고 보아야 한다"[45)]는 디자인의 유사판단기준이 글자체 디자인의 유사판단에 있어서도 그대로 적

---

44) 대법원 2010.08.26. 선고 2009후4148 판결 등록무효(디) [공2010하,1846](원심:특허법원 2009. 10. 28. 선고 2009허4131 판결).

45) 대법원 2007. 1. 25. 선고 2005후1097 판결 등 참조.

용된다고 하였다.

한편 이 판결은 글자체 디자인에 대한 유사판단시 고려해야할 사항으로 "글자체 디자인은 물품성을 요하지 않고, 인류가 문자생활을 영위한 이래 다수의 글자체가 다양하게 개발되어 왔고 문자의 기본형태와 가독성을 필수적인 요소로 고려하여 디자인하여야 하는 관계상 구조적으로 그 디자인을 크게 변화시키기 어려운 특성이 있으므로, 이와 같은 글자체 디자인의 고유한 특성을 충분히 참작하여 그 유사 여부를 판단하여야 한다"는 점을 제시하였다.

출원디자인	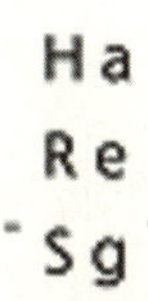	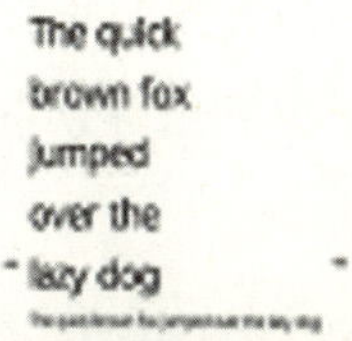	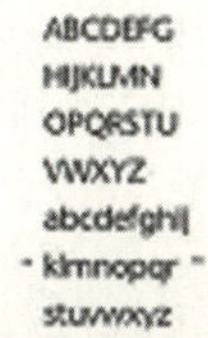
	[그림 1]	[그림 2]	[그림 3]
선출원 비교대상디자인	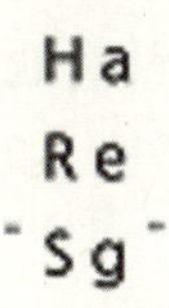		
	[그림 4]	[그림 5]	[그림 6]

이 판결에서 특허청 심사관이 대상물품을 '영문 글자체'로 하는 갑 주식회사의 출원디자인 [그림 1], [그림 2], [그림 3]이 선출원된 비교대상디자인 [그림4], [그림 5], [그림 6] 과 유사하다는 이유로 등록거절결정을 한 사안에서 "양 디자인은 모두 ① 고딕체로서 선의 굵기가 세로에 비해 가로가 약간 가늘다는 점, ② 는 각 가운데를 경계로 상하로 동일한 분배와 무게중심을 가진다는 점, ③ 개별 영문자의 모양, 획의 기울기, 형태와 무게중심, 기둥의 방향이나 각도 등 전체적인 글자체가 유사한 점 등에서 그 지배적

인 특징이 유사하고, 다만 ⓐ 소문자 'a'의 경우 기둥 하단부에서 이 사건 출원디자인은 우측 밖으로 약간 삐침 형태이나 비교대상디자인은 그대로 수직으로 이루어진 형태인 점, ⓑ 소문자 'k'의 경우 이 사건 출원디자인의 'k'는 기둥에서 가지가 동일한 배분으로 갈라진 형태이나, 비교대상디자인의 'j'는 위의 가지에서 아래로 갈라지는 형상인 점, ⓒ 소문자 'j'와 'y'도 이 사건 출원디자인은 'y'와 같이 아래 마지막 획이 사선 형태로 아래 방향으로 된 반면에, 비교대상디자인은 'j', 'y'와 같이 모두 수평으로 마무리된 점, ⓓ 알파벳 'G', 'J', 'Q' 등의 가로줄기, 마지막 획의 좌측 사선, 아래 마지막 획의 둥근 곡선 등에서 일부 차이는 있으나, 이는 심미감의 차이를 유발할 정도는 아니라는 이유로 양 디자인은 전체적으로 볼 때 유사한 디자인에 해당한다"고 판단하였다.[46)]

Ⅵ. 부분디자인의 유사판단

■ 일본의 중요 판례 해설 : 『화장용퍼프사건(化粧用パフ事件)』[47)]

【사안의 개요】

X(원고)는 의장의 대상이 되는 물품을 '화장용 퍼프'로 하고 그 본체 부분을 '부분의장으로서 의장등록을 받은 부분'으로 하는 부분의장의 의장권(본건 의장권)을 가지고 있다. X는 Y(피고)가 제조 판매하는 세안용구(Y물건)의 본체부분의 의장(Y의장)이 본건 의장권의 등록의장과 유사하고 그 제조 판매는 자신의 의장권을 침해한다고 하여 의장법 제37조 제1항[48)]을 근

46) 대법원 2012.06.14. 선고 2012후603판결 거절결정(디) [미간행](원심: 특허법원 2012. 1. 18.선고 2011허9115판결).

47) 大阪地判平成17年12月15日判時第1936号155頁.

48) 일본 의장법 제37조(금지청구권)
① 의장권자 또는 전용실시권자는 자신의 의장권 또는 전용실시권을 침해하는 사람 또는 침

거로 Y물건의 제조 판매의 금지 및 손해 배상을 청구하였다. 재판소는 X의 청구를 일부 인용하였고 Y의 공소에 의하여 공소심이 진행되었는데 Y의 청구는 기각되었다. 일본에서는 원심(본건)의 판단에 관한 논의가 있으므로 여기서는 원심을 중심으로 논한다.

주된 쟁점은 (1) Y물건은 본건 의장권의 대상이 되는 물품과 유사한가, (2) Y의장은 본건 등록의장과 유사한가이다.

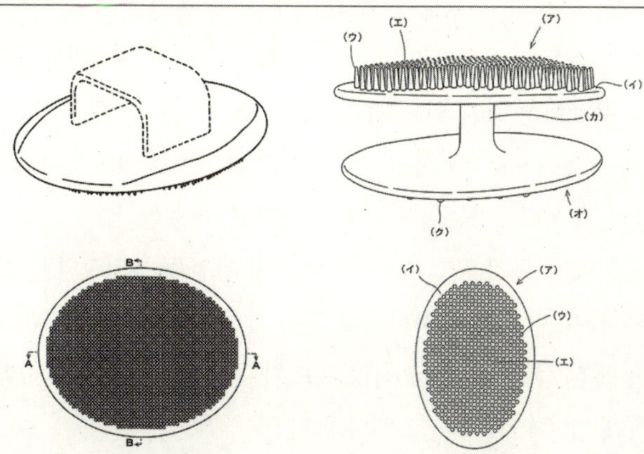

[본건등록의장] [Y물건]

【법원의 판단】 청구일부인용

(1) "의장이란 물품의 형상, 모양이나 색채 또는 이것들의 결합이며, 시각을 통해서 미감을 일으키게 하는 것"을 말하고(의장법 제2조 제1항), 물품과 일체를 이루는 것이며, 물품이 다르면 의장도 다른 것이 된다. 따라서 등록의장과 '유사한 의장'(동법 제23조)이 되기 위해서는 그 의장의 대상이 되는 물품이 동일 또는 유사할 것을 필요로 한다.

그리고 의장의 유사는 일반수요자를 기준으로 하며 등록의장과 유사한 미관을 생기게 하여 두 의장에 혼동을 발생하게 할 우려가 있는지 여부에 따라 결정해야 한다는 점에 비추어 보면, 의장의 대상이 되는 물품의 유사

해할 우려가 있는 사람에 대하여 그 침해의 정지 또는 예방을 청구할 수 있다. (② 이하 생략)

도 일반수요자를 기준으로 하고 두 물품이 동일 또는 유사한 용도 · 기능을 가짐으로 인해 두 물품 간에 혼동을 발생하게 하는 우려가 있는지 여부라는 관점에서 결정해야 한다."

"…따라서 Y의장을 그 구성 부분으로 하는 Y물건이 본건 등록의장의 대상이 되는 물품인 '화장용 퍼프'와 물품으로서 동일 또는 유사한지 여부를 검토해야 하는 바, 그 유사 판단을 할 때에는 Y물건이 본건 등록의장의 대상이 되는 물품인 '화장용 퍼프'과 동일 또는 유사한 용도 · 기능이 있는지 없는지를 검토할 필요가 있다", "이 물품의 수요자…에 있어서, '퍼프'는 분이나 파운데이션 등을 안면 등의 피부에 도포한다는 본래적 용도 · 기능이외에 세안 용품으로서의 용도 · 기능이 있다고 인식되어 있다고 할 수 있어, Y물건과 그 용도 · 기능이 유사한 것이라고 해야 한다."

"그렇다면 Y물건은 그 용도 · 기능에서 본건 등록의장의 대상이 되는 물품인 '화장용 퍼프'와 유사하다고 해야 하며, 만일 그 본체부분의 의장인 Y의장이 본건 등록의장과 유사하다고 한다면 상기 일반수요자에게 혼동을 발생하게 할 우려가 있다고 해야 한다."

(2) "본건 등록의장과 Y의장과의 차이는…모두 미세하며 보는 사람의 각별한 이목을 끌게 하는 것이라고는 할 수 없고 상기요부 형상의 공통점을 넘어서 그 유사판단에 특별한 영향을 미치게 하는 것이라고는 말할 수 없다. …따라서 Y의장은 본건 등록의장과 유사하다."

【해설】

본건은 1998년(평성10년) 의장법 개정에서 도입된 부분의장의 의장권침해에 관한 사례이다. 본건 등록의장의 의장이 되는 물품은 '화장용 퍼프'로 판매되고 있는 반면, Y의장은 '겔마늄 실리콘 브러쉬'로 판매되고 있기 때문에 Y는 물품이 유사하지 않다고 주장하였다.

물품의 유사에 관한 의장법상의 규정은 없고 만일 물품의 유사가 의장의 유사의 성립요건이라면 그 이유는 본건에서 설시하듯이 의장은(…)물품과 일체를 이루는 것이며, 물품이 다르면 의장도 다른 것'이기 때문이라고

설명할 수 있다.[49)]

의장의 유사판단에 관한 학설은 『가요신축호스사건(可撓伸縮ホース事件)』에서 설명하였듯이 (1) 창작설, (2) 혼동설 및 수정혼동설, (3) 수요설의 대립이 있다. 본건에서는 "의장의 유사는 일반수요자를 기준으로 하며 등록의장과 유사한 미관을 생기게 하여 두 의장에 혼동을 발생하게 하는 우려가 있는지여부에 따라 결정해야 한다는 점에 비추어 보면, 의장의 대상이 되는 물품의 유사도 일반수요자를 기준으로 하고 두 물품이 동일 또는 유사한 용도 · 기능을 가짐으로 인해 두 물품 간에 혼동을 일으킬 우려가 있는지 여부라는 관점에서 결정해야 한다"고 판시하고 있으므로, 상기(2)의 혼동설을 근거로 하고 있다고 볼 수 있다.[50)]

그리고 물품의 유사 판단에 관하여 본건 등록의장인 부분의장의 특유의 문제점으로서, 이 판단을 해당부분의 용도 · 기능을 중심으로 할 것인가 또는 해당부분을 포함한 물품전체의 용도 · 기능만으로 할 것인가를 들 수 있다. 본건에서는 '퍼프'는 분이나 파운데이션 등을 안면 등의 피부에 도포한다는 본래적 용도 · 기능 이외에 세안 용품으로서의 용도 · 기능이 있다고 인식되어 있다고 할 수 있어, Y물건과 그 용도 · 기능이 유사'하다고 판단하고 있으므로 후자의 입장에 선 판단이라고 할 수 있다. 단, 이 기준을 취하면 용도 · 기능이 동일한 부분이라도 용도 · 기능이 다른 물품에 일부가 되어 있는 경우는 의장권의 효력이 미치지 않게 되므로 부분의장제도의 취지를 고려한 판단이 필요하다. 또한 용도 · 기능의 동일성의 판단에 있어 용도 · 기능 모두를 문제로 할 것인가 아니면, 용도나 기능 어느 한쪽만의 동일성을 문제로 할 것인가로 분리할 수 있는데 명확한 기준은 아직 없다.[51)]

한편, 다른 사안에서는 두 물품의 사용 목적이나 사용 상태 등이 달라

---

49) 茶園[意](茶園成樹), 107頁.

50) 判時(匿名), 156頁; 恩田博宣, "判批", 『パテント』(第64巻第2号), 日本弁理士会, 2011, 84頁; 板倉集一, "判批", 『知財管理』(第57巻第6号), 日本弁理士会, 2007, 943頁.

51) 判時(匿名), 156頁.

서 일반수요자가 구체적인 거래에서 두 물품을 혼동할 우려가 없다고 하여 원고의 금지 및 손해배상청구를 기각한 사안이 있다.[52] 즉, 이 사안에서는 피고 물건의 형태가 원고의 등록의장의 대상이 되는 물품의 구성태양과 비슷하다고 하여도 원고의 물품은 암벽 등반이나 등산 용품으로 사용되는 카라비너(carabiner)인 반면 피고 물건은 메탈로 만든 액세서리이기 때문에 두 물품을 혼동할 우려가 없고 피고 물품은 원고의 등록의장의 권리범위에 속하지 않는다고 하였다.

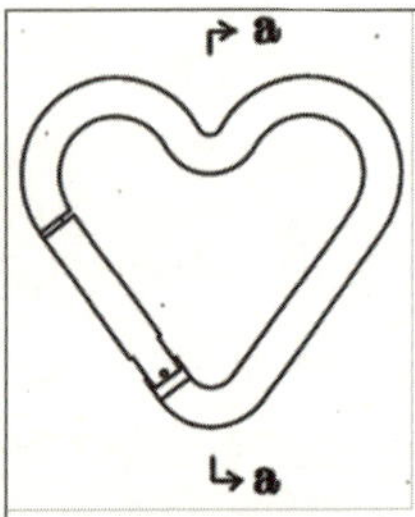

[원고의 등록의장]

[피고 물건]

52) 知財高判平成17年10月31日(平成17年(ネ)第10079号), 裁判所HP『カラビナ事件』.

제4장

디자인 제도론

제1절 디자인권의 발생

Ⅰ. 설정등록

디자인권은 설정등록에 의해 발생된다. 디자인권의 존속기간도 설정등록일로 부터이다. 디자인권의 설정등록은 설정등록을 하여야 한다는 취지의 결정(조문) 또는 심결의 등본의 송달이 있었던 날로부터 원칙적으로 30일 이내에 디자인권의 설정등록을 받으려는 자는 설정등록을 받으려는 날부터 3년분의 디자인등록료(이하 "등록료"라 한다)를 납부하여야 한다(디자인법 제79조).

Ⅱ. 공보에 게재

설정등록이 되면 디자인권자의 성명 또는 명칭, 등록번호 및 설정등록 연월일, 출원서 및 출원서에 첨부된 도면, 사진, 견본의 내용 등 필요한 사항이 디자인 공보에 게재된다(디자인법 시행령 제10조 제2항). 이에 따라, 디자인권의 발생이 공시되고, 그 효과로서 디자인권을 침해한 자에 대한 과실의 추정(디자인법 제116조)이 인정된다. 다만, 비밀 디자인(디자인법 제43조 제1항)의 설정등록에 관하여 비밀로 할 것을 청구한 기간 내에 있어서는 원서 및 원서에 첨부한 도면, 사진, 견본의 내용은 게재되지 않는다. 침해에 관계한 과실의 추정은 그 기간 중에는 적용되지 않는다.

제2절 심사주의와 선출원주의

디자인법은 디자인등록출원에 대하여 심사주의와 일부심사주의를 병용하고 있다. 심사주의란 디자인 등록을 받기 위해서는 형식적 · 실체적 요건에 대하여 행정청에 의한 심리를 통하여 등록여부를 결정하는 것을 말한다. 한편 일부심사주의란 디자인등록을 받음에 있어서 방식 요건 혹은 형식적 요건만을 심사하고, 신규성, 창작비용이성 등의 실체적 요건에 대해서는 후에 분쟁이 발생한 경우에 사후적으로 심리하는 주의를 말한다. 우리나라 디자인법은 심사주의를 기본으로 하면서도 일부 물품의 디자인에 대해서는 일부심사주의를 병행하는 방식을 취하고 있다. 이는 라이프사이클이 짧고 유행성이 강한 디자인을 보호하기 위함이다.

한편 선출원주의란 동일 또는 유사한 디자인에 대하여 2 이상의 출원이 경합되어 있는 경우 최선의 디자인 등록출원인에 한하여 디자인등록을 인정해 주는 주의를 말한다. 즉 동일 또는 유사한 디자인에 대하여 다른 날에 2 이상의 다자인등록출원이 있는 경우에는 먼저 출원자만이 그 디자인에 관하여 디자인등록을 받을 수 있다(디자인법 제46조 제1항). 이는 먼저 창작한 자를 보호하는 선창작주의와 대비된다.

제3절 등록요건

I. 개요

디자인등록출원된 디자인은 심사관에 의하여 등록여부에 대한 심사가 행해진다. 심사된 등록요건으로서 디자인법 제33조 제1항은 공업상 이용

가능성이 있을 것, 동조 제1항 제1호 및 제2호[1]에는 새로운 것일 것(신규성), 제3호에서는 선원 디자인의 일부와 동일 또는 유사한 후원디자인은 등록받을 수 없도록 규정하고 있다. 동조 제2항에는 당해 분야의 통상의 지식을 가진 자가 용이하게 창작할 수 있는 것이 아닐 것(창작비용이성)의 요건이 규정되어 있다. 디자인법 제36조에서는 신규성 상실의 예외가 규정되어 있으며, 동조의 적용을 받음으로써 신규성을 상실한 디자인이 일정 조건을 갖추면 공지디자인으로 취급되지 않게 된다.

이들 등록요건을 충족한 디자인이라도 디자인법 제34조의 부등록디자인으로서 "① 국기, 국장(国章), 군기(軍旗), 훈장, 포장, 기장(記章), 그 밖의 공공기관 등의 표장과 외국의 국기, 국장 또는 국제기관 등의 문자나 표지와 동일하거나 유사한 디자인, ② 디자인이 주는 의미나 내용 등이 일반인의 통상적인 도덕관념이나 선량한 풍속에 어긋나거나 공공질서를 해칠 우려가 있는 디자인, ③ 타인의 업무와 관련된 물품과 혼동을 가져올 우려가 있는 디자인, 물품의 기능을 확보하는 데에 불가결한 형상만으로 된 디자인"에 해당될 경우에는 디자인 등록을 받을 수 없다.

또한 출원 디자인이 위의 등록요건을 충족하고, 부등록디자인에 해당되지 않는 경우라도 동일 또는 유사한 디자인에 대하여 2이상 출원이 경합된 경우에는 이일 출원이라면 디자인보호법 제46조에 의해 최선의 출원인, 동일 출원이라면 동조 2항에 의해 협의에 의해 정한 1인의 출원인만이 디자인등록을 받을 수 있다.

---

1) 디자인법 제33조(디자인등록의 요건) ① 공업상 이용할 수 있는 디자인으로서 다음 각 호의 어느 하나에 해당하는 것을 제외하고는 그 디자인에 대하여 디자인등록을 받을 수 있다.
   1. 디자인등록출원 전에 국내 또는 국외에서 공지(公知)되었거나 공연(公然)히 실시된 디자인
   2. 디자인등록출원 전에 국내 또는 국외에서 반포된 간행물에 게재되었거나 전기통신회선을 통하여 공중(公衆)이 이용할 수 있게 된 디자인
   3. 제1호 또는 제2호에 해당하는 디자인과 유사한 디자인

Ⅱ. 쟁점 및 사례

1. 공업상 이용가능성

(1) 의미

'용접볼트의 부분품인 연결핀과 고정구'에 대한 공업상 이용가능성이 문제된 사안에서 법원은 "구 의장법 제5조 제1항은 공업상 이용할 수 있는 의장고안에 대하여 의장등록을 할 수 있도록 규정하고 있으므로 '공업상 이용가능성'은 의장등록을 받기 위한 적극적 요건의 하나라 할 것인 바, 공업상 이용가능성이란 공업적 방법에 의하여 양산될 수 있는 것을 의미하고, 공업적 방법이란 원자재에 물리적, 화학적 변화를 가하여 유용한 물품을 제조하는 것을 말하며, 양산이라 함은 동일한 형태의 물품을 반복적으로 계속해서 생산함을 뜻하는 것이다"라고 판시하였다.

즉 이 사건 등록의장의 물품인 용접볼트는 결합이전의 상태에서 그 의장의 내용에 비추어 판단하여야 한다고 하였다. 특히 용접볼트의 부분품인 연결핀과 고정구의 형상과 모양 등에 비추어 보면, 이들 의장을 공업적 방법으로 양산하지 못할 이유가 없는 것으로 보여진다고 하여, 이 사건 등록의장은 공업상 이용가능성이 있다고 보았다.[2)]

따라서 디자인의 등록요건으로서 공업상 이용가능성은 동일물품[3)]에 대한 반복 생산성, 양산성(대량생산)이 있을 것을 요건으로 한다.

(2) 디자인의 구체성과 공업상 이용가능성

'설농탕 그릇'의 형상과 모양이 도면의 기재 내용과 달라 의장법 제5조 제1항 본문의 등록요건이 문제된 사안에서, 특허법원은 "등록의장의 보호

---

2) 대법원1994.9.9.선고 93후1247판결【의장등록무효】.

3) 여기서 동일물품이란 물리적으로 완전히 동일한 물품을 의미하는 것은 아니고, 일견하여 동일하게 보이는 정도의 동일성을 의미한다(송영식 외, 957면).

범위는 의장등록출원서의 기재사항 및 그 출원서에 첨부한 도면과 도면의 기재사항 · 사진 · 모형 또는 견본에 표현된 의장에 의하여 정하여지므로{(구) 의장법(2001. 2. 3. 법률 제6413호로 개정되기 전의 것) 제43조}, 등록의장은 그 보호범위를 정확하게 파악할 수 있을 정도로 구체성을 갖춘 의장이어야 하고, 만일 등록의장의 도면이 상호 일치하지 아니하는 경우에는 그 의장은 구체성을 결한 것으로서 공업상 이용가능성이 없어 의장법 제5조 제1항 본문의 의장의 등록요건을 갖추지 못한 것"이라고 판시 하였다.

특히 이 사건은 등록의장의 각 도면이 서로 일치하지 않았으므로, 법원은 "이 사건 의장의 대상이 되는 물품의 형상과 모양이 특정되지 않은 것으로 구체성을 결한 것이라고 보았다. 따라서 이 사건 등록의장은 구체적으로 특정되지 아니한 의장으로서 공업상 이용가능성이 없어 의장법 제5조 제1항 본문의 의장으로서의 등록요건을 갖추지 못한 것이므로 이 사건 등록의장과 인용의장들의 유사 여부에 관하여 나아가 살필 필요 없이 의장법 제68조 제1항 제1호에 의하여 그 등록이 무효로 되어야 할 것이라고 판단하였다."[4)]

그러므로 디자인이 구체적이지 않는 경우라면 공업상 이용가능성이 없는 디자인으로서 디자인법 제33조 제1항 본문 위반(등록요건)으로 디자인등록을 받을 수 없다.[5)]

2. 신규성

(1) 공지 및 공연 실시된 디자인

우리 판례는 "구 의장법(1997. 8. 22. 법률 제5354호로 개정되기 전의 것) 제5조 제1항 제1호가 규정하는 '국내에서 공지된 의장'이라 함은 반드시 불특정 다수인에게 인식되었을 필요까지는 없으며 불특정 다수인이 인식할 수 있

4) 특허법원 2003.12.29. 선고 2003허3938판결(상고 등록무효(의)).

5) 디자인의 구체성에 대한 예에 대해서는 디자인심사기준, 106면-118면 이하 참조.

는 상태에 놓여져 있는 의장을 말하고 '공연히 실시된 의장'이라 함은 의장의 내용이 공연히 알려진 또는 불특정 다수인이 알 수 있는 상태에서 실시된 의장을 말하는 것이다."[6] 또한 당해 의장과 동일한 형상 모양의 물품을 그 출원일 이전에 동종업자에게 납품한 사실이 있다면 그 의장은 일반사람의 눈에 띔으로써 바로 알려져 모방할 수 있는 것이므로 그의 신규성 내지 비밀성을 잃어 공지로 된다고 할 것이다.[7]

대법원 2000. 12. 22.선고 2000후 3012판결【등록무효(의)】에서 법원은 "원고는 의장등록출원 전에 동종업자에게 물품을 납품한 바 있으며, 당해 등록의장의 내용을 비밀로 유지하기 위한 어떠한 약정이나 조치를 취한 바 없어 그 디자인 물품은 관련 직원이나 방문객 등 다른 사람들이 볼 수 있는 상태에 놓여 있어 신규성을 상실하였다"고 보았다.

(2) 외국에서 반포된 간행물에 등재된 디자인과 유사한 경우의 신규성 판단

이 사건 의장의 요지는 "운동화의 외측면에 부착된 포켓과 무늬모양"으로 되어 있고 그 고안의 요지는 운동화의 정면 중간부위에 포켓용 화스너를 경사지게 세로로 부착한 모양과 뒷꿈치 상단에는 달리는 그레이 하운드 모양을 표시한 보강편을 붙이고 정배면에 달리는 한 마리의 그레이 하운드 모양을 표시한 모양의 두 가지 요지로 구분되는바 그 중 후자의 고안요지는 앞서본 바와 같이 외국에서 반포된 간행물에 등재된 인용의장 (2)와 동일 또는 유사하여 신규성이 없고 전자의 고안요지는 선출원의 인용의장 (1)과 대비하여 볼때 통상의 형상모양으로 된 운동화의 정면 중간부위에 경사지게 세로로 포켓용 화스너를 붙인 표현방법이 동일 또는 유사하다고 판단한 후 이 사건 의장이 인용의장 (1)에다가 출원전 공지의 부분

6) 대법원 1992.10.27. 선고 92후377판결 참조.

7) 대법원 1982. 7. 13. 선고 81후74 판결 참조.

(인용의장 (2))을 단순히 결합하였다 하여 이 점만으로 별다른 심미감을 일으키게 하는 창작성있는 의장이라고 할 수 없다고 판단하고 있는바, 기록에 대조 검토하면, 원심결의 조치에 수긍이 가며 그 과정에 소론과 같은 의장의 신규성 내지 창작성에 관한 법리오해가 있다거나 의장의 대비기준을 오해한 잘못을 저질렀다고 할 수 없다.[8]

■ 일본의 중요 판례 해설: 『강판사건(おろし器事件)』[9]

【사안의 개요】

X는 의장의 대상이 되는 물품을 '강판'으로 하는 의장(본원 의장)의 의장등록출원을 하였는데 거절사정을 받았다. 이에 대하여 불복심판을 청구하였는데, 특허청은 청구불성립심결을 하였다. 본건은 X가 제기한 동 심결의 취소를 구하는 소송이다.

심결이유는, 본원의장은 그 출원 전에 반포된 외국의 의장공보에 기재된 의장(원고창작의 의장)과 유사하기 때문에 의장법 제3조 제1항 제3호에 해당하며, 의장등록 출원 전 내외국의 특허 공보에 게재된 의장에 대해서는 의장법 제4조 제2항이 적용되지 않고 신규성 상실 사유의 예외 사유에 해당하지 않기 때문에 본원의장은 의장등록을 받을 수 없다는 것이었다.

【법원의 판단】

"본원의장이 인용 의장의 본건외국공보의 게재에 의하여 의장법 제4조 제2항[10]의 '의장등록을 받을 권리가 있는 자의 행위를 원인으로 하여 제3조

---

8) 대법원 1984.05.29. 선고 83후57 판결 의장등록무효.

9) 東京高判平成12年11月28日判時第1748号159頁.

10) 일본 의장법 제4조(의장의 신규성의 상실의 예외)

① 생략

② 의장등록을 받을 수 있는 권리를 가진 자의 행위를 원인으로 해서 제3조 제1항 제1호 또는 제2호에 해당하는 의장(발명, 실용신안, 의장 또는 상표에 관한 공보 게재에 의하여 동조

제1항 제1호 또는 제2호에 해당하는 의장'에 해당하기 때문에 신규성을 상실하지 않은 것이라고 인정할 수 있는지 여부에 관하여 검토한다.

확실히 내외국 특허공보 등의 게재는 발명자 등의 출원행위 등에 근거하는 것이기 때문에 이 경우도 문언상 의장법 제4조 제2항의 '의장등록을 받을 권리가 있는 자의 행위를 원인으로 하는 경우'에 해당한다고 해석할 수도 있다.

그렇지만 의장법 제4조 제2항은 신규성의 판단을 출원 시 기준으로 엄격하게 운용하면 출원인에게 가혹한 경우가 있기 때문에 이를 구제하기 위하여 마련된 예외규정이므로, 그 적용 범위는 입법 취지에 따라 한정적으로 해석해야만 한다. 증거 및 변론 취지에 의하면, 동 조항이 의장등록을 받을 권리가 있는 자의 행위를 원인으로 하는 경우를 신규성 상실의 예외사유로 한 것은 의장을 고안한 자가 항상 의장등록 출원을 하는 것이 아니고 실제로는 우선 판매, 전시, 견본의 반포 등을 통하여 판매를 타진해 보고, 일반 수요의 유무를 확인한 후에 수요가 있는 것에 대하여 의장등록을 출원하는 것이 통상적이기 때문에 이러한 판매, 전시, 견본의 반포 등의 행위에 의하여 신규성을 상실한다고 취급하는 것은 의장의 실정에 맞지 않고 의장의 고안자에게 가혹하므로, 이러한 경우에는 신규성을 잃지 않게 하기 위해서이다.

이에 대하여 내외국에 의장등록 출원을 한 결과 의장공보 등에 게재되었다고 하는 것은 그 출원 시점에 이미 출원 준비가 완료되어 있었다는 것이기 때문에 이 경우 신규성이 상실한 것이라고 취급하여도 의장의 고안자에게 가혹하다고는 말할 수 없고 의장법 제4조 제2항에 의하여 이것을 구제해야 할 실질적인 필요성은 없다. 게다가 외국으로부터의 출원일 경우에는 파리 조약 제4조 A(1), B, C(1), (2)가 적용되어 출원한 날로부터 6개월간은 해당의장의 공표를 근거로 하는 불이익 취급이 금지되어 있기 때문에

제1항 제1호 또는 제2호에 해당하게 된 것은 제외한다)도 그 해당하는 날부터 6개월 이내에 그 자가 한 의장등록출원의 의장에 관한 동조 제1항 및 제2항의 규정 적용에 관해서는 전항과 같다.

이 기간이 지난 자에게 의장법 제4조 제2항을 적용하여 그 후 일정 기간 신규성이 상실되지 않는다고 하여 동일한 보호를 하는 것은 파리 조약의 취지에 반하며 권리자에게 과분한 이익을 주게 되고, 나아가서는 상기 기간이 지났다고 믿고 행동한 제3자에게 예측할 수 없는 손해를 끼칠 수 있기 때문에 인정할 수 없다고 해야 한다. X는 의장법 제4조 제2항의 적용을 받은 의장등록출원에는 파리 조약 제4조B가 규정하는 효과가 없기 때문에 과중한 보호를 하는 것은 아니라는 취지의 주장을 하지만, X의 해석은 상술한 대로 해당의장의 공표에 근거하는 불이익 취급금지에 관한 한 실질적으로 파리 조약 제4조B가 규정한 기간을 연장하는 것과 같은 효과를 생기게 하는 것이기 때문에 그 한도에서 보호가 과중해지는 것은 명확하다.

이렇게 보면 내외국 특허공보 등의 게재는 의장법 제4조 제2항의 '의장등록을 받을 권리가 있는 자의 행위를 원인으로 하는 경우'에 해당하지 않는다고 해석하는 것이 타당하므로 X의 주장은 부당하다.

한편 신규성 상실 사유의 예외를 규정한 특허법 제30조에 관해서도 같은 이유로 국내외 특허공보로의 게재는 동조의 '간행물에 발표'하는 것에 포함되지 않는다고 해석하고 있다(最高裁第2小法廷平成元年11月10日判決民集第43巻第10号1116頁参照). 의장법 해석에 관해서도 특허법과 동일하게 해석해야 한다는 것은 상기 설명으로 명확하며 규정의 문언 차이를 들어 의장법에서는 달리 해석을 해야 한다는 X의 주장은 채용할 수 없다."

【해설】

본건은 외국출원에 의한 국제 의장공보의 게재가 의장법 제4조 제2항이 규정하는 신규성 상실 사유의 예외에 해당하는지 여부가 쟁점이 된 사례이다.

본판결에서는 내외국의 특허 공보, 실용신안공보, 의장공보 및 상표공보 등의 공보 게재는 의장법 제4조 제2항의 '의장등록을 받을 권리가 있는 자의 행위를 원인으로 하는 경우에 해당하지 않는다'고 하였다.

그 이유로서 "의장법 제4조 제2항은 신규성의 판단을 출원 시 기준으로 엄격하게 운용하면 출원인에게 가혹한 경우가 있기 때문에 이것을 구제하기 위하여 마련된 예외규정이므로, 그 적용 범위는 입법 취지를 따라서 한정적으로 해석해야만 한다"고 한 뒤, 그 이유에 관하여, (1) 의장법 제4조 제2항의 입법취지는 의장을 고안한 자는 항상 의장등록의 출원을 하는 것이 아니고 시장성이 있는 의장을 선택하여 출원한다는 점, (2) 내외국의 의장공보 등에 게재되었다는 것은 그 출원 시점에 이미 출원의 준비가 완료되어 있었다는 것으로서 신규성의 상실을 인정하여도, 의장의 고안자에게 가혹하다고는 말할 수 없다는 점, (3) 외국에서의 출원인 경우에는 파리 조약 제4조의 우선권제도 이상을 부여하는 것은 권리자에게 과분한 이익을 주게 되고 제3자에게 예측할 수 없는 손해를 끼칠 수 있다는 점을 들고 있다.

그런데 특허법의 신규성 상실의 예외 사유에 관해서는 의장법에 비교하여 한정적이라는 지적이 있어[11] 2011년(평성23년) 특허법 개정에서 '특허를 받을 수 있는 권리를 가진 자의 행위를 원인으로 하여 공지가 된 발명'을 예외 사유로 규정함과 동시에 상기 '발명, 실용신안, 의장 또는 상표에 관한 공보에의 게재에 의하여 동항 각호의 어느 하나에 해당하게 된 것은 제외한다'는 괄호 규정도 삽입하였다(특허법 제30조 제2항). 이와 동시에 의장법 제4조 제2항에도 괄호 규정을 삽입하게 되었다.[12]

하지만 이 개정은 종래 의장 심사편람10.30.01에서 "의장법 제3조 제1항 제1호 또는 제2호에 해당하는 의장에 관하여, 의장법 제4조 제2항의 규정의 적용을 받기 위하여 내외국 특허공보 등(내외국의 특허공보, 실용 신안공보, 의장공보 및 상표공보)이 의장법 제4조 제3항에서 말하는 '증명하는 서면'으로서 제출되었을 경우, 이 공보에의 상기 의장의 게재는 의장법 제4조 제2항의 '의장등록을 받을 권리가 있는 자의 행위를 원인'으로 한 것이라고 인정할 수 없기 때문에 상기 의장에 대해서는 동 규정의 적용을 하지 않고 심사를 진행한다"는 내용을 의장법에 삽입한 것으로 개정 후에 있어서도 의

11) 注解意匠法(盛岡一夫), 183頁.

12) 茶園[意](松本尚子), 78頁.

장법 제4조 제2항에 관한 특허청 실무 운영의 변화는 없다.[13)]

3. 창작비용이성

우리 판례는 디자인보호법 제5조 제2항(그 디자인이 속하는 분야에서 통상의 지식을 가진 자가 제1항 제1호 또는 제2호에 해당하는 디자인의 결합에 의하여 용이하게 창작할 수 있는 것은 디자인등록을 받을 수 없다)의 규정취지에 대하여 "위 각 호에 해당하는 디자인의 결합뿐만 아니라 위 디자인 각각에 의하여 용이하게 창작할 수 있는 디자인도 포함된다고 봄이 타당하고, 그 규정의 취지는 위 각 호에 해당하는 디자인의 형상 · 모양 · 색채 또는 이들의 결합을 거의 그대로 모방 또는 전용하였거나, 이를 부분적으로 변형하였다고 하더라도 그것이 전체적으로 볼 때 다른 미감적 가치가 인정되지 않는 상업적 · 기능적 변형에 불과하거나, 또는 그 디자인 분야에서 흔한 창작수법이나 표현방법에 의해 이를 변경 · 조합하거나 전용하였음에 불과한 디자인 등과 같이 창작수준이 낮은 디자인은 그 디자인이 속하는 분야에서 통상의 지식을 가진 자가 용이하게 창작할 수 있는 것이어서 디자인등록을 받을 수 없다는 데 있다"고 판시하였다(대법원 2010. 5. 13. 선고 2008후2800 판결).

이러한 법리에 따라, 대법원 2014.04.10. 선고 2012후1798 판결에서는 "대상 물품을 '창틀용 프레임'으로 하는 등록디자인의 디자인권자 을 주식회사를 상대로 등록디자인이 비교대상디자인의 치환으로 용이하게 창작할 수 있는 것으로 디자인보호법 제5조 제2항에 위반되었다는 이유로 등록무효심판을 청구하였으나 특허심판원이 이를 기각한 사안에서, 위 등록디자인은 디자인이 속하는 분야에서 통상의 지식을 가진 자가 비교대상디자인들의 결합에 의하여 용이하게 창작할 수 있는 것이라고 보기 어렵다"고 판시하였다.

---

13) 意匠法コンメンタール(鹿又弘子), 206頁.

등록디자인	비교대상디자인
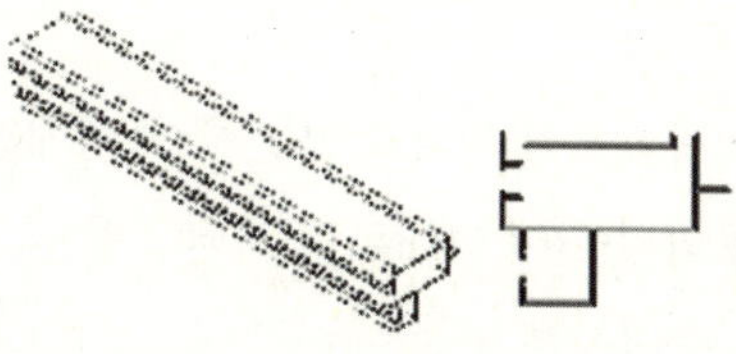	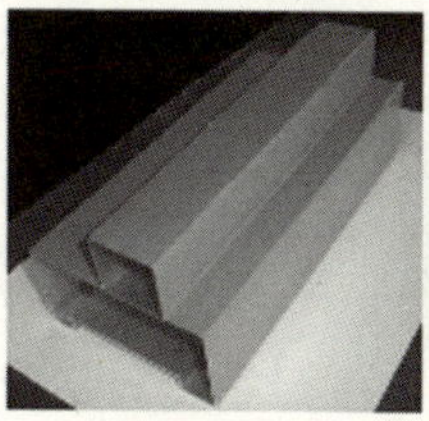 

또한 대법원 2011.04.14. 선고 2010후2889 판결[등록무효(디)]사건에서 "명칭을 "클램프용 손잡이"로 하는 등록디자인은 그 디자인이 속하는 분야에서 통상의 지식을 가진 자가 비교대상디자인 1과 비교대상디자인 2의 결합에 의하여 용이하게 창작할 수 있는 것으로 보기 어렵다"고 하여 창작성을 인정하였다.

등록디자인	비교대상디자인 1	비교대상디자인 2
	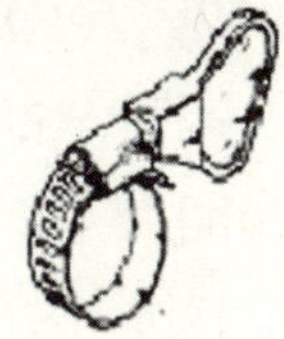	

제4절 디자인의 보정 및 분할

Ⅰ. 출원의 보정

보정이란 출원서에 대하여 법률 또는 소정의 양식에 비추어 오기나 불명료한 기재 등 기재불비가 있는 경우에 출원인이 자발적으로 또는 특허청장이나 심판장의 명령에 기하여 그 기재불비를 해소하는 것을 의미한다.[14] 즉 출원 후에 당해 출원서 등을 정정 또는 보충하는 절차행위를 말한다.

보정은 당해 사건이 심사, 심판 또는 재심에 계속되고 있는 중에 행해진다(디자인법 제48조 제4항). 이러한 보정의 효과는 최초의 출원이 그대로 승계되고 출원의 지위 또는 신규성의 시점 등이 최초의 출원시를 기준으로 그대로 인정되는 효과가 생긴다.[15]

다만, 디자인등록출원의 요지[16]를 변경하지 아니하는 범위 내에서 출원서의 기재사항, 도면 및 도면의 기재사항을 보정하여야 한다(디자인법 제48조 제1항).

Ⅱ. 출원의 분할

1. 1디자인 1출원

디자인등록출원은 1디자인마다 1출원을 하여야 하며, 시행규칙 별표4의 물품의 구분에 따라야 한다(디자인법 제40조). 이를 '디자인 1출원의 원칙'이라고 부른다. 이는 하나의 디자인에 하나의 권리를 부여함으로써 절차의 편의와 권리파악을 명확화하기 위함이다.[17] 즉 하나의 디자인에 대하여 배타적 독점권인 디자인을 하나 발생시킴으로서 권리의 안정성을 확보하고, 무용한 분쟁을 방지하기 위하여 취해진 절차상 편의와 권리설정 후의 권리침

---

14) 노태정 · 김병진, 535면.

15) 노태정 · 김병진, 541면.

16) 디자인의 요지란 그 디자인이 속하는 분야에서 통상의 지식에 기초하여 출원서의 기재, 도면 및 도면의 기재 등으로부터 직접적으로 도출되는 디자인의 구체적인 내용이다. 그리고 요지를 변경한다는 것은 출원서에 기재된 디자인의 대상이 되는 물품, 도면 및 도면의 기재사항 등을 종합적으로 판단하여 최초에 출원된 디자인과 보정된 디자인 간에 동일성이 유지되지 않는 것을 의미한다(디자인심사기준, 86면).

17) 특허청, 『디자인보호법 이론과 실제』, 2014, 116면.

해분쟁 등에 있어서 편의를 고려한 것이다.[18]

여기서 '디자인 마다'라는 것은 1물품의 1디자인 마다라는 의미이다. 1디자인이란 1물품의 1형태를 의미한다. 1물품이란 물리적으로 분리되지 않은 하나의 개념이 아니라 거래관행상 독립하여 하나로 거래될 수 있는 물품을 의미한다.[19] 다만 복수디자인등록출원(디자인법 제41조)이나 한 벌의 물품의 디자인등록출원(디자인법 제42조)의 경우에는 예외가 인정되고 있다.

이러한 1디자인 1출원의 원칙 위반 또는 정당한 물품명이 미기재된 경우에는 거절이유, 정보제공사유에 해당된다. 이는 절차적 요건의 위반에 불과하므로 디자인일부무심사등록 이의신청이유(디자인법 제68조)나, 무효사유(디자인법 제121조)에는 해당되지 않는다.[20]

2. 분할출원

분할출원이란 1디자인1출원의 원칙(디자인법 제40조)에 위반하여 2 이상의 디자인을 1디자인등록출원으로 출원하거나 복수디자인등록출원을 한 자는 당해 디자인등록출원의 일부를 1이상의 새로운 디자인등록출원으로 분할하여 디자인등록출원을 할 수가 있다. 이를 출원의 분할이라고 하며, 분할된 디자인등록출원을 분할출원이라고 한다.

분할의 대상이 되는 출원은 심사 또는 심판에 계속 중인 것으로서 제40조 1디자인 1디자인등록출원 원칙에 위반하여 2이상의 디자인을 1디자인등록출원으로 하거나, 디자인법 제41조에 따라 복수디자인등록출원을 한 것이다. 그리고 분할에 따른 새로운 출원의 디자인은 원출원에 포함되어 있던 둘 이상의 디자인 가운데 하나와 동일한 것이어야 한다.

분할의 대상이 되지 않는 경우의 예로서는 ① 1디자인 1디자인등록출원

18) 茶園[意](森川幸俊), 124頁.

19) 디자인심사기준, 72면.

20) 대법원 1978.12.13.선고 78다232 판결; 대법원 1994. 9.9 선고 93후 1247 판결 참조.

으로 출원한 완성품 디자인에 관한 디자인등록출원을 각각의 부품별로 분할하는 것, ② 한 벌 물품의 디자인의 요건을 충족하고 있는 디자인등록출원을 각 구성물품별로 분할하는 것, ③ 물리적으로 분리된 2 이상의 부분이 형태적 또는 기능적으로 일체성이 인정되어 1디자인 1디자인등록출원 요건을 충족하는 부분디자인등록출원을 각각의 부분으로 분할하는 경우이다.[21)]

분할 출원의 효과로서는 새로운 출원은 최초에 출원을 한 때에 출원한 것으로 본다. 따라서 최초 출원일과 분할출원일 사이에 출원된 다른 디자인등록출원이나 그 사이에 공지된 디자인 등으로 인하여 거절결정이 되지 않는다. 또한 법 제36조(신규성 상실의 예외) 제2항에 따른 신규성 상실 예외 주장의 시기 및 증명서류 제출기간, 법 제51조(조약에 따른 우선권 주장) 제3항 및 제4항에 따른 우선권주장의 시기 및 증명서류 제출기간을 적용함에 있어서는 분할출원한 때를 기준으로 하게 된다.[22)]

Ⅲ. 쟁점과 사례

1. 보정과 요지변경

이 사안은 의장등록출원서의 도면상 모양의 변경이 요지변경에 속하는지 여부가 쟁점이 된 사건이다. 판례는 "(구)의장법 제18조 제1항, 제24조, 특허법 제51조 제1항, 제170조 등에 의하면 의장등록출원인은 최초의 의장등록출원의 요지를 변경하지 아니하는 범위 안에서 의장등록출원서의 기재사항, 의장등록출원서에 첨부한 도면 및 도면의 기재사항을 보정할 수 있으나, 심사관이나 항고심판관은 이러한 보정이 그 요지를 변경하는 때에는 결정으로 그 보정을 각하하여야 하는바, 의장등록출원서의 도면상

21) 디자인 심사기준, 94면.

22) 디자인심사기준, 96면.

모양의 변경은 달리 특별한 사정이 없는 한 의장의 본질적인 요소인 요지의 변경에 속한다"고 판시하였다. 이 사건의 출원의장은 '당김고리 및 당김리본'이 연설이 된 형상과 모양의 결합을 그 의장의 요지로 하고 있다. 그러나 최초 도면에는 당김고리의 모양이 가운데가 뚫린 환지(環指)형으로 되어 있으나, 이 사건 1992.3.14.자 보정서의 도면에는 당김고리의 모양이 밀폐된 사각형을 동그랗게 말아 올린 모양으로 되어 있었다. 이에 법원은 이 사건 출원의장의 당김고리 부분의 형상과 모양이 의장의 본질적 요소에 해당한다고 보아, 이 사건 도면의 모양의 보정은 요지변경에 해당되어 허용될 수 없다고 하였다.[23)]

한편 의장등록출원서에 대한 보정이 요지변경에 해당하여 보정각하할 경우 별도의 보정절차에 의하여 확정될 필요가 있는지가 문제된 사안에서 법원은 "최초의 의장등록출원서에 대한 보정이 있는 경우에는 출원심사를 보정된 출원내용에 의할 것인지 아니면 보정 전의 당초의 출원 내용에 의할 것인지를 확정하여야 한다. 그런데 이를 위해서는 먼저 보정이 요지변경에 해당되는지 여부를 가려야 하고, 이에 다툼이 있는 경우에는 그 다툼에 대한 심결이나 환결이 확정되기 전까지는 출원심사의 대상이 확정되지 아니하는 것이므로 출원심사를 중지하는 것이다. 따라서 요지의 변경에 해당하는 보정을 각하함에 있어서는 반드시 별도의 결정절차를 통하여 확정하여야 한다"고 보았다.[24)]

23) 대법원 1995.7.28.선고 94후1626판결.

24) 대법원 1994.2.22.선고 93후1346판결.

■ 일본의 중요 판례 해설: 『회전경고등사건(回転警告灯事件)』[25)]

【사안의 개요】

Y는 의장의 대상이 되는 물품을 '적층회전등(積層回転灯)'으로 하는 의장에 관하여 원서의 '의장에 설명' 란에 "글로브(Globe)는 착색 또는 무색투명하다"고 기재하고 도면 대용 사진을 첨부하여 의장등록출원을 하였는데, 특허청은 "원서 중의 물품의 사용목적 투명부가 불명확하다"고 하여 거절이유통지를 하였다. 그래서 Y는 '의장의 대상이 되는 물품'을 '회전경고등'으로 보정하고 '의장의 설명'란을 "각 계층의 글로브는 각각 착색 투명하다"라고 보정한 보정서(본건보정)를 제출하였다. 특허청은 이 보정을 인정하여 의장등록을 하였고, 의장 공보의 발행으로 본건의장의 내용이 공고되었다.

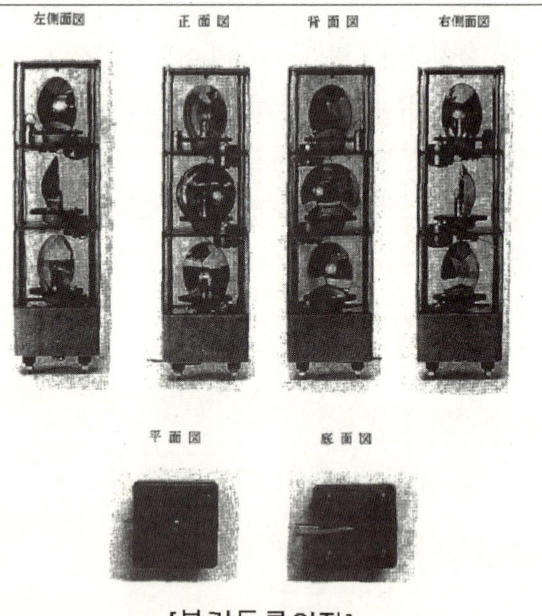

[본건등록의장]

25) 東京高判平成5年7月15日知財裁集第25巻第2号454頁.

X는 본건 보정은 의장의 요지를 변경하는 것이기 때문에 그 의장등록출원은 보정서를 제출한 때에 한 것이라고 간주되어야 하는 바(의장법 제15조 제1항),[26] 본건 의장은 상기 보정서를 제출하기 전에 반포된 간행물에 기재된 의장과 유사하다고 하여 무효심판을 청구하였는데 특허청은 "심판청구는 성립하지 않는다"는 심결을 하여 이 심결의 취소를 구하는 소송을 제기하였다.

【법원의 판단】 청구인용

"의장의 등록 출원인은 사건이 심사, 심판 또는 재심에서 진행되고 있는 경우에 한하여 그 보정을 할 수 있지만(의장법 제60조의 3), 의장의 보정은 출원 의장의 요지를 변경하는 것이어서는 안 되고, 의장등록 후 요지변경이라고 인정되는 경우에는 그 의장등록출원은 그 보정의 보정서를 제출한 때에 한 것으로 본다(동법 제15조 제1항, 특허법 제40조).[27] 그리고 여기에 말하는 의장의 요지란 "등록의장의 범위는 원서의 기재 및 원서에 첨부한 도면에 기재되거나 원서에 첨부한 사진, 모형 또는 견본에 의하여 나타난 의장에 근거하여 정해야 한다"는 규정(동법 제24조) 및 의장등록출원의 원서의 기재사항을 정한 동법 제6조의 규정 및 동법 시행 규칙 제1조 제1항, 양식 제1의 취지에 비추어 원서의 첨부도면(이 도면을 대신하는 사진, 모형 또는 견본)과 '의장의 대상이 되는 물품' 및 이 기재만으로는 의장의 대상이 되는 물품 또는 의장의 내용을 이해하는 것이 곤란하기 때문에 원서에 기재한 '의장의 대상이 되는 물품의 설명' 및 '의장의 설명'에 근거하여 정해져야 할 것이다.

따라서 보정된 의장의 내용으로부터 파악되는 보정 후의 의장의 요지가 원서의 기재사항에 의하여 파악되는 출원 의장의 요지와 다를 때는 보정은 의장의 요지를 변경한 것이라고 해야 하고, 그 결과 그 의장등록출원은 해

---

26) 현행 일본 의장법 제 9 조의 2 에 해당한다. 일본 의장법 제9조의 2(원서의 기재 또는 도면 등의 보정과 요지변경) 원서의 기재(…) 또는 원서에 첨부한 도면, 사진, 모형 및 견본에 대하여 한 보정이 이것들의 요지를 변경한 것이라고 의장권 설정 등록이 있은 후에 인정되었을 경우 그 의장등록출원은 그 보정의 절차 보정서를 제출한 때에 한 것으로 본다.

27) 본조는 평성5년(1993년)특허법개정(법률 제26호)에서 신규사항추가불가조항(구특허법 제17조2항, 현행법 제17조의2 제3항)이 신설됨으로써 삭제되었다.

당절차 보정서가 제출되었을 때에 한 것이라고 간주된다."

"본건 의장의 요지는 의장의 대상이 되는 물품을 '적층회전등'으로 하고, 그 형태를 원서첨부의 도면대용 사진에 제시한대로 그 구성을, 전구의 주변을 모터의 구동에 의하여 반사경이 회전하는 장치를 갖춘 기판을 하부 케이스 위에 계층 모양으로 순차적으로 쌓아 올려 각 계층의 기판위 장치를 전부 각통(角筒) 모양의 단일착색 투명 그로브 또는 무색투명한 글로브로 덮어서 맨 윗부분을 판자로 고정한 것이라고 인정할 수 있다."

"도면대용 사진은 의장의 요지의 중심적 위치를 차지한다고 할 수는 있지만, 의장의 요지는 이것에만 한정되는 것이 아니고 의장의 대상이 되는 물품, 의장의 대상이 되는 물품의 설명, 도면대용사진을 설명하기 위한 의장 설명의 란 의 기재와 더불어 의장의 내용, 곧 의장의 요지가 정해진다."

"본건 보정 후의 본건의장의 요지가 의장의 대상이 물품을 '회전 경고등'으로 하고, 그 형태를 원서첨부의 도면대용 사진에 제시한대로 그 구성을, 전구의 주변을 모터의 구동에 의하여 반사경이 회전하는 장치를 갖춘 기판을 하부의 케이스 위에 계층 모양으로 순차적으로 쌓아 올려 각 계층의 기판위 장치를 각통 모양의 각각 다른 색으로 착색한 투명 글로브로 덮어서 맨 윗부분을 판자로 고정한 것이라는 것에 관해서는 상술한 대로 당사자간의 다툼이 없다.

그렇다면 본건의장의 요지가 각 계층의 기판위 장치를 전부 각통 모양의 단일착색 투명 글로브 또는 무색투명한 글로브로 덮어서 맨 윗부분을 판자로 고정하는 구성을 취한 반면, 본건 보정 후의 본건의장의 요지는 각 계층의 기판위의 장치를 각통모양의 각각 다른 색으로 착색 투명한 글로브로 덮어서 맨 윗부분을 판자로 고정하는 구성을 취한 것이기 때문에, 본건 보정은 본건 의장의 중요한 요소에 변경을 가하여 보정 전후의 의장 본질의 동일성을 잃어버리게 하는 것으로써 의장의 요지를 변경한 것이라고 해야 한다."

【해설】

'보정'이란 법률 또는 소정의 양식에 비추어 출원서류 등에 잘못되거나 불명확한 기재 등이 있는 경우 출원인이 자발적으로 수정하거나 특허청 청장 또는 심판장의 명령에 의하여 그 기재의 부족한 부분을 보충하기 위해 출원 후 해당 출원서류 등을 정정이나 보충하는 절차행위를 말한다.[28] 보정은 사건이 심사, 심판 또는 재심이 계속되고 있는 경우에 한하여 할 수 있다 (의장법 제60조의 3).

의장의 요지는 의장이 속하는 분야의 통상의 지식을 근거로 하여 등록의장의 범위를 정하는 데 기초가 되는 미적창작으로써, 출원된 의장의 내용을 나타내고 있는 원서의 기재 및 원서에 첨부한 도면으로부터 직접적으로 도출하는 의장의 내용이며, 이 의장의 요지를 도출하는 것을 '의장의 요지 인정'이라고 한다.[29]

의장의 요지 인정방법에 관하여, 본건에서는 등록의장의 범위를 정한 의장법 제24조 및 의장등록출원의 원서의 기재사항을 정한 동법 제6조의 규정 및 동법 시행 규칙 제1조 제1항, 양식 제1의 취지에 비추어, 원서의 첨부도면과 의장의 대상이 되는 물품 및 이 기재만으로는 의장의 대상이 되는 물품 또는 의장의 내용을 이해하는 것이 곤란하기 때문에 원서에 기재한 '의장의 대상이 되는 물품의 설명' 및 '의장의 설명'에 근거하여 정해야 한다고 하고 있다. 따라서 첨부도면에서만 이해되는 형상 등과 다른 형상 등을 원서의 기재에서 인식하는 경우도 있다는 점에 주의가 필요하다.[30]

보정에 있어서 중요한 것은 원서의 기재나 첨부도면 등의 보정은 출원당시의 의장의 요지를 변경해서는 안 된다는 것이다. '요지의 변경'은 구체적인 의장의 내용이 보정에 의하여 출원시의 원서의 기재 및 도면 등에서 그 의장이 속하는 분야의 통상의 지식을 근거로 하여 당연히 도출할 수 있는 의장의 동일 범위를 넘는 것이 되어 선원주의의 취지에 반하고 제3자에게

28) 茶園[意](森川幸俊), 130頁.

29) 意匠審査基準82.1.1(意匠の要旨と意匠の要旨の認定).

30) 注解意匠法(梅沢修), 214頁.

예측할 수 없는 불이익을 줄 수 있기 때문에[31] 요지를 변경하는 보정은 심사관의 결정으로 기각된다(동법 제17조의 2 제1항).

학설도 "명백한 오기나 불명확한 부분을 명확히 하는 것은 당연히 요지의 변경이 되지 않는 것은 물론, 의장의 동일성이 유지되는 범위내의 보정은 요지의 변경이 되지 않고 의장의 동일성이 결여된 보정은 요지의 변경이 된다"고 주장한다.[32] 즉 전자는 물론 후자의 경우 보정 전의 원서 기재 및 첨부도면 등에 의하여 특정된 의장과 보정 후의 원서 기재 및 첨부도면 등에 의하여 특정된 의장이 동일하다고 인정되는 경우 요지변경이 아니라고 할 수 있다. 이 생각은 본건에서도 나타나 있다. 즉 "본건의장의 요지가 각 계층의 기판위 장치를 전부 각통 모양의 단일착색 투명 글로브 또는 무색투명한 글로브로 덮어서 맨 윗부분을 판자로 고정하는 구성을 취하는 반면, 본건 보정후의 본건 의장의 요지는 각 계층의 기판위 장치를 각통모양의 각각 다른 색으로 착색 투명한 글로브로 덮어서 맨 윗부분을 판자로 고정한 구성을 취한 것이기 때문에 본건 보정은 본건 의장의 중요한 요소에 변경을 가하여 보정 전 · 후의 의장 본질의 동일성을 잃어버리게 하는 것으로 의장의 요지를 변경한 것이라고 보아야 한다"고 판시하고 있다. 즉, 요지변경의 판단은 보정 전 · 후의 의장의 동일성을 잃었는지 여부에 따라 결정된다고 할 수 있다.[33]

2. 1디자인 1출원의 원칙

이 사건은 하나의 물품에서 물리적으로 떨어져 있는 둘 이상의 부분디자인이 디자인보호법상의 1디자인 1출원 원칙에 따른 '1디자인'에 해당하여 1디자인등록출원으로 디자인등록을 받을 수 있는지가 문제된 사안이다.

---

31) 茶園[意](森川幸俊), 130頁.

32) 高田, 348頁.

33) 注解意匠法(梅沢修), 349頁.

출원인은 휴대폰 케이스(본체)와 케이스 본체 부분을 제외한 대상물품의 상부(토끼 귀) 부분과 하단 뒷면의 돌출된 부분(토끼 꼬리)을 부분디자인으로서 출원한 것이다.

휴대폰 케이스 부분(본체)	대상물품 상부(토끼 귀)	대상물품 하부(토끼 꼬리)

[그림 1]	[그림 2]	[그림 3]

원심[34]에서는 출원된 갑의 출원디자인에 대하여 디자인보호법 제11조 제1항 규정에 위배된다는 이유로 등록거절결정이 내려졌다. 이에 원고가 항소한 사안이다.

이에 대하여 대법원은 "하나의 물품 중 물리적으로 떨어져 있는 둘 이상의 부분에 관한 디자인이더라도 그들 사이에 형태적으로나 기능적으로 일체성이 있어서 보는 사람으로 하여금 그 전체가 일체로서 시각을 통한 미감(미감)을 일으키게 한다면, 그 디자인은 디자인보호법 제11조 제1항에서 규정한 '1디자인'에 해당한다고 할 것이므로, 1디자인등록출원으로 디자인등록을 받을 수 있다"고 보았다.

특히 원심은 "휴대폰 케이스를 대상물품으로 하여 우측 [그림 1]과 같은 사시도에서 회색으로 표현된 케이스 본체 부분을 제외한 나머지 부분, 즉 대상물품 상부의 [그림 2] 부분과 하단 뒷면에 돌출된 [그림 3] 부분만을 보호받고자 부분디자인으로 출원된 이 사건 출원디자인(출원번호 생략)은 물리적으로 떨어져 있는 [그림 2] 부분과 [그림 3] 부분 사이에 기능적으로나

34) 특허법원 2012. 9. 14. 선고 2012허4872 판결.

형태적으로 일체성이 없어서 하나의 디자인으로 볼 수 없다고 하여, 등록출원은 디자인등록출원은 1디자인마다 1디자인등록출원을 하여야 한다고 규정한 디자인보호법 제11조 제1항에 위배된다고 판단"하였다.

그러나 이 사건 판결은 원심의 판단에 대하여 "이 사건 출원디자인 중 [그림 2] 부분은 이를 보는 사람이 '토끼 귀' 형상으로 쉽게 인식할 것으로 보이는 점, 실제 토끼의 전체 형상에서 꼬리 부분이 차지하는 비율에 비하여 이 사건 출원디자인 중 [그림 3] 부분이 휴대폰 케이스 전체에서 차지하는 비율이 다소 크기는 하지만 실물을 디자인화하는 과정에서 어느 정도의 변형이나 과장 또는 추상화가 수반되기 마련이고, 토끼 꼬리는 뭉툭하고 둥근 털 뭉치 형상인데 이와 유사한 형상의 [그림 3] 부분은 휴대폰 케이스의 하단 뒷면에 위치하고 있는 반면 '토끼 귀' 형상의 [그림 2] 부분은 휴대폰 케이스의 상부에 위치하고 있어서, 이 사건 출원디자인을 보는 사람으로서는 [그림 3] 부분을 '토끼 꼬리' 형상으로 인식할 여지가 충분히 있는 점, 기록에 의하면 실제로 소비자들이 이 사건 출원디자인을 '토끼 형상'으로 인식하면서 [그림 3] 부분을 '꼬리'로 호칭하고 있음을 알 수 있는 점 등을 위 법리에 비추어 살펴보면, 이 사건 출원디자인은 [그림 2] 부분과 [그림 3] 부분이 물리적으로 떨어져 있더라도 이를 보는 사람이 [그림 2] 부분은 '토끼 귀'로, [그림 3] 부분은 '토끼 꼬리'로 각각 인식할 수 있어서 그들 사이에 형태적으로 일체성이 인정되고, 그로 인하여 이를 보는 사람으로 하여금 그 전체가 '토끼 형상'과 유사한 일체로서 시각을 통한 미감을 일으키게 하므로, 이 사건 출원디자인은 디자인보호법 제11조 제1항에서 규정한 '1디자인'에 해당한다"고 판시하였다.[35)]

35) 대법원 2013.2.15.선고 2012후3343판결 거절결정(디) [공2013상,516].

■ 일본의 중요 판례 해설: 『액자사건(額縁事件)』[36)]

【사안의 개요】

X(심판청구인, 원고)는 의장의 대상이 되는 물품을 '액자용 테두리 재료'로 하는 본의장(본건외 본의장)의 유사의장(본건 의장)의 의장권자인 Y를 피청구인으로서, 본건 의장은 그 출원 전의 의장등록출원(본건외 원출원)을 의장법 제10조의2 제1항의 규정에 의하여 분할출원(본건외 분할출원)한 의장에 유사하다는 이유로 의장등록무효심판을 청구하였는데, 특허청은 "본건 심판의 청구는 성립하지 않는다"는 심결을 하였다.

심결이유는 "의장법 제10조의2 제1항의 규정에 의한 분할출원은, …주로 의장별로 출원되어 있지 않을 경우의 구제 수단으로 여겨지고 있으며, …원서 및 도면의 기재로부터 판단하여 2이상의 의장을 포함하는 것에 대하여, 그 의장등록출원의 일부를 1 또는 2이상의 새로운 의장등록출원으로 할 수 있는 것이라고 해석하는 것이 타당한 바, 이것을 본건외 원출원에 대하여 보면, 동 출원은 의장의 대상이 되는 물품이 '액자'이며 의장의 내용도…2이상의 의장을 포함하고 있는 것이라고 인정할 수 없고, 통상산업성령이 정하는 물품의 구분에 의하여 의장별로 출원된 1의장 1출원의 요건을 충족하는 의장등록출원이라고 인정된다. …그렇다면, 본건외 분할출원은 통상산업성령이 정하는 물품의 구분에 의하여 의장별로 출원된 1의장 1출원의 요건을 충족하는 본건외 원출원을 그 물품의 구성부품별로 분할한 것이 되기 때문에 적법한 분할이라고는 인정할 수 없고, 따라서 그 출원일도 본건외 원출원의 출원일까지 소급하지 않으며, 현재 출원일인 1985(쇼와 60년)년 4월15일이라고 해석하는 것이 타당하다"고 하여 본건외 분할출원은 본건 의장의 의장등록출원보다 후원이라는 것은 명확하기 때문에 "본건외 분할출원의 대상이 되는 의장은 본건의장과의 유사를 논할 것도 없이 본건 의장의 의장등록을 무효로 할 수 없다"고 하였다.

36) 東京高判平成1年4月27日判時第1324号135頁.

본건은 X가 "본건외 원출원은 테두리 재료 4개와 액자 1개인 합계 5개의 의장을 포함하는 1출원 다(多)의장이며 본건외 분할출원은 그 중의 테두리 재료 1개를 새롭게 의장등록출원을 한 것인데, 심결은 본건외 분할출원이 적법하지 않다는 잘 못된 판단에 근거하여 동 출원이 본건 의장의 출원보다 후원이라고 오인한 결과 본건 의장과 본건외 분할출원과의 유사판단을 하지 않은 위법이 있다"고 주장하여 심결의 취소를 구한 사안이다.

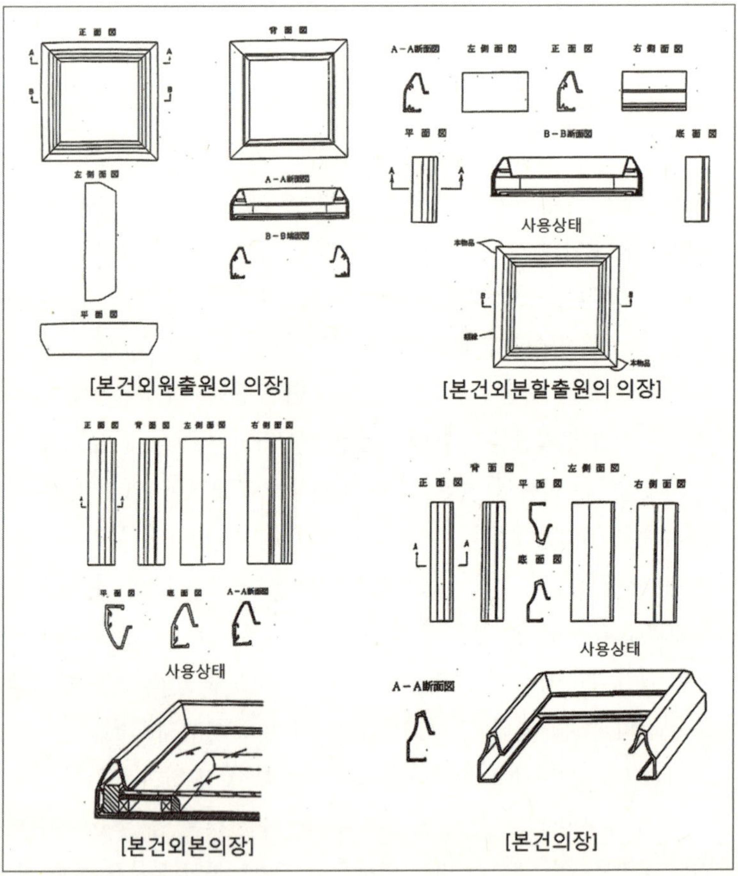

[본건외원출원의 의장] [본건외분할출원의 의장] [본건외본의장] [본건의장]

【법원의 판단】 청구기각

"의장법 제10조의2 제1항의 규정은 1의장등록출원에 2이상의 의장이 포함된 경우, 그 의장등록출원의 일부를 1 또는 2이상의 새로운 의장등록출원으로 할 수 있다는 취지를 정하고 있는데, 여기에서 '2이상의 의장이 포함될 경우'는 구체적으로 원서에 기재된 의장의 대상이 되는 물품에 2이상의 물품이 지정되어 있는 경우 및 첨부 도면에 기재되어 있는 의장이 2이상의 의장을 구성할 경우의 한 쪽 또는 그 양 쪽에 해당하는 경우를 가리키는 것이라고 해석되는 바, 본건의 원출원에 대하여 보면, …동 출원의 원서에는 의장의 대상이 되는 물품을 …'액자'로 지정하여 기재되어 있고, 이것은 통상산업성령이 정하는 물품의 구분에 따른 1물품에 관한 것이며(…), 또한 첨부도면에 기재된 의장은…물품적으로도 한 개의 '액자'가 기재되어 있고, 또한 의장으로서도 하나의 '액자'의 의장이 기재되어 있을 뿐이고 그 외의 의장을 포함하지 않는 것은 명확하기 때문에 상기 규정이 말하는 1의장등록출원에 2이상의 의장이 포함되는 경우에는 해당하지 않고, 따라서 상기 규정에 근거하여 이것을 분할하여 새로운 의장등록출원으로 할 수 없다고 해야 한다."

"이 점에 관하여, 원고는 본건의 원출원에는 테두리 재료 4개와 액자 한 개인 합계 5의장이 포함되어 있고, 본건의 분할출원은 그 중 테두리 재료 1개를 1의장으로서 새롭게 의장등록을 출원한 것이기 때문에 적법한 분할출원이라는 취지의 주장을 하지만 본건의 원출원 원서의 첨부도면에는 물품적으로도 1개의 '액자'가 기재되어 있다는 것은 전술한 대로이며, 물리적으로는 이것을 4개의 테두리 재료로 분해하는 것도 불가능하지 않다고 하여도, 의장등록출원에 관한 의장의 파악은 원서에서 지정된 '의장의 대상이 되는 물품'과의 관계에서 행해져야 하므로, 본건의 원출원에는 의장에 대상이 되는 물품을 '액자'라고 지정하고, 또한 첨부도면에는 이것에 대응하는 1개의 '액자'가 기재되어 있는 이상, '액자'로서 1의장이 인정될 뿐이며, 원고의 주장처럼 이것을 '액자'와 '테두리 재료'로 분해하여 복수의 의장이 포함되어 있다고 인정할 수 없기 때문에 본건의 원출원에 복수의 의장이 포함되어 있는 것을 전제로 하는 X의 주장은 채용할 수 없다."

【해설】

본건은 의장법 제10조의2 제1항[37)]에 근거하는 의장등록출원의 분할이 적법한지 아닌지에 관하여, 분할의 기초가 되는 '2이상의 의장을 포함하는 의장등록출원'에 관한 판단을 한 사안이다.

동법 제10조의2 제1항과 이른바 1의장 1출원의 원칙을 규정하는 동법 제7조[38)]와의 관계는 법률상 명확하지 않다. 그래서 (1) 동법 제10조의2 제1항의 2이상의 의장을 포함하는지 여부의 판단기준은 무엇인가, (2) 1의장 1출원의 원칙에 맞는 적법한 의장등록출원을 동법 제10조의2 제1항의 '2이상의 의장을 포함하는 것'으로서 분할할 수 있는가 등의 문제가 논의의 대상이 되고 있다.

(1)의 문제는 '의장의 대상이 되는 물품'등이 기재된 원서 및 도면에 기재된 의장의 개수를 어떻게 파악하는가에 관한 것이라고 볼 수 있다. 즉, 의장법 제7조는 물품의 구분에 관하여 통상산업성령(의장법 시행규칙)의 규정을 원용하도록 하고 있는데, 예를 들어 안경과 안경렌즈, 그리고 안경테처럼 완성품과 부품이 함께 '물품의 구분'에 규정되어 있기 때문에 완성품인 '안경'의 출원에는 안경의 의장과 함께 안경렌즈, 안경테의 의장이 포함된다고 해석해야 하는지 여부에 관하여 동법 제10조의2의 '2이상의 의장을 포함하는 의장등록출원'과의 관계가 문제가 된다.

이에 관한 통설적인 견해는 ① 원서의 의장의 대상이 되는 물품의 란에 2이상의 물품이 기재되어 있는 경우, ②첨부도면에 2이상의 의장이 기재되어 있는 경우, ③ ① 및 ②의 모두에 해당하는 경우를 '2이상의 의장을 포함

37) 일본 의장법 제10조의 2(의장등록출원의 분할) ①의장등록출원인은 의장등록출원이 심사, 심판 또는 재심에서 심리되고 있는 경우에 한하여, 2이상의 의장을 포함하는 의장등록출원의 일부를 1 또는 2이상의 새로운 의장등록출원으로 할 수 있다.

38) 일본 의장법 제7조(1의장1출원) 의장등록출원은 경제산업성령이 정하는 물품의 구분에 의하여 의장별로 해야 하다.

하는 의장등록출원'이라고 하고, 이것들 이외의 경우는 1의장에 관한 출원이라고 해석하고 있다.[39] 즉 의장의 대상이 되는 물품을 '안경'으로서 1개 1체(한 개가 일체를 이루는 것)의 안경의 형상을 도면에 기재한 출원은 안경에 관한 1의장을 나타낸 출원이 된다. 이것은 안경렌즈나 안경테는 안경의 의장의 구성요소이지만 각각 독립적으로 파악할 수 있는 의장이 아니라고 해석하는 것이다.

본판결에서도 상기 통설적인 견해에 따라서 '2이상의 의장이 포함될 경우'는 구체적으로 원서에 기재된 의장의 대상이 되는 물품에 2이상의 물품이 지정되어 있는 경우 및 첨부 도면에 기재되어 있는 의장이 2이상의 의장을 구성할 경우의 한 쪽 또는 그 양 쪽에 해당하는 경우를 가리키는 것'이라고 판시하고 있다. 하지만 이 기준에 따르면 원서에 기재된 의장이 1물품이 지정되어 있어도 첨부도면에 기재된 의장이 2이상의 의장을 구성하면 제10조의 2가 규정하는 '2이상의 의장을 포함하는 경우'가 되는데, 문제는 어떠한 경우가 이 경우에 해당하는가이다.

그 판단에 관하여 본건에서는 '의장등록출원에 관한 의장의 파악은 원서에서 지정된 '의장의 대상이 되는 물품'과의 관계에서 행해져야 한다'고 하여 '의장의 대상이 되는 물품' 의 중요성을 설시하고 있다. 그런데 이것은 동법 제7조의 1의장 1출원의 원칙과의 관계에서의 의장의 파악이나 동법 제24조에 의한 등록의장의 범위를 정함에 있어서 당연하며 의장심사기준 91.1.2이나 의장심사편람17.16의 내용을 추인한 것이라고 볼 수 있다.[40] 오히려 여기서 중요한 것은 원서에 '의장의 대상이 되는 물품'으로서 1물품만이 기재되어 있는 경우 그 첨부도면에 명확하고 구체적으로 기재되어 있는 물품의 형태가 몇 개 존재하는가 일 것이다. 이 점, 본건에서는 "본건외 원출원에는 의장의 대상이 되는 물품을 '액자'라고 지정하고, 또한 첨부도면에는 이것에 대응하는 1개의 '액자'가 기재되어 있는 이상, '액자'로서 1의장이 인정될 뿐이며, 원고의 주장처럼 이것을 '액자'와 '테두리 재료'로 분해하

39) 高田, 394頁; 斎藤, 377頁 등.

40) 斉藤瞭二, "判批"『ジュリスト』(第967号), 有斐閣, 1990, 251頁; 判例意匠法(松原美代子), 354頁.

여 복수의 의장이 포함되어 있다고 인정할 수 없다"고 판시하였다. 즉, 원서의 첨부도면에 테두리 재료 자체의 의장이 명확하고 구체적으로 기재되어 있지 않다는 점을 지적한 것이다.[41)]

상기(2)의 문제는 (1)의 발전적 형태인데 적법한 의장등록출원을 그 구성부분별로 분리하여 새로운 출원을 할 수 있는가에 관하여, 본판결은 원출원의 의장이 하나의 물품에 관한 하나의 의장을 기재하고 있는 경우에는 그 구성부분을 근거로 하는 새로운 출원은 인정할 수 없다고 판시하였다. 본건처럼 의장이 1개 1체의 것으로 기재되어 그 구성부분을 원래의 의장을 파손하지 않고 분리할 수 없는 이상 당연한 판단이라고 볼 수 있다. 단, 특허청의 심사 실무는 설령 원출원의 의장의 구성부분(본건에서는 액자를 구성하는 '테두리 재료')이 독립적인 물품으로 볼 수 있는 경우라도 원출원이 1의장1출원의 원칙을 충족하는 적법한 것인 경우에는 의장등록출원의 분할제도의 목적이 의장법 제7조가 정하는 원칙에 반하는 출원을 구제한다는 점에 있는 것을 고려하여 분할을 인정하지 않는 운용을 하고 있다.[42)]

제5절 실시권 제도

I. 실시권이란

1. 독점적 실시권과 통상실시권

실시권이란 디자인권자 이외의 자가 일정한 범위 내에서 업으로서 등록디자인 또는 이와 유사한 디자인을 실시할 수 있는 권리를 말한다.[43)] 디자인권자는 자신의 디자인에 대한 등록디자인 또는 이와 유사한 디자인을

41) 古沢博, "判批", 『知財管理』(第41巻第6号), 日本知的財産協会, 1991, 758頁.

42) 判時第1324号(匿名), 135頁.

43) 노태정 · 김병진, 683면.

독점배타적으로 실시할 권리를 가진다(디자인법 제92조).

디자인법은 전용실시권(디자인법 제97조)과 통상실시권(디자인법 제99조)에 관한 규정을 두고 있다. 전용실시권이란 설정행위로 정한 범위 내에서 업으로서 등록 디자인 또는 이와 유사한 디자인을 실시할 수 있는 독점배타적 권리이다. 그러므로 디자인권자는 자신의 디자인권에 대하여 전용실시권을 설정할 수 있다. 다만 독점배타적 권리이므로, 동일 범위내에서 복수의 전용실시권을 설정할 수는 없다. 또한 기본 디자인 또는 관련 디자인의 디자인권에 대한 전용실시권은 기본디자인 및 모든 관련 디자인의 디자인권에 대하여 동일한 자에 대하여 동시에 설정하는 경우로 한정된다(디자인법 제97조 제6항).[44] 따라서 디자인법상 금지청구를 할 수 있는 자는 '디자인권자와 전용디자인권자'이다. 이러한 권리행사는 보존행위에 해당하므로 그 권리의 공유자도 단독으로 금지청구권의 행사가 가능하다.[45]

한편 통상실시권이란 디자인권자의 허락에 의하여 또는 법률의 규정[46]에 의하여 일정한 범위 안에서 업으로서 그 등록디자인 또는 이와 유사한 디자인을 실시할 수 있는 권리를 말한다.[47] 통상실시권은 채권적 권리일 뿐이므로 전용실시권과 같은 독점배타적 권리는 없고 단지 업으로서 실시할 수 있는 권리에 지나지 않는다.

---

44) 이는 기본 디자인의 디자인권과 관련 디자인의 디자인권은 중복되는 부분이 있으며, 기본 디자인 및 관련 디자인의 디자인권의 분리이전이 금지되는 것과 마찬가지의 원리이다.

45) 대법원 1999.5.25.선고 98다41216판결[손해배상(지)][공1999.7.1.(85), 1243]; 특허청, 『특허법 조문별 해설』, 2005, 316면.

46) 공익상 또는 공평의 견지에서 디자인권자의 의사와는 무관하게 법률의 규정에 의해 당연히 발생하는 권리로 직무디자인의 통상실시권(발명진흥법 제10조 제1항), 선사용에 의한 통상실시권(디자인보호법 제100조), 선출원에 따른 통상실시권(디자인보호법 제101조), 디자인권의 회복 전의 실시한 통상실시권(디자인보호법 제84조), 무효심판청구등록 전의 실시에 의한 통상실시권(디자인보호법 제102조), 디자인권 등의 존속기간 만료 후의 통상실시권(디자인보호법 제103조), 질권행사로 인한 디자인권의 이전에 따른 통상실시권(디자인보호법 제110조), 재심에 의하여 통상실시권을 상실한 원권리자의 통상실시권이 있다.

47) 노태정 · 김병진, 690면.

2. 통상실시권에 대한 구제

(1) 독점적 통상실시권의 경우

독점적 통상실시권자가 금지청구를 할 수 있는지에 대해서는 견해가 나뉜다. 긍정설은 독점적 통상실시권은 일정한 발명을 배타적으로 이용할 수 있는 권리이므로 금지청구권이 인정되고, 또 채권이라고 하더라도 권리의 불가침성이 있으므로 금지청구권을 인정할 수 있다고 한다. 한편, 독점적 통상실시권도 채권적 권리의 하나이므로 금지청구권을 인정할 수 없다고 본다.[48)]

현재 우리나라에서는 부정설이 다수설이며, 판례도 부정설을 취하고 있다.[49)] 한편 일본의 판례[50)]는 독점적인 이익을 얻을 수 있는 지위에 있으며 법적으로 보호되는 이익으로서 고유의 손해배상청구권을 인정하고 있다. 따라서 독점적 통상실시권자의 디자인권 침해에 대한 손해배상청구가 인정된다고 보면, 손해액 추정 및 과실의 추정 규정도 유추 적용된다고 한다.[51)52)]

(2) 비독점적 통상실시권의 경우

우리나라에서는 비독점적 통상실시권자가 금지청구권을 가지지 않는다는 점에서는 견해가 일치되어 있다.[53)] 통상실시권은 단지 디자인권자에

48) 윤선희, 『특허법』, 법문사, 2004, 706면; 특허청, 『특허법 조문별 해설』, 2002, 316면.

49) 저작권에 관한 판례로서 대법원 2007.1.25.선고 2005다11626판결(소리바다 1사건). 이 판결에 대하여 "저작권법은 특허법이 전용실시권제도를 둔 것과는 달리 침해정지청구권을 행사할 수 있는 이용권을 부여하는 제도를 마련하고 있지 아니하여…"라고 하고 있기 때문에 저작권의 경우 독점적 이용권자의 대위 금지청구를 인정하고 있다. 이점은 대법원이 특허권은 전용실시권제도 있으므로 통상실시권자에 대해서는 금지청구권 혹은 특허권자의 금지청구를 대위 행사하는 것을 인정하지 않겠다는 태도로 해석할 수 있다고 한다(정상조 · 박성수 공편, 『특허법 주해 II(김기영 집필부분)』, 박영사, 2010, 5면(각주 17)).

50) 大阪地判昭和59年12月20日無体裁集第16巻第3号803頁.

51) 상표권의 독점적 통상실시권에 관한 大阪地判平成3年3月25判例工業所有権8353(18頁) [SACHICO CLUB 事件].

52) 茶園[意](村上画理), 268頁.

53) 정상조 · 박성수 공편, 『특허법 주해 II(김기영 집필부분)』, 박영사, 2010, 5면.

대한 실시를 용인해 달라고 청구할 수 있는 권리에 지나지 않는다. 통상실시권과 같은 채권적 권리는 채권의 상대방이 존재하지 않으므로 원칙적으로 고유의 금지청구권 · 손해배상청구권을 가지지 않기 때문이다.[54] 또한 통상실시권자는 제3자의 실시에 의해 자신의 실시가 방해되는 것은 아니므로, 디자인권자에게 제3자의 실시를 금지하도록 청구할 수 있는 지위가 있는 것도 아니다. 디자인권자의 침해자에 대한 금지청구권 · 손해배상청구권을 대위행사 할 수 없기 때문이다.[55]

Ⅱ. 쟁점 및 사례

1. 법정통상실시권을 근거로 한 실시행위가 디자인침해에 해당하는지 여부

후출원 등록의장이 선출원 등록의장과 유사하여 그 등록이 무효로 된 경우, 후출원 등록의장의 권리자가 의장을 실시하는 행위가 선출원 등록의장의 의장권을 침해하는지 여부가 문제된 사례에서 법원은 "의장권의 등록을 받은 자가 그 등록의장에 대한 무효심판청구의 등록 전에 등록의장이 무효사유에 해당되는 것을 알지 못하고 국내에서 그 등록의장 또는 이와 유사한 의장의 실시사업을 하거나 그 사업의 준비를 하고 있는 경우에는 그 실시 또는 준비를 하고 있는 의장 및 사업의 목적의 범위 안에서 그 의장권 또는 의장등록을 무효로 한 당시에 존재하는 전용실시권에 대하여 통상실시권을 가지므로(의장법 제51조 제1항), 위와 같이 통상실시권을 가지는 자의 실시 대상이 되는 의장이 다른 사람이 등록받은 의장과 동일 · 유사하다고 하더라도 그 의장을 실시하는 행위가 위법성이 있다고 할 수는 없다"

---

54) 茶園[意](村上画理), 267頁.

55) 茶園[意](村上画理), 267頁.

고 판시하였다.[56)]

따라서 이 판결은 법정통상실시권을 근거로 한 실시행위는 디자인권자의 디자인권을 침해하는 것은 아니라고 한 사안이다.

2. 독점적 통상실시권의 성질

■ 일본의 중요 판례 해설: 『헤어브러쉬 사건(ヘアーブラシ事件)』[57)]

【사안의 개요】

X(원고)는 이용(理容)기구 등의 도매업을 업으로 하는 회사이고, 펀치파마용 브러쉬 세트에 관한 의장권(본건 의장권)을 가지고 있는 A와 전용실시권 설정계약을 체결하였는데 그 설정을 등록하지 않았다. Y(피고)는 이용 등에 사용하는 브러쉬를 제조 판매하는 회사이다.

본건은 X가 Y를 상대로 하여, Y가 제조 · 판매하는 헤어 브러쉬(Y제품)는 본건 의장권을 침해한다고 주장하여, 자신의 전용실시권 또는 완전독점적 통상실시권에 근거하여 Y제품의 금지 및 손해배상을 청구한 사건이다.

【법원의 판단】 일부인용

"(1) 우선, 완전독점적통상실시권의 성질에 관하여 검토하건데, 의장법 제28조 제2항은 "통상실시권자는 이 법률의 규정에 의하여 또는 설정 행위로 정한 범위 내에서 업으로서 그 등록의장 또는 이것에 유사한 의장을 실시할 권리를 가진다"고 규정하고 있고, 이 규정에 의하면, 통상실시권의 허락자(권리자)는 통상실시권자에게 해당의장을 업으로서 실시하는 것을 인정하는 의무, 즉 실시권자에 대하여 이 실시에 의한 금지 및 손해배상청구

56) 대법원 2004.9.24.선고 2003도3081판결.

57) 大阪地判昭和59年12月20日無体裁集第16巻第3号803頁.

권을 행사하지 않는다는 부작위 의무를 지는 것에 그치고, 그 이상으로 허락자는 실시권자에 대하여 다른 무승낙 실시권자의 행위를 배제하여 통상실시권자에게 손해가 발생하지 않도록 하는 의무까지 지는 것은 아니다. 이것을 실시권자 측에서 보면, 통상실시권자는 권리자에 대하여 해당의장의 실시를 용인할 것을 청구하는 권리를 가지고 있는 것에 지나지 않는다고 말할 수 있다. 그리고 완전독점적통상실시권이라고 하여도 원래 통상실시권이며, 이것에 권리자가 자기실시 및 제3자에게 실시허락을 하지 않는 취지의 부작위의무를 진다고 하는 특약이 붙어 있는 것에 지나치지 않고 그 외의 상기 통상실시권의 성질이 바뀌는 것이 아니다.

(2) 그래서 금지청구권에 대하여 판단하건대, 통상실시권 나아가서는 완전독점적통상실시권의 성질은 상기 언급한대로 무권한의 제3자가 해당의장을 실시한 경우 또는 권리자가 실시권자와의 계약상의 의무를 위반하여 제3자에게 실시를 허락한 경우에도 실시권자의 실시 그 자체는 아무런 방해를 받는 것이 아니고, 한편 그렇게 권리자가 제3자에게도 실시허락을 하는 것은 실시권자에게 대하여 채무불이행이 될지는 몰라도 실시허락권 자체는 권리자에게 유보되어 있고 완전독점적통상실시권의 경우에도 이 실시허락권이 실시권자에게 이동되는 것이 아니기 때문에 실시권자가 가지는 권리가 배타성을 가진다고 말할 수 없으며, 또한 조문상으로도 의장법 제37조에는 금지청구권을 행사할 수 있는 자로서 의장권자 또는 전용 실시권자에 관해서만 규정하고 있는 것 (게다가 본건에서 X는 전용실시권의 등록을 함으로써 용이하게 금지청구권을 가질 수 있다는 것)을 고려하면, 통상실시권자인 한 그것이 상기 완전독점적통상실시권자라고 하여도 이것에 금지청구권을 인정하는 것은 곤란하며 허용되지 않는다고 하지 않을 수 없다.

또한, X는 채권자대위권에 근거하여 권리자의 금지청구권을 주장하는데, 이 채권자대위제도는 원래 채무자의 일반재산보전에 관한 것이며, 특정채권보전을 위하여 판례상 등기청구권 및 임차권을 보전하는 경우 예외적으로 채무자의 무자력을 필요로 하지 않고 이 제도를 전용하는 것이 허용되고, 이것은 모두 중첩적인 권리 행사가 허용되지 않으며 권리구제를 위한 현실적 필요성이 있는 경우인데 비하여, 완전독점적통상실시권은 제3자의 이용에 의하여 독점성은 방해되지만, 실시 그 자체에는 아무런 지장도 생기지 않고 해당 의장권을 제3자와 동시에 중첩적으로 이용할 수 있으며, 중첩적인 이용이 불가능한 상기 두 가지의 예외적일 경우와는 성질이 다르고, 대위제도를 전용하는 현실적 필요성은 적으므로(…), 채권자대위에 의한 보전은 허용되지 않는다고 해야 한다.

게다가 완전독점적통상실시권의 권리자에게 대한 청구권은 승락없는 실시권자의 행위 배제 등을 권리자에게 요구하는 청구권이 아니고, 해당의장의 실시를 용인할 것을 청구하는 권리에 지나지 않으며 (본건에서도 상기 인정한 대로 권리자인 A에게 제3자의 침해 행위를 금지해야 하는 행위의무는 인정되지 않는다). 통상실시권자가, 권리자가 가지는 침해자에게 대한 방해배제청구권을 대위 행사하는 것에 의하여 권리자의 실시권자에 대한 채무 이행이 확보된다는 관계가 성립하지 않고, 또한 본건 모든 증거에 의하여도 A가 자본력이 없다고는 할 수 없기 때문에 결국 채권자대위에 의한 보전의 필요성도 없다고 말하지 않을 수 없다.

따라서 X가 주장하는 금지청구는 그 외의 논점을 판단할 필요도 없이 이유가 없다.

(3) 다음으로, 손해배상청구권에 대하여 검토하건데, 조문상 의장법은 제39조(손해액의 추정 등), 제40조(과실의 추정)의 규정을 마련하여 의장권자와 전용 실시권자에 대하여 규정하고 있지만, 이 규정은 손해액 및 과실의 추정에 관한 특별규정이며, 완전독점적통상실시권자에게 손해배상청구권을 부정하는 취지라고는 인정할 수 없으므로(이것은 의장법 제37조가 금지청구권에 대하여 의장권자 또는 전용실시권자를 규정하고 있는 것에 대하여, 손해배상청구권에 대하여는 이러한 규정이 존재하지 않는 것으로도 알 수 있다.), 결국 완전독점적통상실시권자의 손해배상청구권에 대하여는 민법의 일반원칙에 맡겨져 있다고 해석된다.

통상실시권의 성질은 상기 판시한 대로이지만, 완전독점적통상실시권에 있어서 권리자는 실시권자에 대하여 실시권자이외의 제3자에게 실시권을 허락하지 않는 의무를 질뿐만 아니라 권리자 자신도 실시하지 않는 의무를 지고, 그 결과 실시권자는 권리의 실시품의 제조 · 판매에 관한 시장 및 이익을 독점할 수 있는 지위, 기대를 얻고 있으며 이로 인하여 그것에 맞는 실시료를 권리자에게 지불하고 있는 것이기 때문에 무권한의 제3자가 해당의장을 실시하는 것은 실시권자의 이 지위를 해치고 그 기대 이익을 빼앗는 것이며 이것에 의하여 손해가 생긴 경우에는 완전독점적통상실시권자은 고유한 권리로서 (채권자대위에 의하지 않고) 직접침해자에 대하여 손해배상청구를 할 수 있는 것으로 해석하는 것이 타당하다."

【해설】

의장법은 의장권자가 그 의장권에 대하여 전용실시권을 설정하였을 경우(의장법 제27조 제1항), 전용실시권은 배타적독점권이기 때문에(동법 제27조 제2항), 그 존재를 제3자에게 알려야 할 필요성에서 등록을 효력의 발생 요건으로 규정하고 있다(동법 제27조 제4항). 본건에서 X는 전용실시권 설정계약을 체결하였지만 등록을 하지 않았기 때문에 전용실시권의 효력이 발생하지 않게 된다. 즉 전용실시권을 근거로 하는 권리행사를 할 수 없게 된다. 이에 대하여 본판결은 전용실시권을 등록할 때까지는 독점적통상실시권이 발생한다고 판시하였다. 본건에서는 이 독점적통상실시권의 효력이 쟁점이 되었다.

실시허락자는 자유롭게 자신의 권리에 대하여 제3자와 통상실시권의 설정계약을 체결할 수 있다. 그 통상실시권에는 크게 독점적통상실시권과 비독점적통상실시권이 있다. 독점적통상실시권은 실시허락자가 중복하는 내용의 통상실시권을 제3자에게 허락하지 않는다는 특약이 설정하는 경우를 말하고, 이 특약에 더하여 자신도 실시를 하지 않는다는 특약을 설정하는 경우를 완전독점적통상실시권이라고 한다.[58]

비독점적통상실시권자에게 금지청구권 및 손해배상청구권을 인정할 것

58) 茶園[意](村上画里), 266頁.

인가에 관하여 판례 · 통설은 두 청구권을 모두 인정하지 않는다는 점에 일치하고 있다.[59]

한편, 독점적통상실시권자(완전독점적통상실시권)에게 금지청구권 및 손해배상청구권을 인정할 것인가에 관하여 학설상 다양한 주장이 전개되고 있다. 대략적으로 ① 독점적통상실시권자에게 금지청구권은 인정하지 않고 손해배상청구권만 인정한다는 견해,[60] ② 독점적통상실시권자에게 손해배상청구권 및 실시허락자의 금지청구권의 대위행사를 인정한다는 견해,[61] ③ 독점적통상실시권자에게 금지청구권 및 손해배상청구권을 모두 인정한다는 견해[62]가 있다.

판례는 독점적통상실시권에 의한 손해배상청구는 인정하고 있는데,[63] 그 이유에 관하여 독점적통상실시권의 경우 무권한의 제3자의 실시에 의하여 실시권자의 독점성을 해치고 형식적으로는 급부목적물의 침해가 있다고 말할 수 있기 때문에 불법행위에 의한 손해배상청구가 가능하다고 설명하고 있다.[64] 이 점, 본건에서도 "무권한의 제3자가 해당의장을 실시하는 것은 실시권자의 이 지위를 해치고 그 기대 이익을 빼앗는 것이며 이것에 의하여 손해가 생긴 경우에는 완전독점적통상실시권자은 고유한 권리로서 (채권자대위에 의하지 않고) 직접침해자에 대하여 손해배상청구를 할 수 있다"고 판시하고 있다. 상기 학설의 흐름에서도 알 수 있듯이 독점적통상실시권에 의한 손해배상청구권을 인정하는 데는 큰 어려움이 없다고 할 수 있다.

---

59) 大阪地判昭和59年4月26日無体裁集第16巻第1号271頁; 공소심인 大阪高判昭和59年12月21日無体裁集第16巻第3号843頁등; 注解[上](城山康文), 1240頁; 仙元隆一郎, 『特許法講義[第4版]』, 悠々社, 2003, 205頁; 盛岡一夫, "通常実施権者の差止請求権", 『日本工業所有権法学会年報』(第8号), 有斐閣, 1984, 67頁.

60) 田倉整編(本間崇), "実施権", 『特許 · 商標 · 著作権(実務法律大系(10)』, 青林書院新社, 1972, 443頁.

61) 注解[上](城山康文), 1241頁; 田村善之, 『知的財産法[第5版]』, 有斐閣, 2010, 340頁; 高林竜, 『標準特許法[第4版]』, 有斐閣, 2011,194頁등.

62) 盛岡一夫, "通常実施権者の差止請求権", 『日本工業所有権法学会年報』(第8号), 有斐閣, 1984, 59頁.

63) 大阪高判昭和54年2月28日無体裁集第11巻第1号92頁등.

64) 判例意匠法(菊池武), 517頁.

한편, 금지청구권에 관하여는 독점적통상실시권자에게 채권자대위에 의한 금지청구권을 인정한 사안이 있는 반면,[65] 본건이 "통상실시권자인 한 그것이 상기 완전독점적통상실시권자라고 하여도 이것에 금지청구권을 인정하는 것은 곤란하며 허용되지 않는다"고 판시한 것처럼 독점적통상실시권자에 의한 금지청구권의 행사는 유동적이라고 할 수 있다.[66] 단 학설상에는 실시허락자의 금지청구권의 대위행사를 인정하는 견해가 많으므로,[67] 독점적통상실시권자의 권리행사에 관하여는 상기 학설 ②가 지배적인 견해라고 볼 수 있다.

이상에서 보듯이 본판결은 독점적통상실시권자(완전독점적통상실시권)에게 고유의 손해배상청구권은 인정하였지만, 고유의 금지청구권 및 의장권자A의 대위행사에 의한 금지청구권을 인정하지 않은 사안으로써 의장권의 활용을 통한 권리행사에 참고가 될 것으로 본다.

3. 전용실시권 설정 후의 금지청구권의 유무

■ 일본의 중요 판례 해설: 『생태고분자-리간드분자의 안정복합체구조의 탐색방법사건』[68]

【사안의 개요】

X_1(원고)는 발명의 명칭을 '생태고분자-리관도분자의 안정복합체구조의 탐색방법'으로 하는 특허권(본건특허권)의 특허권자이며 X_2는 실시권의 범의를 전부로 하는 본건 특허권의 전용실시권자이다. Y(피고)는 소프트웨어

65) 東京地判昭和40年8月31日判タ第185号209頁.

66) 判例意匠法(菊池武), 515頁에서는 본건이 완전독점적통상실시권에 의한 금지청구권을 부정한 것은 특정채권의 보전을 Y의 자본력에 의한 치유로 가능하기 때문이라고 설명하고 있다.

67) 百選特許3(盛岡一夫), 205頁.

68) 最判平成17年6月17日民集第59巻第5号1074頁(生体高分子ーリガンド分子の安定複合体構造の探索方法事件).

의 수출입 등을 업으로 하고 있다. 본건은 X등이 Y의 대하여, 본건 특허권의 침해(간접침해)를 이유로 Y가 수입 · 판매하는 분자모델링시스템 소프트웨어를 기록한 CD-ROM의 판매의 금지를 구한 사안이다.

제1심은 "특허권에 전용실시권이 설정되어 있는 경우, 설정행위에 의하여 전용실시권자가 그 특허발명의 실시를 할 권리를 전유하는 범위에서 금지청구권을 행사할 수 있는 것은 전용실시권자에 한정되고 특허권자는 금지청구권을 행사할 수 없다"고 하여 X_1의 청구를 기각하였다. 그리고 본건 특허권의 침해를 부정하여 X_2의 청구도 기각하였다. 이에 대하여 원심은 전용실시권을 설정한 특허권자라고 하여도 금지청구권을 행사할 수 있다고 판단함과 동시에 특허권 침해를 긍정하여 X등의 청구를 인용하였다. 본건은 Y의 상고심이다.

【법원의 판단】 상고기각

특허권자는 그 특허권에 관하여 전용실시권을 설정한 경우라 하여도 해당특허권에 근거한 금지청구권을 행사할 수 있다고 해석하는 것이 타당하다. 그 이유는 다음과 같다.

"특허권자는 특허권의 침해의 정지 또는 예방을 위하여 금지청구권을 가지고 있다(특허법 제100조 제1항). 그리고 전용실시권을 설정한 특허권자는 전용실시권자가 특허발명을 실시하는 권리를 전유하는 범위에 관하여서는 업으로서 그 특허발명을 실시할 수 없다고 규정하고 있다(동법 제68조 단서). 문제는 이 경우에 특허권자의 금지청구권도 행사할 수 없는가이다. 동법 제100조 제1항의 전용실시권을 설정한 특허권자에 의한 금지청구권의 행사를 제한해야 한다는 문언상의 규정은 없다. 또한 실질적으로 보아도 전용실시권의 설정 계약에서 전용실시권자의 매출에 근거하여 실시료의 금액을 결정하는 것으로 되어 있는 경우 특허권자가 실시료의 수입을 확보하는 관점에서 특허권의 침해를 제거해야 할 현실적인 이익이 있다는 것은 명확하고, 게다가 일반적으로 특허권의 침해를 방치하고 있으면 전용실시권이 어떠한 이유로 인하여 소멸하여 특허권자가 스스로 특허발명을 실시하려고 할 때에 불이익을 당할 가능성이 있다는 것 등을 생각하면, 특허권자에게도 금지청구권의 행사를 인정할 필요가 있다. 이것들을 고려하면 특허권자는 전용실시권을 설정한 경우라고 하여도 금지청구권이 없어진 것이 아니라고 해석해야 한다."

【해설】

특허법은 특허권자의 허락에 의하여 성립하는 실시권으로서 통상실시권 이외에 전용실시권에 관한 규정을 두고 있다. 일반적으로 통상실시권은 단순히 특허권자에 의한 금지청구권이나 손해배상청구권의 행사를 당하지 않을 채권적인 성격이 강한 반면, 전용실시권은 설정행위에 의하여 정한 범위 내에서 특허권과 동등한 배타적 독점권으로써(특허법 제77조 제2항), 전용실시권자는 그 전용실시권을 침해하는 자에 대하여 금지청구를 할 수 있다(동법 제100조 제1항). 또한 전용실시권을 설정한 후에는 그 설정범위 안에서 특허권자라고 하여도 자신이 특허발명을 실시할 수 없다(동법 제68조 단서). 본건에서는 특허권자가 전용실시권의 설정범위 안에서 침해자에 대하여 금지청구권을 행사할 수 있는지 여부가 문제가 되었다.

이 논의는 특허법 분야에서 오랫동안 학설상의 대립이 있었던 테마이다. 크게 특허권자의 금지청구권을 부정하는 부정설[69]과 긍정하는 긍정설,[70] 그리고 원칙적으로는 금지청구권의 행사는 전용실시권자만 행할 수 있으나 전용실시권자가 금지청구권을 행사할 수 없을 때에는 특허권자가 자신에게 남아 있는 실시료 수익권능이나 처분권능이 영향을 받는 한도에서 금지청구권을 행사할 수 있다는 중간설[71]이 있다.

부정설의 논거는 특허권자는 전용실시권을 설정한 범위에서 전용권이

---

69) 兼子一・染野義信,『工業所有権法[改訂版]』, 日本評論社, 1968, 251頁 등.

70) 注解[上](鈴木), 1019頁; 田村善之,『知的財産法[第5版]』, 有斐閣, 2010, 344頁; 仙元隆一郎,『特許法講義[第4版]』, 悠々社, 2003, 200頁 등.

71) 吉田清彦, "専用実施権設定と特許権による侵害差止請求",『パテント』(第33巻第11号), 日本弁理士会, 1980, 29頁 등.

없어지므로 특허권은 내용이 없는 공허한 권리가 된다는 점에 있다(제1심 판단). 이에 대하여 긍정설은 특허권자가 전용실시권을 설정한 뒤에도 완전히 공허한 권리가 되는 것이 아니고 스스로 침해를 배제하여 특허권의 가치를 유지해 두어야 할 실익이 있다고 설명하고 있다(원심 판단). 학설상 긍정설을 지지하는 논자가 압도적으로 많고 하급심 판례도 기본적으로 긍정설을 채용하는 흐름으로 정착되어 가고 있다.[72)]

본건은 상기 학설 중에 원심이 채용한 긍정설을 지지하여 전용실시권을 설정한 특허권자라도 그 특허권을 근거로 하는 금지청구권을 행사할 수 있다는 취지를 명확히 하였다. 그 이유로서 본판결은 동법 제100조 제1항의 문리해석 및 특허권자에게는 실시료를 확보하기 위하여 특허권 침해를 제거해야 할 현실적인 이익이 있는 경우가 있고 전용실시권 소멸 후 자신이 실시하려고 할 때 불이익을 당할 가능성이 있다는 등의 실질적인 이유를 들고 있다.

그리고 긍정설의 근거로서 본건이 제시하고 있는 동법 제100조 이외에 동법 제77조 제4항을 들 수 있다. 즉 동항에는 전용실시권자는 특허권자의 승낙이 있는 경우에 한하여 타인에게 통상실시권을 허락할 수 있다고 규정하여, 특허권자는 그 승낙 없이 전용실시권자로부터 허락을 받은 자에 대하여 금지청구권을 행사할 수 있다는 것을 전제로 하고 있다. 그렇다면 전용실시권자의 허락 없이 실시하는 자에 대하여도 특허권자는 금지청구권을 행사할 수 있다고 해석할 수 있다.[73)]

특허법과 거의 동일한 조문 구조를 가지고 있는 의장법에도 본건과 같은 문제가 발생할 수 있다. 즉 의장법상 금지청구권을 가지는 자는 의장권자 또는 전용실시권자이다(의장법 제37조 제1항). 의장권자는 전용실시권을 설정한 경우, 그 전용실시권을 설정한 범위에서 의장권의 실시권이 제한되기 때문에(동법 제23조 단서), 금지청구권도 이 범위에서 제한되는가가 문제가 될 수 있다. 이 점, 본판결이 특허권자는 전용실시권의 설정 후에도 금지청구권을 행사할 수 있

72) 茶園成樹, "判解", 『ジュリスト』(第1313号), 有斐閣, 2006, 281頁.

73) 田村善之, 『知的財産法[第5版]』, 有斐閣, 2010, 344頁.

다고 판시한 내용은 의장권에도 동일하게 적용된다고 볼 수 있다.[74)]

4. 디자인권의 공유의 성질

이 사건은 특허권의 공유에 있어서 민법의 일반규정이 적용되는지 여부가 문제가 된 사안이다. 이 판결은 디자인권의 공유에 있어서도 동일한 법리가 적용된다고 판시하였다.

대법원은 "특허권이 공유인 경우에 각 공유자는 다른 공유자의 동의를 얻지 아니하면 그 지분을 양도하거나 그 지분을 목적으로 하는 질권을 설정할 수 없고 또한 그 특허권에 대하여 전용실시권을 설정하거나 통상실시권을 허락할 수 없는 등[특허법(2014. 6. 11. 법률 12753호로 개정되기 전의 것. 이하 같다) 제99조 제2항, 제4항 참조] 그 권리의 행사에 일정한 제약을 받아 그 범위에서는 합유와 유사한 성질을 가진다"고 하였다. 그러나 대법원은 "그럼에도 일반적으로 특허권의 공유자들이 반드시 공동목적이나 동업관계를 기초로 조합체를 형성하여 특허권을 보유한다고 할 수 없고, 특허법에 특허권의 공유를 합유 관계로 본다는 명문의 규정도 없다. 그러므로 특허법의 다른 규정이나 특허의 본질에 반하는 등의 특별한 사정이 없는 경우에는 공유에 관한 민법의 일반규정이 특허권의 공유에도 그대로 적용된다"고 보았다.[75)]

이 같이 판시하면서 대법원은 특허법 제99조 제2항 및 제4항의 규정 취지를 다음과 같이 판단하였다. 즉 "공유자 외의 제3자가 특허권 지분을 양도받거나 그에 관한 실시권을 설정받을 경우 그 제3자가 투입하는 자본의 규모 · 기술 및 능력 등에 따라 그 경제적 효과가 현저히 다르게 되어 공유자 지분의 경제적 가치에도 상당한 변동을 가져올 수 있는 특허권의 공유관계의 특수성을 고려하여, 다른 공유자의 동의 없는 지분의 양도 및 실시

---

74) 茶園[意](勝久晴夫), 245頁.

75) 상표권의 공유에 관한 대법원 2004. 12. 9. 선고 2002후567판결 등 참조.

권 설정 등을 금지한다는 데에 있다"고 보았다.

이러한 특허권의 공유관계의 특수성에 입각하여 다음과 같이 판시하였다. "특허권의 공유자 상호 간에 이해관계가 대립되는 경우 등에 그 공유관계를 해소하기 위한 수단으로서 각 공유자에게 민법상의 공유물분할청구권을 인정하더라도 공유자 이외의 제3자에 의하여 다른 공유자 지분의 경제적 가치에 위와 같은 변동이 발생한다고 보기 어려워서 위 특허법 제99조 제2항 및 제4항에 반하지 아니하고, 달리 분할청구를 금지하는 특허법의 규정도 없으므로, 특허권의 공유관계에 민법상 공유물분할청구에 관한 규정이 적용될 수 있다." "다만 특허권은 발명실시에 대한 독점권으로서 그 대상은 형체가 없을 뿐만 아니라 각 공유자에게 특허권을 부여하는 방식의 현물분할을 인정하면 하나의 특허권이 사실상 내용이 동일한 복수의 특허권으로 증가하는 부당한 결과를 초래하게 되므로, 특허권의 성질상 그러한 현물분할은 허용되지 아니한다고 봄이 상당하다"고 하였다. 또한 이러한 법리는 디자인권의 공유에서도 마찬가지로 적용된다고 판단하였다. 이에 따라 이 판결에서는 "원심[76]이 그 판시 각 특허권 및 디자인권의 공유자인 원고의 분할청구를 받아들여, 이 사건 특허권 등에 대하여 경매에 의한 대금분할을 명한 것은 정당하다"고 하였다.[77]

따라서 이 판결에 따르면, 디자인권의 공유관계에 있어서도 민법상 공유물분할청구에 관한 규정이 적용될 수 있으나, 무체물이라는 디자인권의 성질상 현물분할은 인정되지 않는다고 할 수 있다.

---

76) 부산고법 2013.5.9.선고 (창원)2012나2197판결.

77) 대법원 2014.8.20.선고 2013다41578판결[공유물분할].

■ 일본의 중요 판례 해설: 『자기치료기사건(磁気治療器事件)』[78]

【사안의 개요】

X(원고, 주식회사)와 A(유한회사)는 고안의 명칭을 '자기치료기'로 하는 실용신안등록을 받을 권리를 공유하고 있다. 실용신안법 제9조를 준용하는 특허법제38조[79]는 실용신안등록을 받을 권리의 공유자는 공동이 아니면 등록출원을 할 수 없다고 규정하고 있고, 상기 두 회사는 이 규정에 따라 공동으로 실용신안등록출원을 하였는데 거절사정을 받았다. 실용신안법 제41조를 준용하는 특허법 제132조 제3항[80]은 실용신안등록을 받을 권리의 공유자가 공유에 관한 권리에 관하여 심판을 청구할 때는 공유자 전원이 공동으로 청구하지 않으면 안 된다고 규정하고 있고 상기 두 회사는 이 규정에 따라 공동으로 거절사정불복심판을 청구하였다. 하지만 특허청은 본원고안은 인용례로부터 매우 용이하게 추고할 수 있다고 하여 심판청구불성립심결을 하였다. 이에 대하여 X만이 심결취소소송을 제기하였다.

Y(특허청)는 실용신안등록을 받을 권리를 공유하는 자는 공동으로만 심결취소소송을 제기할 수 있다고 하여 원고의 청구는 적법하지 않다고 주장하였다. 원심[81]은 이것을 적법하다고 한 뒤, 본건 심결은 본원고안과 인용예와의 기술내용의 이해에 잘못이 있다고 하여 이를 취소하였다. 본건은 Y의 상고심이다.

본건의 쟁점은 실용신안등록을 받을 권리의 공유자가 제기하는 심결취소소송은 고유필요적공동소송이며 전원이 공동하여서만 제기할 수 있는지 여부이다. 즉 실용신안법은 심결취소소송의 원고적격에 관하여서는 동

---

78) 最判平成7年3月7日民集第49巻第3号944頁.

79) 일본 특허법 제38조(공동출원) 의장법 제15조 제1항(특허법의 준용) 특허를 받을 권리가 공유일 경우 각 공유자는 다른 공유자와 공동이 아니면 특허출원을 할 수 없다.

80) 일본 특허법 제132조(공동심판) 제3항 의장법 제58조(특허법의 준용) ③ 특허권 또는 특허를 받을 권리의 공유자가 그 공유에 관한 권리에 대하여 심판을 청구할 경우 공유자의 전원이 공동으로 청구해야 한다.

81) 東京高判平成6年1月27日判時1502号137頁.

법 제47조 제2항에서 특허법 제178조 제2항을 준용한다고 규정하고 있을 뿐 실용신안등록을 받을 권리가 공유인 경우의 심결취소소송의 원고적격에 관한 규정은 없고 오로지 해석에 맡겨져 있다.

【법원의 판단】 원심파기

"실용신안등록을 받을 권리의 공유자가 그 공유에 관한 권리를 목적으로 하는 실용신안등록출원의 거절 사정을 받아서 공동으로 심판을 청구하여 청구가 성립하지 않는다는 취지의 심결을 받은 경우에, 상기공유자가 제기하는 심결취소소송은 공유자가 전원으로 제기할 것을 요하는 소위 고유필요적공동소송이라고 해석해야 한다(大法院昭和52年(行ツ)第28号同55年1月18日第2小法廷判決 · 民集第129号43頁参照). 그 이유는 상기 소송에서의 심결 위법성 유무의 판단은 공유자 전원이 가지는 한 개의 권리 성부를 결정하는 것이며, 상기 심결을 취소할 것인지 여부는 공유자 전원에 대하여 합일적으로 확정할 필요가 있기 때문이다. 실용신안법이 실용신안등록을 받을 권리의 공유자가 그 공유에 관한 권리에 대하여 심판을 청구할 때는 공유자의 전원이 공동으로 청구해야 한다고 하고 있는 것(동법 제41조이 준용하는 특허법 제132조 제3항)도 이와 같은 취지에서 나온 것이라고 해야 한다."

【해설】

실용신안법은 실용신안등록을 받을 권리가 공유인 경우, 실용신안권은 하나의 권리로써 공유자에게 나뉠 수 없으며 일체적으로 귀속하기 때문에 권리의 성부가 공유자에 따라 달라져서는 안 되어,[82] 출원(실용신안법 제11조 제1항) · 심판(동법 제41조)을 공유자 전원이 공동으로 행하도록 규정하고 있다. 즉 실용신안법은 권리의 성부를 공유자 간에 합일적 확정을 요구하고 있다. 실용신안등록출원이 거절되었을 경우 거절사정불복심판에 대하여는 공동으로 청구해야 한다는 명문규정이 있는 반면, 거절심결취소소송에 대하여는 관련규

82) 高林竜, 『特許法[第4版]』, 有斐閣, 2011, 73頁.

정을 두고 있지 않다. 그래서 거절심결취소소송도 상기 출원 · 심판과 같이 공유자가 공동으로 해야 하는지(고유필요적공동소송) 아니면 공유자 각자가 단독으로도 할 수 있는지가 문제가 된다. 실용신안법은 특허법을 준용하고 의장법 역시 특허법을 준용하므로 이하에서는 특허법 규정을 사용하여 설명하기로 한다.

종래의 판례 흐름은 '고유필요적공동소송설'을 채용하고 있다.[83] 즉 거절사정심결취소소송은 공유자가 공유하는 특허권이란 하나의 권리의 성부를 결정하는 것이며 거절심결을 취소할 것인지 여부는 공유자 전원이 모순없이 합일적으로 확정할 필요가 있다고 설명하고 있다.[84]

이에 대하여 학설은 '보존행위설'을 주장하는 견해가 많다.[85] 즉 심결취소소송의 제소기간은 30일로 짧기 때문에 다른 공유자의 소재가 명확하지 않아 연락이 되지 않거나 제소를 하기 위한 설득 시간이 걸리는 등의 경우, 그 공유자로 인하여 다른 공유자 전원의 특허권 등록을 받을 권리가 소멸하는 결론은 타당하지 않고, 거절심결취소소송에서는 청구를 인용하는 경우 재판소가 거절심결을 파기하여 스스로 심결을 행하는 것이 아니고 심결을 취소하여 특허청으로 하여금 심판을 재개하도록 할 뿐이므로 심결취소소송에 관하여 합일적인 확정의 필요성을 강조할 필요는 없고 심결이라는 행정처분을 합일적으로 확정하여 그 필요성을 확보하는 것으로 충분하다고 설명하고 있다.

본건은 이 문제에 관하여 실용신안등록을 받을 권리의 공유자의 한 사람이 단독으로 거절심결취소소송을 제기한 것에 대하여 "심결취소소송은 공유자가 전원으로 제기할 것을 요하는 소위 고유필요적공동소송이라고 해석해야 한다"고 판시하여 고유필요적공동소송설을 채용하고 있다.

하지만 본판결이 있은 후, 최고재판소는 상표등록의 무효심결에 대한

83) 最判昭和36年8月31日民集第15巻第7号2040頁 등.

84) 이 학설을 지지하는 논자로써 高林竜, "判批", 『ジュリスト』(第1071号), 有斐閣, 1995, 104頁; 玉井克哉, "判批", 『特許研究』(第21号), 工業所有権情報 · 研修館, 1996, 67頁 등.

85) 中山信弘, 『特許法[第2版]』, 弘文堂, 2012, 282頁; 百選特許3(横山久芳), 116頁.

심결취소소송[86]과 특허이의신청에 근거한 특허취소결정취소소송[87]에서 공유자 한 사람이 단독으로 제기할 수 있다고 하는 등 보존행위설에 근거한 판단을 하고 있다. 이에 대하여는 거절심결취소소송과 무효심결취소소송은 사안이 다르기 때문에 판례 변경은 필요하지 않다는 유력한 견해가 있는 반면,[88] 거절심결취소소송에서는 고유필요적공동소송설을 취하고 무효심결취소소송에서는 보존행위설을 취하는 것에 의문을 제기하는 견해도 있다.[89]

이에 대하여, 앞으로의 판례 · 학설의 동향이 주목되는데 현재로써는 공유자의 한 사람만이 소송을 제기할 수 있는지 여부는 그 소송의 내용에 따라 결정하게 된다고 이해할 수 있다.

본건은 실용신안권의 권리 발생에 관한 사안이지만, 본건이 거절심결취소소송은 권리의 존부에 직접 관계하는 것으로써, 고유필요적공동심판에 의하여 심리된 결과에 대한 심결취소소송도 공유자 전원에 대한 합일적 확정의 요청을 이유로 고유필요적공동소송이라고 한 점은 의장권의 권리발생 과정에도 동일하게 적용된다.

---

86) 最判平成14年2月28日民集第58巻第2号348頁(『ETNIES事件』) 등.

87) 最判平成14年3月25日民集第56巻第3号574頁(『パチンコ事件』) 등 .

88) 高部真規子, "判批",『法曹時報』(第55巻第5号), 法曹会, 2003, 1605頁.

89) 小野昌延先生喜寿記念(横山久芳), "拒絶審決取消訴訟と固有必要的共同訴訟",『知的財産法最高裁判例評釈大系 I 』, 青林書院, 2009, 536頁.

제5장

디자인 침해론

제1절 디자인권의 직접침해

Ⅰ. 직접침해

디자인권자는 업으로서 등록 디자인 및 이와 유사한 디자인을 실시할 권리를 독점한다(디자인법 제59조). 그러므로 제3자가 디자인권자의 허락없이 업으로서 등록 디자인과 동일 · 유사한 디자인을 실시하게 되면 디자인권의 침해가 된다. 디자인권자는 자신의 디자인권을 침해하는 행위를 한 자에 대하여 금지청구(디자인법 제114조)나 손해배상청구(민법 750조)를 할 수 있다. 이러한 침해를 '직접침해'라고 부른다. 디자인법에서는 직접침해에 관한 명문의 규정을 두고 있지는 않으나, 이는 제92조 디자인권의 효력에 규정된 디자인권 본래의 효력이 정당한 권원 없는 자의 실시행위로부터 침해된 경우 그 자체를 말한다고 할 것이다.[1]

Ⅱ. 침해판단의 대상

직접침해가 성립함에 있어서는 상대방이 실시하는 디자인이 등록디자인과 동일 · 유사할 필요가 있다. 그러므로 등록디자인과 상대방이 실시하는 디자인을 대비하여 양자의 유사여부를 판단하게 된다. 상대방이 자기가 실시하는 디자인을 가지고 어느 제품을 제조하거나 판매할 경우, 당해 다자인이 제품에 의해 실시되고 있음이 명백하다. 그러므로 통상 상대방이 실시하는 제품에 적용된 디자인을 가지고 침해판단을 하게 된다. 그러나 제조 · 판매되고 있는 제품 그 자체의 디자인 이외의 디자인이 침해판단의 대상이 될 것인지가 문제되는 경우가 있다. 이는 제조 · 판매되고 있는

1) 노태정 · 김병진, 711-712면.

제품이 포함되어 있는 그 제품의 부분디자인이 당해 부품을 디자인에 관계한 물품으로 하는 등록디자인에 유사한 것으로써 디자인권 침해를 구성할 것인지가 다툼이 되는 경우가 있다.

1. 판례

판례는 침해판단의 대상이 되는 물품은 "유통과정에 두어 거래의 대상이 되는 독립한 물품"으로 해석하고 있다.[2] 이에 따르면, 침해판단의 대상이 되는 디자인은 거래대상물품의 디자인만이고, 거래대상물품의 부품 디자인은 이에 해당되지 않게 된다. 예를 들면, 일본의 '감속기 사건'에서는 감속기를 디자인에 관계한 물품으로 하는 디자인의 디자인권 침해가 문제되었는데, 상대방이 제조 · 판매하고 있던 것은 감속기에 붙어 있는 모터이며, 그 감속기의 부분디자인은 침해판단의 대상으로 되지 않는다고 판단한 바 있다.[3]

2. 거래대상물품의 디자인에 한정되는지 여부

디자인권자가 침해판단의 대상이 되는 물품으로서 거래대상물품의 부품을 자유롭게 선택할 수 있다면, 물품의 제조나 판매를 하는 사업자는 어떻게 디자인권과의 관계에서 침해가 문제될 것인지를 예견하는 것이 곤란하게 되어, 법적으로 불안정한 상태에 놓여있게 된다. 그러나 거래대상물품의 부품부분의 형태가 특징적이므로, 그러한 수요증대기능이 발휘되어 거래대상물품의 수요를 증대시키는 경우가 있다. 실제로 그러한 경우가 있음을 고려하여 독창적인 창작이 이루어진 물품의 부분의 형상 등을 보호하기 위하여 디자인법은 부분디자인 제도를 도입하고 있다. 실제로 거래대상물품의 디자인이 등록디자인과 비유사하더라도 거래대상물품의 부

2) 茶園[意](茶園成樹), 214頁.

3) 東京高判平成15年6月30日平成15年(ネ)第1119号, 裁判所HP.

품 부분의 디자인이 등록 디자인과 동일 · 유사하고, 이용관계가 성립할 경우에는 디자인권 침해가 되고 있다. 따라서 침해판단의 대상이 되는 것은 거래대상물품 디자인으로 한정되지 않지만, 그 밖의 다자인이 침해판단이 대상이 되고 침해가 긍정되는 것은 이용관계가 성립하는 경우이다.[4)]

디자인의 이용관계에 관하여 우리나라와 일본의 학설은 '그대로설'[5)]로 통일되었다고 볼 수 있다.[6)] 이에 따르면, 디자인의 이용관계는 "① 전체적으로 선 등록디자인과 후 디자인이 유사하지 않을 것, ② 후 디자인이 선 등록디자인의 요지를 전부 포함하고 있을 것, ③ 선 등록디자인의 본질적 특징을 손상시키지 않은 채 그대로 후 디자인의 디자인 내에 도입하고 있을 것"이라는 세 가지 요소를 충족하면 성립한다.[7)]

제2절 디자인권의 간접침해

제3자가 등록디자인과 동일 · 유사한 디자인을 실시하지 않는다면, 기본적으로 침해는 성립하지 않는다. 그러나 침해를 야기하는 행위를 방치

---

4) 茶園[意](茶園成樹), 215頁.

5) '그대로설'이란 선행발명의 특허요지에 새로운 기술적 요소를 가하여 선행발명의 객체요지를 전부 포함하여 그것을 그대로 이용한 발명을 말한다. 전부설 또는 요지공통설이라고도 한다. 그대로설이 통설과 판례의 입장이다(김종석, "디자인의 이용관계", 『대법원판례해설 88호』, 법원도서관, 2011. 4, 237면).

6) '그대로설'은 구체적인 기술적 구성요소들을 이용해 추상적인 기술적 사상 이용의 의미를 파악하고 있다는 점에서 구체적인 디자인의 구성요소(물품의 형상 · 모양 · 색채)를 이용해 추상적인 미감의 이용 여부를 파악하고자 하는 디자인의 이용 개념과 어느 정도 부합하고, 이용의 본질적 개념(이용이란 후원의 권리를 실시하게 되면 선원의 권리를 전부 실시하는 것으로 되지만, 선원의 권리를 실시하여도 후원 권리의 전부 실시로는 되지 않는 관계)에도 가장 잘 부합하는 이론이므로 디자인 이용 개념의 정의에도 적절한 이론인 것으로 평가된다고 한다(안원모, "디자인 이용관계의 본질 및 유형별 논점에 관한 연구", 『법조 통권 650호』, 2010. 11, 273면).

7) 김종석, "디자인의 이용관계", 『대법원판례해설 88호』, 법원도서관, 2011. 4, 242면.

하는 것은 디자인권 보호의 실효성을 떨어뜨릴 위험이 있다. 여기서 디자인법 제114조는 침해를 야기할 개연성이 높은 예비적 행위를 침해로 간주하고 있다. 이를 간접침해라고 한다. 디자인법 제114조는 "등록디자인이나 이와 유사한 디자인에 관한 물품의 생산에만 사용하는 물품을 업으로서 생산·양도·대여·수출 또는 수입하거나 업으로서 그 물품의 양도 또는 대여의 청약을 하는 행위는 그 디자인권 또는 전용실시권을 침해한 것으로 본다"고 규정하고 있다.

이러한 간접침해의 경우에도 직접침해와 마찬가지로, 디자인권자는 침해금지나 손해배상청구를 할 수 있다. 또한 손해액의 추정(디자인법 제115조) 및 과실추정을 정한 제116조의 적용이 인정됨은 물론이다. 다만 간접침해에 해당되지 않는 행위인 경우라도 직접침해를 교사·방조하는 행위는 공동불법행위에 해당되는 경우가 있을 수 있으나, 그러한 경우 교사·방조를 하는 자에 대하여 디자인권자에게는 손해배상청구가 인정된다. 그러나 민법의 전통적인 이해에 따르면 금지청구가 인정되는 것은 곤란하다고 생각된다.

제3절 쟁점 및 사례

Ⅰ. 이용에 의한 침해

선 등록디자인과 후 디자인이 이용관계에 있는 경우에는 후 디자인은 선 등록디자인의 권리범위에 속하게 되는바, 후 디자인이 선 등록디자인을 이용하는 관계라고 함은 후 디자인이 전체로서는 타인의 선 등록디자인과 유사하지 않지만, 선 등록디자인의 요지를 전부 포함하고 선 등록디자인의 본질적 특징을 손상시키지 않은 채 그대로 자신의 디자인 내에 도입하고 있어, 후 디자인을 실시하면 필연적으로 선 등록디자인을 실시하

는 관계에 있는 경우를 말한다.[8]

'직물지'의 디자인의 이용관계의 의미가 문제된 사안에서 대법원은 "이 사건 등록디자인(등록번호 제483945호)과 확인대상디자인의 표면도와 이면도를 대비하여 볼 때, 양 디자인의 이면은 아무런 모양이 없는 점에서 동일하나, 그 표면은 이 사건 등록디자인 "[그림 1]"은 여러 가닥으로 된 실 형상의 선들이 아래로 내려오면서 서로 꼬이듯이 보이도록 한 'V'자 모양을 상하좌우로 연속적으로 반복하여 이루어져 있는 반면, 확인대상디자인 "[그림 2]"는 이 사건 등록디자인과 유사한 바탕 모양에 큰 나뭇잎 모양이 위와 아래로 서로 엇갈려 반복하여 이루어져 있고 황색 계통의 색으로 채색되어 있어서, 양 디자인은 전체적으로 볼 때 서로 유사하지 아니하다"고 판시하였다.

등록디자인	확인대상디자인

[그림 1]	[그림 2]

그런데 확인대상디자인은 이 사건 등록디자인의 위 'V'자 모양과 유사한 모양이 일부 반복하여 이루어지다가 그 사이 사이에 큰 나뭇잎 모양이 위와 아래로 서로 엇갈리게 반복하여 이루어진 것이 혼연일체로 결합하여 하나의 디자인을 형성하고 있어서 이 사건 등록디자인의 본질적 특징인

8) 대법원 1999. 8. 24.선고 99후888판결 참조.

위 'V'자 모양이 상하좌우로 연속적으로 반복된 부분 중 상당한 부분이 손상되어 있다. 따라서 확인대상디자인은 이 사건 등록디자인의 본질적 특징을 손상시키지 않은 채 그대로 자기의 디자인 내에 도입하고 있다고 할 수 없으므로 이 사건 등록디자인을 이용하는 관계에 있다고 할 수 없다.

그럼에도 원심은 확인대상디자인이 이 사건 등록디자인과 이용관계에 있어서 그 권리범위에 속한다고 판단하고 말았으니, 원심판결에는 디자인의 이용관계 여부에 관한 법리를 오해하여 심리를 다하지 아니함으로써 판결에 영향을 미친 위법이 있다.[9)]

결국 이 사건의 등록디자인의 본질적 특징인 V자 모양을 확인대상디자인 내에 도입되어 있지 않고, 양 디자인이 전체적으로 유사하지 않아 양 디자인이 이용관계에 있다고 볼 수 없다고 판단하였다. 즉 확인대상디자인이 등록디자인의 형상 · 모양에 다른 형상 · 모양 등을 단순히 결합시킨 경우에는 디자인의 이용관계가 성립할 수 있으나, 그렇지 않고 등록디자인의 본질적 특징에 상당한 변형을 가하여 새로운 창작성을 부가한 경우에는 이용관계가 성립하지 않는 것으로 보아야 한다. 만약 등록디자인의 본질적 특징이 상당부분 손상된 경우까지 이용관계가 성립하는 것으로 보는 것은 등록디자인의 권리범위를 과도하게 확장시킬 수 있는 문제점이 있기 때문이다.[10)]

이 판결은 디자인의 이용관계의 의의와 성립요건에 관하여 최초로 판시한 것이다. 향후 디자인의 이용관계의 성립여부를 판단할 때 기준이 되는 판결로서 의의가 있다고 할 것이다.

---

9) 대법원 2011.04.28.선고 2009후2968판결 권리범위확인(디) [공2011상,1071](원심: 특허법원 2009. 7. 24.선고 2009허3466판결).

10) 김종석, "디자인의 이용관계", 『대법원판례해설 88호』, 법원도서관, 2011. 4, 252면.

■ 일본의 중요 판례 해설: 『학습책상사건(學習机事件)』[11)]

【사안의 개요】

X(원고)는 의장의 대상이 되는 물품을 책상으로 하는 의장(본건 등록의장)의 의장권자이다. Y(피고)는 책상부분과 책장부분으로 된 학습 책상(Y의장)을 제조 · 판매하고 있다. X는 Y에 대하여, Y의장의 책상부분의 의장은 본건 등록의장과 유사하고 그 실시는 X의 의장권을 침해하며, 설령 Y의장이 Y의 학습 책상에 관한 등록의장에 유사한 의장의 실시품이라고 하여도 Y의 실시의장은 Y의 등록의장의 선원에 해당하는 본건 등록의장을 이용한 것으로 본건 등록의장과의 관계에서 의장법 제26조[12)]가 말하는 이용관계 성립의 요건을 충족하므로 Y의 실시행위는 X의 의장권의 침해를 구성한다고 주장하여, Y의 학습 책상의 제조 및 판매 등의 금지를 청구하였다.

이에 대해 Y는 (1) 설령 책상 부분만을 비교한다고 하여도 Y의장과 본건 등록의장은 각 부분에 있어 중요한 차이가 있어 의장으로서 유사하지 않다. (2)설령 유사하다고 하여도 Y의장은 책장이 딸린 학습 책상으로서 일체 불가분한 의장이기 때문에 책상 부분의 의장과 책장 부분의 의장은 독립적으로 존재하는 것이 아니므로, 책상 부분의 의장을 전체로부터 분리하여 의장의 이용 유무를 논하는 것은 의장의 본질에 반한다고 주장하였다.

---

11) 大阪地判昭和46年12月22日無体裁集第3巻第2号414頁.

12) 일본 의장법 제26조(타인의 등록의장 등과의 관계)

① 의장권자, 전용실시권자 또는 통상실시권자는, 그 등록의장이 그 의장등록출원일전의 출원에 관한 타인의 등록의장 및 이것에 유사한 의장, 특허발명 및 등록실용신안을 이용하는 것일 때, 또는 그 의장권 중에 등록의장에 관한 부분이 그 의장등록출원일전의 출원에 관한 타인의 특허권, 실용신안권 및 상표권 및 그 의장등록출원일전에 발생한 타인의 저작권에 저촉될 때는 업으로서 그 등록의장을 실시할 수 없다.

② 의장권자, 전용실시권자 또는 통상실시권자는, 그 등록의장에 유사한 의장이 그 의장등록출원일전의 출원에 관한 타인의 등록의장 및 이것에 유사한 의장, 특허발명 및 등록실용신안을 이용하는 것일 때, 또는 그 의장권 중에 등록의장에 유사한 의장에 관한 부분이 그 의장등록출원일전의 출원에 관한 타인의 의장권, 특허권, 실용신안권 및 상표권 및 그 의장등록출원일전에 발생한 타인의 저작권에 저촉될 때는 업으로서 그 등록의장에 유사한 의장을 실시할 수 없다.

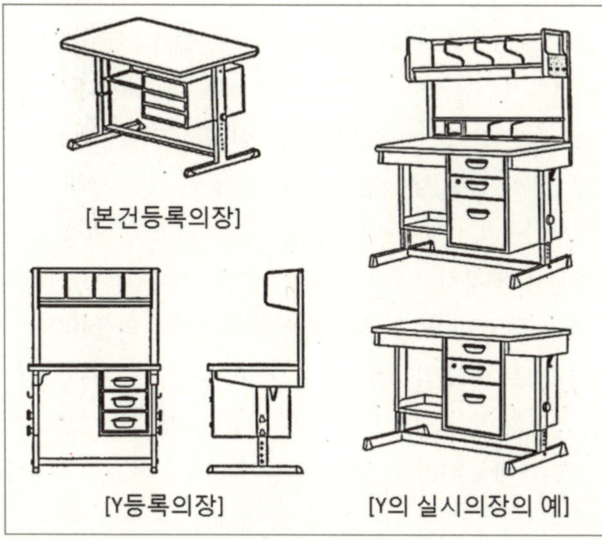

[본건등록의장]

[Y등록의장]

[Y의 실시의장의 예]

【법원의 판단】 청구인용

"본건 등록의장과 Y의장을 전체적으로 대비 관찰하면 본건 등록의장은 단순한 책상의 의장인 것에 대하여 Y의장은 책상에 책장을 결합하여 한 개의 물품이 된 학습 책상에 관한 의장이고, 두 의장의 물품은 동일하지 않고 Y의장은 단순한 책상만의 의장과는 다른 심미감을 불러일으킨다고 인정할 수 있기 때문에 의장 전체를 비교하면 두 의장은 유사하지 않다고 말할 수 있다."

"'의장의 이용'이란 어떤 의장의 구성 요소 중에 다른 등록의장 또는 이것에 유사한 의장의 전체의 특징을 파괴하지 않고 다른 구성 요소와 구별할 수 있는 태양을 포함하여, 이 부분과 다른 구성 요소와의 결합에 의하여 전체로서는 다른 등록의장과 유사하지 않은 한 개의 의장을 이루지만, 이 의장을 실시하면 필연적으로 다른 등록의장을 실시하는 관계에 있는 경우를 말한다고 해석하는 것이 타당하다.

의장법 제26조는 등록의장 상호간의 이용관계에 관하여 규정하고 있는

데, 의장의 이용관계에 관해서만 말하면, 다른 등록의장을 이용하는 의장은 반드시 의장등록을 받은 의장일 필요는 없고 의장의 이용관계는 등록의장과 미등록의장과의 사이에도 성립하는 것이며 타인의 등록의장 또는 이에 유사한 의장을 이용한 미등록의장의 실시가 타인의 해당 의장권의 침해를 구성하는 것은 물론이다. 그런데 의장권자는 등록의장 및 이것에 유사하는 의장을 실시할 수 있는 권리를 전유하기 때문에(의장법 제23조), 타인의 등록의장 또는 이에 유사한 의장을 이용한 의장이 우연히 자신의 등록의장 또는 이에 유사한 의장일 경우에는, 이용당한 쪽의 의장권자의 독점적 배타권과 이용하는 쪽의 의장권자의 실시권이 충돌하기 때문에 양자의 관계를 조정할 필요가 있다. 이와 같은 경우, 의장법 제26조는 양쪽의 등록의장 출원의 선후 관계에 따라 선원의 권리를 우선하게 하고, 후원의 등록의장 또는 이에 유사한 의장이 선원의 등록의장 또는 이에 유사한 의장을 이용하는 것일 때는 후원 의장권의 실시권으로 선원의 의장권의 배타권에 대항할 수 없다고 한 것이다."

"의장의 이용관계가 성립하는 태양을 나누면 다음의 두 가지가 된다. 첫 번째는 의장의 대상이 되는 물품이 다른 경우로써, A물품에 관하여 타인의 등록의장이 있는 경우에 이것과 동일 또는 유사한 의장인 A물품을 부품으로 하는 B물품의 의장을 실시하는 경우이다. 두 번째는 의장의 대상이 되는 물품이 동일한 경우로써, 타인의 등록의장에 형상, 모양, 색채 등을 결합하여 전체로서는 별개의 의장으로 한 경우이다. 어느 쪽의 경우에도 의장 중에 타인의 등록의장 전부의 특징이 파괴되지 않고 다른 부분과 구별할 수 있는 태양으로 존재할 것을 필요로 하며, 만약 이것이 혼연일체가 되어 구별할 수 없을 때는 이용 관계의 성립은 부정된다.

그런데 이상의 견지에서 본건을 보면, "Y의장의 학습 책상은 책상 부분과 책장 부분을 결합한 것으로써, 구성부품으로서 책상을 포함하며, 외관상 책상 부분과 책장 부분과는 확연히 구별할 수 있다. 따라서 만약 Y의장의 책상 부분이 본건 등록의장과 유사하다고 인정될 경우에 Y는 X의 등록의장과 유사한 의장인 책상을 부품으로 하는 학습 책상의 의장을 실시하는 것이 되어 이용 관계의 성립이 긍정된다."

"의장의 이용 관계의 유무는 두 의장의 전체관찰에서는 비유사인 것을 인정하면서 한 쪽의 의장 중에 다른 등록의장의 전부가 포함되어 있는지 아닌지를 문제로 하는 것이기 때문에, 그 판단은 한 개의 의장을 구성하는 일부가 등록의장전부와 동일 또는 유사하는가를 검토하는 것으로 이루어져야 한다. 따라서 의장의 이용 관념이 인정되는 이상, 이용 관계의 성부를 논함에 있어 한 개의 의장 일부를 분리하여 관찰의 대상으로 하는 것은 결코 의장의 본질을 벗어나는 것이 아니다."

"본건 등록의장과 Y의장의 책상부분을 대비해서 두 의장의 유사를 검토하면(…), Y의장은 본건 등록의장에 유사한 의장을 이용한 것이라고 말하지 않을 수 없다.", "그런데, Y의장이 Y의 학습 책상에 관한 등록의장에 유사한 의장이며, Y의장의 실시가 이 등록의장의 의장권을 근거로 한 실시라는 것에 관한 당사자 간의 다툼이 없지만, Y의 이 등록의장은 본건 등록의장의 후원이 되기 때문에 Y가 자신의 등록의장의 의장권을 근거로 하는 실시권으로 X의 본건 등록의장의 의장권을 근거로 하는 배타권에 대항할 수 없는 것은 의장법 제26조 제2항의 규정상 명확하기 때문에 Y의 실시 행위는 X의 본건 등록의장의 의장권을 침해한 것이라고 해야 한다."

【해설】

본건은 의장법 제26조가 규정하는 '의장의 이용'이 성립하는지 여부가 쟁점이 된 사안이다. 본판결은 Y의 책장이 딸린 책상은 책장이 없는 책상을 등록의장으로 하는 X의 의장권을 이용한 것이기 때문에 Y의 실시 행위는 X의 의장권을 침해한다고 판시하였다.

의장권자는 등록의장 또는 이에 유사한 의장의 실시권을 가지고 있는데, 다른 한편으로는 의장권자가 그 등록의장이 그 의장등록출원일전의 출원으로 타인의 등록의장 또는 이것에 유사한 의장, 특허발명 또는 등록실용신안을 이용하는 것일 때에는 업으로서 그 등록의장의 실시를 할 수 없다고 하고 있다(동법 제26조 제1항 전단). 그리고 등록의장에 유사한 의장에 관한 이용저촉관계에 관해서도 같은 규정을 두고 있다(동조 제2항 전단).

이용관계의 의의에 대하여 본건에서는 "어떤 의장의 구성 요소 중에 다른 등록의장 또는 이것에 유사한 의장의 전부의 특징을 파괴하지 않고 다른 구성 요소와 구별할 수 있는 태양으로 포함하여, 이 부분과 다른 구성 요소와의 결합에 의하여 전체로서는 다른 등록의장과 유사하지 않은 한 개의 의장을 이루지만 이 의장을 실시하면 필연적으로 다른 등록의장을 실시하는 관계에 있는 경우를 말한다"고 설시하고 있다.[13)] 반대로 말하면 이용되는 의장의 일부만이 실시되었을 경우에는 이용저촉관계가 성립하지 않는 것이 된다.[14)]

이용관계의 성립태양에 관하여 본판결에서는 (1) 의장의 대상이 되는 물품이 다른 경우와 (2) 의장의 대상이 되는 물품이 동일한 경우로써, 타인의 등록의장에 형상, 모양, 색채 등을 결합하여 전체로서는 별개의 의장이 된 경우를 들고 있다. 일반적으로 (1)를 부품ㆍ완성품형, (2)를 형태요소부가형이라고 한다.[15)] 본건에서는 책상에 관한 의장과 책장이 딸린 책상에 관한 의장이기 때문에 두 개의 의장의 물품이 다른 경우에 해당하므로 (1)의 부품ㆍ완성품형에 해당한다고 볼 수 있다.[16)] 그 외에 타인이 핸들에 관한 의장의 의장권자일 경우 그 핸들을 사용한 자전거의 의장에 관하여 의장등록을 받으려고 하는 경우를 들 수 있다. 이 경우 핸들의 의장권을 실시하지 않으면 자전거의 의장권을 실시할 수 없기 때문에 자전거의 의장권자는 자신의 의장권을 실시하고자 할 때는 핸들 의장의 의장권자에게 핸들의 의장권의 실시에 관하여 허락을 받아야 한다. 즉, (1)의 경우는 선원이 부품이고 후원이 완성품인 경우가 많다고 볼 수 있다.

(2)의 형태요소부가형은 형상, 모양, 색채 등의 결합으로 인하여 특이함이나 다른 인상을 부여하여 전체적으로 새로운 의장이 된다고 인정될 때

13) 名古屋高判昭和60年4月24日無体裁集第17巻第1号183頁(『두부완성기사건(豆腐仕上機事件)』)도 같은 취지의 판결을 내렸다.

14) 百選(高部真規子), 115頁.

15) 茶園[意](茶園成樹), 216頁

16) 百選(高部真規子), 115頁; 判例意匠法(亀井弘勝), 428頁.

유사성이 부정되어 등록을 받을 수 있다고 할 수 있다. 단 이 경우에도 상기 이용저촉관계의 의의에서 말한 경우에 해당되는 때에는 선원 의장권자의 허락을 얻을 필요가 있고, 허락 없이 실시하게 되면 의장권 침해를 구성하게 된다.

⑵의 형태요소부가형에 의한 이용 침해가 쟁점이 된 사안으로서 『기와사건(かわら事件)』이 있다.[17] 본건은 원고가 피고에 대하여, 피고가 제조ㆍ판매하는 피고 제품의 의장은 자신의 등록의장의 이용침해에 해당하기 때문에 피고 제품의 제조·판매에 의하여 얻은 부당이득반환을 청구한 사안이다. 재판소는 두 의장은 기초적 형상이나 부가적 형상은 유사하지만 원고의 등록의장은 모양이 없는 것을 요부로 하고, 피고 의장은 모양을 요부로 하고 있으며 피고 의장은 원고 의장의 요부를 포함하고 있다고 말할 수 없기 때문에 두 의장은 이용관계가 성립하지 않는다고 판시하여 원고의 청구를 기각하였다.

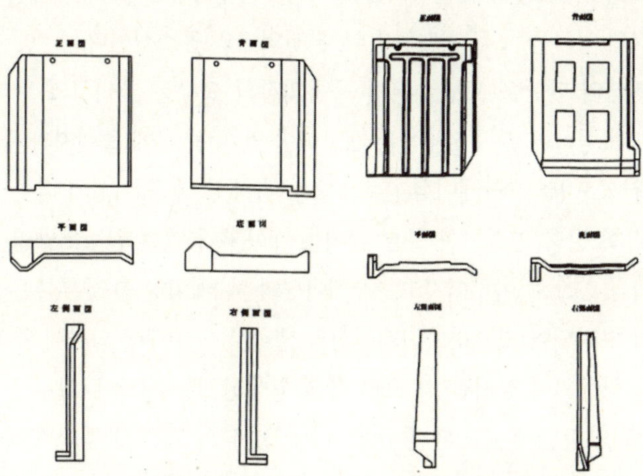

[원고의 등록의장] [피고 제품의 의장]

17) 福岡地小倉支部判昭和62年9月18日判タ第664号222頁.

의장권 침해를 피하기 위해서는 선원 의장권자의 허락을 필요로 하는데, 만약 타인의 등록의장의 실시에 관하여 통상실시권의 허락을 요구하였음에도 불구하고 권리자가 임의로 통상실시권의 허락을 하지 않았을 경우에는 재정실시권제도를 이용할 수 있다(의장법 제33조).[18]

■ 일본의 중요 판례 해설: 『감속기 사건(減速機事件)』[19]

【사안의 개요】

본건은 의장의 대상이 되는 물품을 '감속기'로 하는 의장(본건 등록의장)의 의장권(본건 의장권)을 가지고 있는 X(원고, 공소인)가 Y(피고, 피공소인)에 대하여, Y가 모터에 감속기를 단 제품(Y제품)을 제조 · 판매하는 등의 행위는 본건 의장권을 침해한다고 주장하여 Y제품의 제조 · 판매 금지 및 폐기를 요구하는 동시에 불법 행위에 의한 손해배상을 청구한 사안이다. 원심은 X의 청구를 모두 기각하였다. 본건의 X의 공소심이다.

원심의 판단을 보면, "본건 등록의장의 요부는 케이싱의 모터 쪽 끝의 구체적 형상에 있고 Y제품은 개방되어 있는 쪽 끝에 플랜지가 형성되어 있는 원통모양의 제1케이싱(감속기 부분)과 해당 제1케이싱의 다른 끝에 상기의 한쪽 끝을 연결하여 다른 끝에는 개구부가 있는 원주모양의 제2케이싱(모터 부분)으로 이루어지고, 제1케이싱과 제2케이싱 연결 부분은 나사에 의하여 고정되어 있으며, 제1케이싱의 팽출부의 존재에 의하여 얼마 안 되는 틈이 형성되어 있지만 그 모터 끝의 형상전체는 외부에서는 인식할 수 없다"고 인정한 뒤, ① 본건 등록의장의 대상이 되는 물품과 Y제품이 물품은 다르고, Y제품의 의장과 본건 등록의장은 동일 또는 유사하지 않다. ② 본건 등록의장의 요부는 Y제품의 의장 외부에서 인식할 수 없기 때문에 이용관계에 의한 침해도 인정할 수 없다고 하여 X의 청구를 모두 기

18) 逐条解説, 1127頁.

19) 東京高判平成15年6月30日平成15年(ネ)第1119号, 裁判所HP.

각하였다.

이에 대하여 Y는 "의장법은 의장이 가지는 '형태가치'를 보호하는 것이며, '형태가치'를 보호하기 위해서는 보호되어야 할 의장이 물품의 유통 과정에서 보이는지 그렇지 아닌지는 문제가 되지 않고, 모터와 감속기가 결합하는 '조립 장면'과 감속기가 부착된 모터로서 '사용되는 장면'에 주목해야 하며, 의장보호의 근거는 창작의 보호라고 해석해야 하고…자기의 상품에 타인의 의장 창작을 그대로 모용(冒用)하는 행위는 가령 최종적인 제품에서 타인의 의장이 외부에서 인식할 수 없어도 허용되어서는 안 되기 때문에…원심의 판단은 부당하다"고 주장하였다.

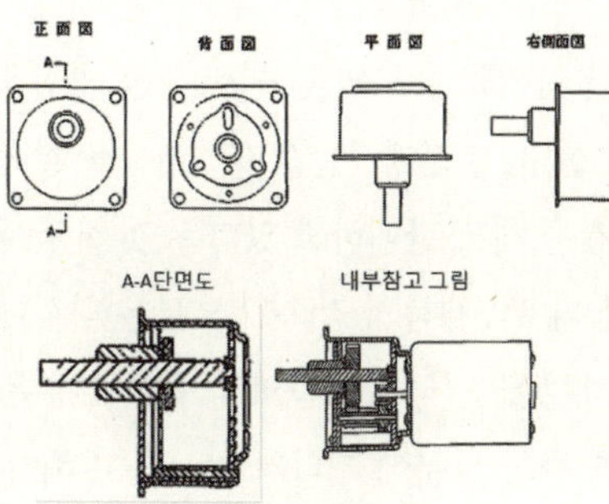

[본건등록의장]

[Y제품]

【법원의 판단】 공소기각

(1) 본건 등록의장과 Y제품의 의장과의 유사

"본건 등록의장의 대상이 되는 물품은 Y제품의 물품과는 다른 것이고, 또, 상기 인정한 대로 본건 등록의장과 Y제품전체의 의장의 공통점과 차이점에 의하면, 두 의장의 구성태양은 ① Y제품 전체의 구성태양이 제1케이싱(감속기 부분)뿐만 아니라, 그 지름과 거의 동일한 지름이며 그 길이의 약 2배의 길이인 제2케이싱과 연결된 것인 점, ② Y제품 전체의 구성태양은 본건 등록의장의 요부인 상기 케이싱의 모터 끝의 구체적인 형상…이 외부에서 인식할 수 없다는 점에서 크게 다르다고 할 수 있기 때문에 Y제품 중의 제1케이싱 기본적 구성태양이나 구체적 구성태양의 일부가 본건 등록의장의 그것들과 공통하다는 점을 충분히 참작한다 하여도 본건 등록의장과 Y제품의 의장은 전체로 볼 때 보는 사람에게 다른 미관을 주는 것이고, 두 의장이 유사하다고 할 수 없다."

"의장의 보호는 최종적으로는 산업의 발달에 기여하는 것을 목적으로 하는 것이기 때문에(의장법 제1조), 의장 보호의 근거는 해당의장의 대상이 되는 물품이 유통과정에서 거래의 대상으로 되는 경우에 거래자, 수요자가 해당의장의 대상이 되는 물품을 혼동하고, 잘못하여 물품을 구입하는 것을 방지함과 동시에, 상기 거래자 등의 혼동을 초래하는 행위를 규제함으로서 의장권자의 물품유통 시장에서 보호되어야 할 지위를 확보하는 것에 있다고 해석해야 한다. 그렇다면, 의장권 침해의 유무의 판단은 유통 과정에 있는 구체적인 물품을 대상으로 해야 한다. 본건에서는 Y가 Y제품을 감속기 부분과 모터 부분이 하나로 된 물건을 제조 판매하고 있다는 것은 당사자 사이에 다툼이 없고 앞에서 언급한 대로 Y제품의 감속기 부분은 나사에 의하여 모터 부분과 고정되어 있기 때문에, 결국 Y제품의 감속기 부분은 감속기가 부착된 모터라는 물품의 한 구성 부분에 지나지 않는다고 해야 한다. 따라서 Y제품의 감속기 부분만을 분리해서 본건 등록의장과의 유사판단의 대상으로 할 수는 없다."

"의장이란 물품(물품의 부분을 포함한다.)의 형상, 모양 및 색채 또는 이것들의 결합이며 시각을 통하여 미관을 일으키게 하는 것을 말하기 때문에(의장법 제2조 제1항), 외부에서 시각을 통하여 인식할 수 있는 것을 필요로 하며, 또한 앞에서 언급한 대로 의장보호의 근거는 해당의장의 대상이 되는 물품이 유통과정의 거래 대상이 되는 경우에 거래자, 수요자가 해당의장의 대상이 되는 물품의 혼동을 방지하는 것에 있다고 해석해야 하기 때문에, 결국 해당의장에 대상이 되는 물품의 유통 과정에서 거래자, 수요자가 외부에서 시각을 통하여 인식할 수 있는 물품의 외관만이 의장법의 보호의 대상이 되는 것이며, 유통 과정에서 외관상 보이지 않고 시각을 통하여 인식할 수 없는 물품의 숨겨진 형상은 고려할 수 없다고 해야 한다."

(2) Y제품에서의 의장의 이용관계

"X가 주장한 대로, 이용관계에 의한 의장권의 침해가 인정된다고 하여도, 앞에서 언급한 대로 Y제품의 전체 구성 태양에서는 본건 등록의장의 요부인 상기 케이싱의 모터 끝의 구체적인 형상…을 외부에서 인식할 수 없는 것이기 때문에 Y제품이 본건 등록의장을 이용 내지 포함하고 있다고 할 수는 없다."

【해설】

본건은 의장의 대상이 되는 물품을 '감속기'로 하는 의장의 의장권자인 X가 감속기가 부착된 모터를 제조 판매하는 Y에 대하여 의장권침해를 근거로 금지청구와 손해배상청구를 구한 사안이다. 감속기는 Y제품의 부품이기 때문에 두 의장의 관계는 부품과 완성품의 관계에 있다고 말할 수 있다.

본판결에서는 본건 등록의장과 Y제품은 물품 및 구성태양이 유사하지 않다고 판단하고 있고 X도 이를 인정하고 있다. 그래서 X는 본건 등록의장의 침해 판단 대상을 Y제품의 감속기 부분이라고 주장하였다고 본다. 이에 대하여 본판결은, 의장보호의 근거는 유통과정의 물품혼동 방지에 있다는 것을 이유로[20] 두 의장은 유통과정에 놓인 구체적 물품이 다르기 때문에 유사판단의 비교대상이 될 수 없다고 하였다.

일반적으로 의장권침해 판단의 대상 제품은 의장법 제2조 제3항의 실시행위가 행하여진 제품 전체를 말한다. 하지만 1998년(평성10년) 의장법 개정에 의하여 부분의장제도가 도입됨에 따라 침해판단의 비교대상도 제품전체의 의장뿐만 아니라 제품전체의 부분 의장이 존재하게 된다. 통설 · 판례는 비

20) 의장보호의 근거를 유통과정에서의 혼동방지라고 언급한 것에 대하여 비판적인 견해로서 茶園成樹, "判批", 『パテント』(第100巻第12号), 日本弁理士会, 2003, 108頁; 牛木理一, 『意匠権侵害-理論と実務-』, 経済産業調査会, 2003, 579頁.

교대상제품의 구성부분이 침해판단의 대상이 되는 경우가 있는데, 그것은 비교대상제품에 등록의장이 이용되는 관계에 있는 경우라고 설명하고 있다.[21]

통상적으로 의장의 이용이란 "어떤 의장의 구성 요소 중에 다른 등록의장 또는 이것에 유사한 의장의 전부의 특징을 파괴하지 않고 다른 구성 요소와 구별할 수 있는 태양으로 포함하는…경우를 말한다"라고 정의하고 있고,[22] 본건과 같이 부품과 완성품 관계에 있는 의장이 이용관계가 성립하는 전형적인 예라고 언급하고 있다.[23] 즉, 부품과 완성품을 대비하면 물품이 달라서 의장전체로서는 유사하지 않지만 완성품을 구성하는 부품부분이 부품의 등록의장과 대비하여 두 의장이 동일 또는 유사하고 부품의 등록의장이 완성품의 의장에 이용되어 있을 경우에는 의장권의 침해가 성립한다.[24]

반면, 다른 구성요소와 구별할 수 없는 경우는 부품의 의장의 실시를 관념할 수 없기 때문에 이용관계의 성립은 부정된다고 할 수 있다. 단 의장권자가 이용관계를 근거로 침해판단의 대상이 되는 제품이나 의장을 자유롭게 선택할 수 있다고 한다면 제품을 제조 · 판매하는 제3자는 자신의 행위가 어떤 의장권에 저촉되는가에 대한 예견가능성이 없어 법적으로 불안정한 상태에 놓이게 된다. 이 점, 상기 이용의 정의를 참조함으로써 제3자는 어떤 경우에 자신의 제품의 구성부분이 침해판단의 대상이 되는가에 대한 예측가능성을 가지게 된다.[25] 본판결에서는 "Y가 Y제품을 감속기 부분과 모터 부분이 하나로 된 물건을 제조 판매하고 있다는 것은 당사자 사이에 다툼이 없고 앞에서 언급한 대로 Y제품의 감속기 부분은 나사에 의하여 모

21) 茶園成樹, "判批", 『パテント』(第100巻第12号), 日本弁理士会, 2003, 108頁; 牛木理一, 『意匠権侵害-理論と実務-』, 経済産業調査会, 2003, 105頁.

22) 관련 재판례로서 大阪地判平成46年12月22日無体裁集第3巻第2号414頁 등이 있다.

23) 斎藤, 319頁 등.

24) 茶園成樹, "判批", 『パテント』(第100巻第12号), 日本弁理士会, 2003, 108頁; 牛木理一, 『意匠権侵害-理論と実務-』, 経済産業調査会, 2003, 106頁.

25) 茶園成樹, "意匠の利用について", 『知的財産法研究』(第44巻第3号), 専工業所有権研究所, 2003, 6頁.

터 부분과 고정되어 있다"고 하여 본건 등록의장의 일부가 외부에서 인식할 수 없는 것이기 때문에 이용관계가 없다고 판단하였다. 본건의 공소심도 원심의 판결을 지지하였다.[26)]

한편 완성품의 부품이 내장되어 부품의 의장 전부가 외부에서 인식할 수 없을 때에는 시각성 요건이 부정되므로 처음부터 부품의 의장은 실시되지 않은 것으로 봐야 한다.[27)]

일부가 외부에서 보이지 않는다고 하여도 이용관계가 성립한다고 판단한 재판례로서 『톱용배금사건(鋸用背金事件)』이 있다.[28)] 이 사안은 본건 등록의장을 '톱용배금(背金)'으로 하는 의장의 의장권자인 원고가, 톱용배금(피고의장1)을 파지자루에 삽입 · 고정한 톱자루(피고의장2)를 의장의 물품으로 하며 그 완성품인 톱(피고의장3)을 제조 · 판매하는 피고에 대하여 손해배상을 청구였는데, 본판결은 "피고의장1이 본건 등록의장의 요부를 구비하여 유사하다고 한 뒤, 이용관계에 관하여 중자(슴베)부가 파지자루에 삽입되어 외부에서 보이지 않는다고 하여도, (피고의장1)의 일부를 실시하고 있는 것에 지나지 않는다고 말할 수 없다. 만약 의장의 일부를 실시하고 있는 것에 지나지 않는다고 하면, 어떤 선원의장권의 대상인 부품(예를 들면 자전거의 핸들)을 후원의장권의 대상인 본건(자전거)에 결합하여 사용하는 경우, 이 결합 부분은 외부에서 보이지 않는 것이 통상이기 때문에, 선원부품을 후원본체에 사용하는 경우는 의장법 제26조가 적용되는 경우가 거의 없어지는 결과가 되어 선원부품의 의장권 보호를 다할 수 없는 것이 된다"고 판시하여 이용관계를 긍정하였다.

---

26) 東京高判平成15年6月30日(平成15年(ネ)第1119号), 裁判所HP.

27) 茶園[意](茶園成樹), 218頁.

28) 大阪高判平9月16日無休裁集第14巻第3号571頁.

Ⅱ. 간접침해

■ 일본의 중요 판례 해설: 『발판용틀사건(足場板用枠事件)』[29]

【사안의 개요】

X(원고)는 의장의 대상이 되는 물품을 '발판용틀'로 하는 의장권(본건 의장)과 본건 의장의 유사의장 3건의 의장권자이다. '발판용틀'은 건설공사현장에서 H형강을 단면이 H형인 상태를 이용한 대들보 위에 발판을 지지하고 난간을 가설하기 위하여 이용되는 물품이며, 본건 의장은 유사의장의 합체로 이루어져 있다. Y(피고)는 발판용틀(Y제품, Y의장)을 업으로서 제조·판매하며 다른 회사에 리스하고 있다.

본건은 X가 Y에 대하여, Y제품의 제조·판매 등은 자신의 의장권의 직접침해 및 간접침해에 해당한다고 하여 Y제품의 제조·판매 등의 금지 및 손해배상을 청구한 사안이다. 여기서는 간접침해를 중심으로 설명하기로 한다.

X는, Y제품의 리스를 받은 건설업자 등의 이용자가 Y제품의 난간기둥 기립부에 폴이나 짧은 또는 긴 라지텟슬(자유로운 신축이 가능한 난간, 상품명)을 세운 상태로 사용하는 것(폴을 사용한 상태가 A의장, 짧은 라지텟슬을 상태가 B의장, 긴 라지텟슬을 상태가 C의장)은 본건 등록의장과 유사하고, Y제품은 본건 등록의장에 유사한 의장의 대상이 되는 물품의 제조에만 사용하는 것이 되므로 Y의 행위는 의장법 제38조[30]의 간접침해행위에 해당한다고 주장하였다.

재판소는 "본건 등록의장과 Y의장의 구성에 관하여 이하와 같이 사실

---

29) 東京地判平成9年12月12日判時第1641号115頁.

30) 일본 의장법 제38조(침해로 간주하는 행위) 다음의 행위는 해당의장권 또는 전용실시권을 침해하는 것으로 본다.

1. 업으로서 등록의장 또는 이것에 유사한 의장의 대상이 되는 물품의 제조에만 사용하는 물건의 생산, 양도 등(…) 및 수입 또는 양도 등의 제안(…)을 하는 행위
2. 등록의장 또는 이것에 유사한 의장의 대상이 되는 물품을 업으로서의 양도, 대여 또는 수출을 위하여 소지하는 행위

인정을 하고 있다. 우선, 본건 등록의장의 구성에 관하여, '본건 등록의장의 기본적 구성태양은 막대모양의 수평지지봉과 그 한 쪽 끝에서 직각으로 위쪽을 향하는 난간기둥이, 옆에서 보면 L자형 또는 역L자형 (단순히 'L자형'이라고 함) 의 형상을 이루고, 옆에서 보면 거의 삼각형인 수평설치부품이 그 수평관상부분에서 수평 지지봉을 덮는 외부관으로서 수평 지지봉에 대하여 자유롭게 슬라이드할 수 있게 배치된 것이며, 그 구체적 구성태양은 수평설치부품의 일부인 대들보 고정부가 오른쪽 측면에서 볼 때 좌하향판가 매우 짧은 7자에 가까운 형태로, 대들보부고정부의 우하향판와 수평관상부분과 수평관상부분의 오른쪽 끝에서 앞의 우하향판의 중간 정도에 걸치어 비스듬히 설치된 보강봉이 속이 빈 직각삼각형 모양으로 구성되고 또한, 수평지지봉의 다른 쪽 끝의 수평지지부가 아래쪽으로 향하는 판자 모양의 2장의 돌기부를 갖추며 수평지지봉의 끝을 덮는 형태로 설치되어 있는 것이다."

다음은 Y의장의 구성에 관하여, "Y의장의 기본적 구성태양은, 막대모양의 수평지지봉과 그 한 쪽 끝에 있어서 직각으로 지극히 짧은 난간기둥기립부가 있고, 측면에서 볼 때 거의 삼각형을 이루는 수평설치부품이 그 수평관상부분에서 수평지지봉을 덮는 외부관으로서 평지지봉에 대하여 자유롭게 슬라이드할 수 있게 배치된 것이며, 그 구체적 구성태양은 오른쪽 측면에서 볼 때, 수평설치 부품의 일부인 대들보부고정부의 왼쪽 끝 테두리를 구성하는 판자가 비교적 큰 삼각형 모양을 이루고 그 삼각형상의 판자 하부에는 고정 나사가 배치되어 대들보부고정부의 오른쪽 끝 테두리를 구성하는 하향판(下垂板)와 수평관상부분과 수평관상부분의 오른쪽 끝에서 상기 하향판의 하단에 걸쳐서 비스듬히 설치된 보강봉이 속이 빈 직각삼각형 모양으로 구성되며 수평지지봉의 다른 쪽 끝의 수평지지부에는 수평지지봉에서 직접 위쪽과 아래쪽을 향하여 판자모양의 돌기가 갖추어진 것이 인정된다."

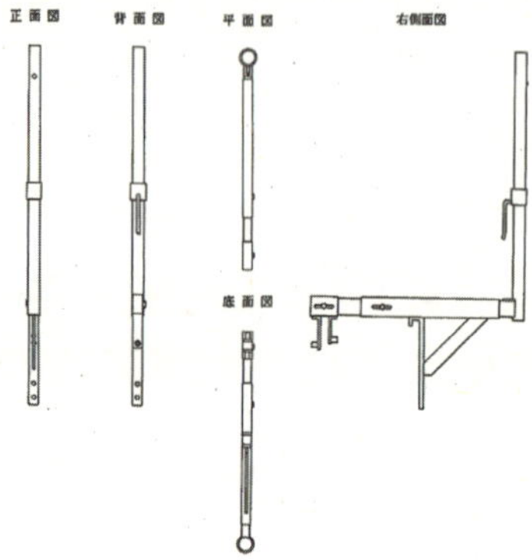

[본건등록의장]

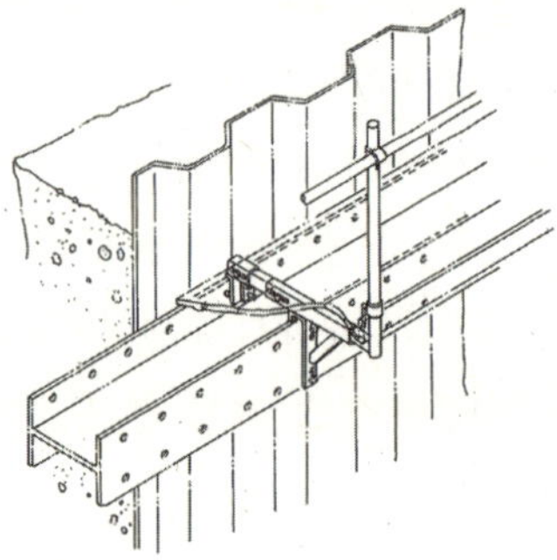

[사용상태를 나타낸 참고 그림]

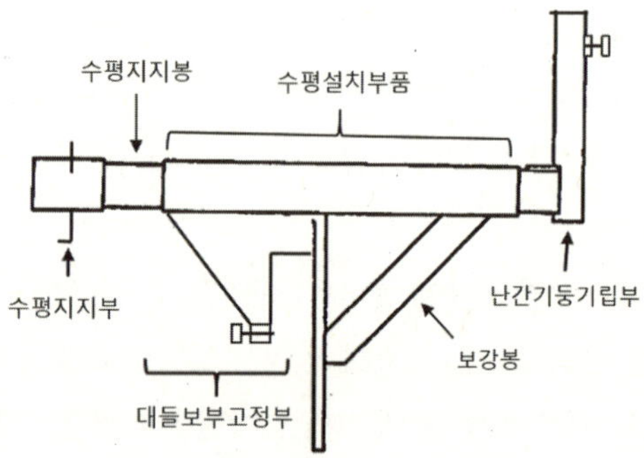

[Y제품의 참고 그림]

【법원의 판단】 청구기각

(1) 본건 등록의장의 요부에 관하여, 본건 등록의장의 대상이 되는 물품은 발판용틀인데, 변론의 전 취지에 의하면, 구체적으로는 건설공사현장에서 H형강을 단면이 H형인 상태, 즉 H형강을 구성하는 2장의 평행한 외측판이 상하 방향으로 서 있고 중간의 판면이 수평이 되는 상태('띠장'이라고 한다)에서 이용되는 대들보 위에 발판을 지지함과 동시에 난간을 가설하는 발판용틀이며, 이 경우 이 의장의 대상이 되는 물품은 2장의 외측판의 위쪽을 향한 끝부분에 고정되는 것이라고 인정할 수 있다.

이와 같은 본건등록의장의 대상이 되는 물품의 용도, 기능 등으로 보아서 이 물품에 대하여 보는 사람의 주의를 끄는 요부는 앞에서 언급한 상기 기본적 구성태양 및 구체적 구성태양 양쪽이라고 인정할 수 있다.

⑵ 간접침해에 관하여, "…증거에 의하면…Y제품은 짧은 또는 긴 라지 텟슬을 세운 형태 및 아무것도 설치하지 않은 상태로 공사 현장에서 사용되고 있다고 말할 수 있다.

X는, 라지텟슬은 통상의 파이프로 된 난간기둥에 비하여 리스료가 현저하게 높기 때문에 이것을 이용자가 사용하는 것은 경제적 합리성의 관점에서 통상적으로 있을 수 없고, 상기의 사용은 부자연스러우며 Y제품을 라지텟슬과 함께 사용하는 것은 실용적인 용도가 아니라고 주장한다. 그러나 상기 언급한 대로 현실적으로 제3자가 시공하는 공사 현장에서 Y가 리스한 Y제품이 라지텟슬과 함께 또는 그대로 사용되고 있으므로 그 사용을 본건 소송의 증거로 하기 위하여 일부러 만들어 낸 것이라는 등 부자연스럽다고 인정할 만한 특별한 증거도 없으므로 X의 주장은 채용할 수 없다."

⑶ 본건 등록의장과 B의장과의 공통점과 상이점에 의하면, "…요부인 기본적 구성태양을 비교해 보면, 본건 등록의장에서는 …L자형의 형상을 하고 있는 것에 비하여, B의장에서는 위쪽을 향한 지지봉이 수평지지봉과 측면에서 보았을 때 L자형의 형상이 될 뿐만 아니라 지지봉의 상단부 및 중간부에서 정면으로 보았을 때 왼쪽방향으로 지지봉보다 짧은 2개의 측면난간이 나와 있고, 정면에서 볼 때 전체는 거의 거꾸로 된 F자 형상을 하고 있는 점에서 두 의장은 크게 다르므로 본건 등록의장과 B의장과는 전체로서 보는 사람에게 다른 미감을 주는 것으로 두 의장이 유사하다고 말할 수는 없다."

"본건 등록의장과 C의장과는 요부인 기본적 구성태양에서, C의장에서는 지지봉의 상단부 및 중간부에서 정면을 볼 때 왼쪽방향으로 지지봉보다 긴 2개의 측면난간이 나와 있고, 왼쪽 끝 가까이에 상하의 측면난간사이에 보강봉이 설치되어 있는 동시에, 정면에서 볼 때 오른쪽 방향으로 지지봉보다 2개의 측면난간이 나와 있어 정면에서 볼 때 전체는 한쪽 기둥이 없는 신사의 기둥문 형상을 하고 있는 것에 비하여, 본건 등록의장에는 이 것에 대응하는 부분이 없으므로 두 의장은 요부인 기본적 구성태양에서 크게 다르기 때문에, 전체로서 보는 사람에게 다른 미감을 주므로 B의장과 같이 두 의장이 유사하다고 말할 수는 없다."

"X는 라지텟슬의 측면난간은 별도의 목적을 가진 부분이 부가된 것에 지나지 않는 것이기 때문에, 측면난간이 있다고 하여도, B의장, C의장이 본건 등록의장에 유사하지 않다고는 말할 수 없다는 취지의 주장을 한다. 그러나 앞에서 언급한 대로 측면난간 부분은 B의장 및 C의장의 요부인 기본적 구성 태양을 이루는 것이며 이 부분의 유무에 의하여 B의장 및 C의장이 전체로서 보는 사람에게 주는 미감이 다른 것이 되기 때문에 당연히 의장의 유사판단에서 고려해야 한다."

"이상에 의하면, …B의장, C의장은 본건 등록의장과 유사하지 않고, Y제품은 라지텟슬을 세우는 용도에도 사용할 수 있으며, 또한 Y의장은 본건 등록의장과 유사하지 않고 Y제품은 그 상태로도 사용할 수 있기 때문에 남은 쟁점은 판단할 필요도 없이 Y제품은 본건 등록의장에 유사한 의장의 대상이 되는 물품의 제조에만 사용하는 물건에 해당한다고 인정할 수 없으므로 X의 간접침해 주장은 이유가 없다."

【해설】

본건은 일본에서 처음으로 의장권의 간접침해가 판단된 사안이다.[31] '간접침해'는 강학상 직접침해에 대비되는 개념으로 사용되는 용어로서, 등록의장과 동일 · 유사한 의장의 실시를 요구하는 직접침해만을 규제하여서는 의장권의 실효적인 보호가 되지 않기 때문에 직접침해를 일으킬 개연성이 높은 일정한 행위(예비행위 또는 방조행위)를 의장권 침해로 간주하여 의장권의 효력을 강화하는 것을 말한다.[32]

---

31) コンメンタール意匠法(藤田晶子), 561頁.

32) 茶園[意](茶園成樹), 220頁.

동법 제38조는 간접침해의 요건으로써 ① 해당 물건을 사용하여 제조되는 물품이 '등록의장 또는 이것에 유사한 의장의 대상이 되는 물품'일 것, ② 해당 물건은 그 물품이 제조 '에만' 사용되는 것일 것을 요구하고 있다.

간접침해의 성립에 관하여 직접침해의 성립을 필요로 하는가가 자주 논의된다. 직접침해의 성립이 없어도 간접침해의 성립을 인정하는 독립설[33]이나 간접침해의 성립에는 직접침해의 성립을 필요로 하는 종속설[34]의 대립 속에서 종속설이 통설적인 지지를 얻어 왔었으나, 현재에는 종속설 · 독립설의 분류만으로는 구체적 사안에 적절한 적용을 할 수 없다고 하여 직접침해가 성립하지 않는 이유를 고려하여 사안별로 판단하는 절충설(수정설)[35]이 유력하다고 할 수 있다.[36] 단, 본건에서는 B의장과 C의장을 대상으로 직접침해의 판단을 하고 있으므로 상기 종속설을 근거하여 판단한 것이라고 볼 수 있다.[37]

본 판결은 ①의 요건을 충족하는가에 관하여, 아무것도 설치하지 않은 Y제품 자체의 의장과 F자 형상 또는 정면에서 볼 때 한쪽 기둥이 없는 B의장 · C의장은, 측면에서 볼 때 측면난간과 수평 지지봉에 의하여 L자형의 형상을 하고 있는 본건등록의장과의 비교에서, 본건등록의장의 요부인 기본적 구성태양이 달라서 전체적으로 유사하지 않다고 하여 ②의 요건이 충족하지 않음을 판시하였다. 의장의 유사판단에 관하여 재판실무는 비교대상이 되는 두 의장의 기본적 구성태양 및 구체적 기본태양을 판정한 후, 보는 사람의 주의를 끄는 부분(요부)이 어디에 있는지를 결정하고, 그 요부의

---

33) 東京地判昭和56年2月25日判時第1007号72頁 등.

34) 牧野利秋編(松尾和子), "間接侵害(2)-間接侵害行為", 『裁判実務大系9 工業所有権訴訟法』, 青林書院, 1985, 271頁등; 大阪地判平成1年4月24日判時第1315号120頁 등.

35) 中山信弘, 『特許法[第2版]』, 弘文堂, 2012, 413頁; 注解意匠法(青柳昤子), 483頁.

36) 茶園[意](茶園成樹), 222頁. 또한, 大阪地判平成12年10月24日判タ第1081号270頁 『제빵기사건(製パン器事件)』은 특허권에 관한 사안이지만 의장권에도 동일하게 적용될 수 있다. 이 사안에 의하면 의장의 실시가 외국에서 이루어지는 경우는 국내의 의장권의 효력이 외국에 미치지 않아 의장권 침해가 성립할 수 없으므로, 그 외국에서의 실시에 사용되는 물건을 국내에서 제조 · 양도를 한다고 하여도 간접침해가 성립되지 않는다고 할 수 있다.

37) 判例意匠法(松尾和子), "間接侵害", 839頁; 百選(佐藤恵太), 117頁.

공통점 유무를 검토하여 두 의장이 보는 사람에게 다른 미감을 주는지 여부의 판단을 통하여 결론을 이끌어 내고 있다.[38] 상기 본판결의 흐름에서 알 수 있듯이 본건도 이 수법을 채용하고 있다고 볼 수 있다.[39]

②의 요건인 '에만'에 해당하는지에 관하여는, Y제품은 난간기둥기립부에 폴을 설치하는 등의 사용태양 이외에 라지텟슬을 설치하여 사용하는 경우 및 Y제품을 그대로 사용하는 경우가 현실적으로 있다는 사실인정을 통하여 '에만'에 해당하지 않는다고 하였다. 특허법 제101조 제1항 제1호의 '에만'의 판단에 관하여는, '에만'은 특허발명의 실시이외의 용도가 전혀없다는 엄격한 의미가 아니고 다른 상업적, 경제적으로 실용성 있는 용도가 없다는 의미로 해석되고 있다.[40] X도 본건에서 아무것도 설치하지 않은 Y제품은 본래의 기능에 맞지 않는 용법이며, 경제적 실용적이지 않고 라지텟슬의 사용은 비용이 비싸다는 등의 이유로 경제적 합리성이 결여된다고 하여 상기 특허법상의 해석에 유사한 취지의 주장을 하였는데, 본판결은 Y제품의 사용태양에 관하여 주관적 · 추상적인 판단이 아니라 실제로 현재 시장에서 '의장의 대상이 되는 물품의 제조에만 사용하는 물건'인지라는 객관적 증거에 근거한 판단을 하고 있다. 즉, Y제품은 본건 등록의장과 다른 다수의 경제적 · 실질적 목적을 위한 사용예가 있다는 이유가 간접침해를 부정하는 결정적 근거가 되었다고 볼 수 있다.[41]

이상에서 보듯이 본건은 특허법의 해석을 참고로 의장권의 간접침해를 판단한 사안으로써 일본의 의장법제도를 이해하는 데 참고가 될 것으로 본다.

---

38) 百選(平嶋竜太), 105頁에서는 본문 내용을 언급한 후, 그 전제로써 의장전체를 관찰 대상으로 하여 물품의 성질, 목적, 용도, 사용태양 등을 고려한다고 설명하고 있다. 茶園[意](茶園成樹), 106, 109頁에서도 같은 취지를 설명하고 있다.

39) 判例意匠法(松尾和子), "間接侵害", 842頁.

40) 注解[下](渡辺光), 1481頁; 高林竜, 『標準特許法[第4版]』, 有斐閣, 2011, 168頁.

41) 百選(佐藤恵太), 117頁.

제6장

기타

제1절 병행 수입과 권리의 소진
제2절 선사용권
제3절 비밀유지명령
제4절 무효의 항변
제5절 금반언의 원칙

제1절 병행 수입과 권리의 소진

병행수입이란 특정국가에서 지식재산권자 혹은 그로부터 동의를 받은 자가 아님에도 해당 국가로 당해 지식재산권 물품을 수입하는 행위를 통칭하는 말이다.[1] 외국에서 특허제품이 적법하게 생산, 판매된 경우 그 제품에 대한 내국 특허권도 소진하는가의 문제, 혹은 진정상품을 수입·판매하는 것이 내국 특허권이나 상표권 등을 지식재산권을 침해하는가에 대한 병행수입의 문제가 논의된다.[2]

특허소진이란 특허권 그 자체가 무효로 되는 것이 아니라 특허권 그 자체 는 여전히 유효하게 존속하지만, 그 특허권이 화체된 특허제품에 대하여만 침해주장을 할 수 없다는 것을 의미한다.[3] 특허제품의 일부를 구성하는 부품의 제조·판매행위와 관련한 사건인 대법원 1996. 11. 27.자 96마365 결정[4]과 대법원 2001. 1. 30. 선고 98후2580 판결[5]에서 각각 토너 카트리지 제조·판매와 감광드럼 카트리지 제조·판매행위가 레이저 프린터에 관한 특허권의 간접침해에 해당된다고 판시한 바 있다. 그러나 우리

1) 박준석, "상표상품만의 병행수입론의 논의를 넘어 특허-상표-저작권 전반의 권리소진 이론으로", 『저스티스 통권 제132호』, 한국법학원, 2012, 200면.

2) 송영식 외, 537면.

3) 윤선희, "특허소진의 의의와 그 논거에 관한 연구", 산업재산권 (제27호), 한국산업재산권법학회, 2008, 135면.

4) 이 사건에서 대법원은 "특허발명의 대상이거나 그와 관련된 물건을 사용함에 따라 마모되거나 소진되어 자주 교체해 주어야 하는 소모부품일지라도, 특허발명의 본질적인 구성요소에 해당하고 다른 용도로는 사용되지 아니하며 일반적으로 널리 쉽게 구할 수 없는 물품으로서 당해 발명에 관한 물건의 구입시에 이미 그러한 교체가 예정되어 있었고 특허권자측에 의하여 그러한 부품을 따로 제조·판매하고 있다면, 그러한 물건은 특허권의 간접침해에서 말하는 '특허 물건의 생산에만 사용하는 물건'에 해당한다"고 판시하였다.

5) 특허발명을 채택한 레이저 프린터에 사용되는 소모부품인 (가)호 발명의 감광드럼카트리지가 특허발명의 본질적 구성요소이고 다른 용도로는 사용되지도 아니하며 일반적으로 널리 쉽게 구입할 수도 없는 물품일 뿐만 아니라 레이저 프린터 구입시에 그 교체가 예정되어 있었고 특허권자가 그러한 감광드럼카트리지를 따로 제조·판매하고 있으므로 특허발명의 물건의 생산에만 사용하는 물건에 해당하여 (가)호 발명이 특허발명의 권리범위를 벗어날 수 없다고 하였다(대법원 2001.01.30. 선고 98후2580 판결 권리범위확인(특)).

나라에서는 부품의 교환과 관련된 특허침해사건이 문제된 바 없다. 그러나 상표권의 소진과 소진의 제한범위 및 그 판단 기준이 문제된 사례가 있다. 이 사건에서 대법원은 특별한 사정이 없는 한 상표권자 등이 국내에서 등록상표가 표시된 상품을 양도한 경우에는 상표권은 그 목적을 달성한 것으로서 소진되어 상표권의 효력이 미치지 않는다고 보았다. 다만, 원래 상품과의 동일성을 해할 정도의 가공이나 수선 등이 있으면, 이는 실질적인 생산행위와 동일한 것으로 보아 침해행위에 해당된다고 판시하였다. 그리고 동일성을 해할 정도의 가공이나 수선으로서 생산행위에 해당하는가의 여부는 당해 상품의 객관적인 성질, 이용형태 및 상표법의 규정취지와 상표의 기능 등을 종합하여 판단하여야 한다고 판시한 바 있다(대법원 2003.04.11. 선고 2002도3445 판결).

이러한 병행수입과 소진이론은 디자인권이 있는 물품에도 적용될 여지가 있고, 지식재산법에 미치는 영향이 크고 법리적인 이해가 필요하다. 이하에서는 특허소진이 문제된 사례이긴 하지만, 일본의 '잉크탱크 사건'과 'BBS사건'을 소개한다.

■ 일본의 중요 판례 해설: 『잉크탱크사건(インクタンク事件)』[6)]

【사안의 개요】

X(원고, 공소인, 피상고인)는 잉크젯프린트용 잉크탱크의 발명(본건 발명)에 관하는 특허권(본건 특허권)을 가지고 있고 본건 발명의 실시품(X제품)을 제조 · 판매하고 있다. Y(피고, 피공소인, 상고인)은 본건 발명의 기술적 범위에 속하는 잉크탱크(Y제품)를 소외A로부터 수입 · 판매하고 있다. Y제품은, X가 일본에서 양도(판매)하거나, 또는 X 및 그 관련회사가 국외에서 양도(판매)한 X제품의 사용이 끝난 제품을 회수하여 잉크를 재충전한 제품이다.

---

6) 最判平成19年11月8日民集第61巻第8号2989頁.

본건은 X가 Y를 상대로 Y제품의 수입 · 판매 등의 금지 및 폐기를 청구한 소송이다.

제1심은 X의 청구를 기각하였는데 원심은 제1심을 취소하여 X의 청구를 인용하였기 때문에 Y가 상고하였다.

【법원의 판단】 상고기각

"특허권자 또는 특허권자로부터 허락을 받은 실시권자(특허권자 등)이 국내에서 특허제품을 양도한 경우에는 해당특허제품에 대한 특허권은 그 목적을 달성하여 소진한 것으로서, 이미 특허권의 효력은 해당특허제품의 사용, 양도 등(…)에는 미치지 못하고, 특허권자는 해당특허제품에 관한 특허권을 행사할 수 없다고 해석하는 것이 타당하다. 이 경우 특허제품을 양도할 때 마다 특허권자의 허락을 필요로 한다면 시장에서의 특허제품의 원활한 유통을 방해할 수 있어, 도리어 특허권자의 이익을 해치고, 나아가서는 특허법 제1조 소정의 특허법 목적에도 반하게 되는 한편, 특허권자는 특허발명의 공개에 대한 보상을 확보할 기회가 이전에 보장되어 있다고 할 수 있고, 특허권자 등으로부터 양도된 특허제품에 대하여 특허권자가 그 유통과정에서 이중으로 이득을 취하는 것을 인정할 필요성은 존재하지 않는다(最高裁平成9年7月1日第3小法廷判決 · 民集第51巻第6号2299頁 参照)."

"그렇지만, 특허권의 소진에 의하여 특허권의 행사가 제한되는 대상은 어디까지나 특허권자 등이 국내에서 양도한 특허제품 바로 그것에 한정되는 것이기 때문에 특허권자 등이 국내에서 양도한 특허제품을 가공하거나 부품을 교환함으로써 해당특허제품과 동일성이 없는 특허제품을 새롭게 제조한 것이라고 인정되는 경우, 특허권자는 그 특허제품에 대하여 특허권을 행사할 수 있다고 해야 한다. 그리고…특허제품이 새로운 제조에 해당하는지 아닌지에 대해서는 해당특허제품의 속성, 특허발명의 내용, 가공 및 부품의 교환 태양 이외에 거래의 실정 등도 종합 고려하여 판단해야 하고, 해당특허제품의 속성으로서는 제품의 기능, 구조 및 재질, 용도, 내용기간, 사용태양이 고려의 대상이 되고, 가공 및 부품의 교환 태양으로서는 가공 등이 되었을 때의 해당특허제품의 상태, 가공의 내용 및 정도, 교환된 부품의 내용기간, 특허제품 중에 있어서의 해당부품의 기술적 기능 및 경제적 가치가 고려의 대상이 된다." (괄호 필자)

본건의 적용에 있어서는 이하의 이유로 특허권은 소진하지 않고 X의 특허권 행사를 인정한다고 판단하였다.

"…Y제품의 제품화 공정에서의 가공 등의 태양은, 단지 소비된 잉크를 재충전한 것에 머물지 않고 사용이 끝난 본건 잉크 탱크 본체를 재사용하여 본건발명의 본질적부분에 관련된 구성(…)이 없는 상태의 물건을 다시 충족하게 하는 것이라고 말할 수 있어서 본건발명의 실질적인 가치를 재실현하고 개봉전의 잉크 누설 방지라는 본건발명의 작용 효과를 새롭게 발휘하게 하는 것이라고 평가할 수 있다."

"이외에, 잉크탱크의 거래실정 등 상기 사실관계 등에 나타난 사정을 종합적으로 고려하면, Y제품에 대해서는, 가공전의 X제품과 동일성이 없는 특허제품이 새롭게 제조된 것이라고 하는 것이 타당하다. 따라서 특허권자 등이 국내에서 양도, 또는 국내의 특허권자 등이 국외에서 양도한 특허제품인 X제품의 사용이 끝난 잉크탱크 본체를 이용하여 제품화한 Y제품에 대해서는 본건특허권의 행사가 제한되는 대상이 아니라고 할 수 있기 때문에 본건특허권의 특허권자인 X는 본건특허권에 근거하여 그 수입 · 판매 등의 금지 및 폐기를 요구할 수 있다."

【해설】

의장권은 의장권자가 업으로서 등록의장 및 이것에 유사한 의장을 실시하는 권리이며(의장법 제23조), 의장의 대상이 되는 물품을 제조, 사용, 양도 등의 실시행위(동법 제2조 제3항)를 하면 의장권침해가 된다.

한편, 일반적으로 특허권자 자신이 특허제품을 적법하게 양도하면 특허권자는 그 이후의 해당제품을 사용하거나 다시 양도하는 등의 행위에 대하여 권리 행사를 할 수가 없다. 이 법리를 '특허권의 소진'이라고 한다.[7] 본건은 특허권의 소진에 관한 최고 재판소의 판결로써 본판결의 규범은 의장권의 소진에도 적용된다.[8]

본건은 양도된 X제품을 그대로 수입 판매하는 것과 달리, 사용이 끝난 X제품의 본체를 가공하거나 부품재료를 교환한 Y제품을 수입 판매하는 경우에 해당하며, 이처럼 특허권자가 양도한 특허제품에 관하여 제3자가 가공 등을 한 경우에도 특허권의 소진에 의하여 특허권의 행사가 제한되는가가 문제가 되었다.

이 문제에 관해서는, 특허권자가 양도한 특허제품에 관하여 제3자가 가공 등을 한 행위를 생산이나 수리로 해석하는 방법(생산 어프로치)과 사회통념 등을 고려하여 소진의 범위를 확정하는 방법(소진 어프로치) 등 다양한 의견이 주장되었다.[9] 이처럼 의견의 대립에 대하여는 경제활동에서 중요한 예견가능성이 없다는 등의 비판이 제기되기도 하였다. 이러한 점에서 본판결은 "특허권자 등이 양도한 해당특허제품과 동일성이 없는 특허제품을 새롭게 제조한 것이라고 인정되는 경우, 특허권자는 그 특허제품에 대하여 특허권을 행사할 수 있다"고 판시하여 생산 어프로치를 채용하고 있다는 것을 명확히 하고 있다.[10]

그 소진의 대상에 관하여서는 "특허권자 등이 양도한 특허제품 그 자체'에 한정된다고 한 뒤, 해당특허제품과 동일성이 없는 특허제품이 새롭게 제조된 것이라고 인정될 때는 가공 등이 행해진 그 특허제품에 관하여 특허권을 행사할 수 있다"고 하여 종래의 통설을 따르고 있다.[11] 그 위에, 새로운 제조에 해당하는지에 관하여서는 해당특허제품의 속성, 특허발명의 내용, 가공 및 부재의 교환 태양, 거래 실정 등을 종합적으로 고려하여 판단

---

7) 最判平成9年7月1日民集第51巻第6号2299頁(『BBS事件』).

8) 병행수입에 관한 최고재판소의 판결인 『BBS事件』에서 방론으로 언급한 국내 소진이론의 적용을 본론의 쟁점으로써 긍정한 사안이다.

9) 横山久芳, "特許製品のリサイクルと消尽論-インクタンクリサイクル事件大合議判決を読んで-", 『ジュリスト』(第1316号), 有斐閣, 2006, 37頁 등.

10) 平野知宏, "判批", 『知財ぷりずむ』(第65巻第6号), 経済産業調査会近畿本部, 2008, 25頁.

11) 判時(匿名), 4頁.

해야 한다는 구체적인 고려요소를 제시하여 특허권의 소진에 대한 예견가능성을 확보하고 있다.[12)]

단, 상기요소 중에 어떤 관점을 중시하는가에 따라 결론이 달라질 수 있다는 점에 주의가 필요하다. 즉 특허발명의 본질적인 부분을 구성하는 부재의 가공 · 교환 등이 있어서도 해당부재가 재품전체에서 볼 때 경미한 가치일 경우는 경제적 관점을 중시하여 '제조'에 해당하지 않는다고 판단될 수 있다.[13)] 반대로 가공 · 교환된 부재가 소모품이라도 해당부재가 제품전체에서 차지하는 경제적 가치가 클 경우나 특허발명의 본질적 부분을 구성하는 부재인 경우에는 경제적 · 기술적 관점을 중시하여 '제조'에 해당하는 것으로 해석될 수 있다.[14)] 하지만, 학설상 본판결이 말하는 '제조'의 의미와 실시행위인 '생산'과의 관계에 관한 명확한 입장은 없고 논의가 진행 중이며, 이 후의 재판례의 축적에 통하여 명확해 질 것으로 보인다.

또한, 종래의 학설 · 판례에서는 특허발명의 실시행위 중에 '생산'은 소진하지 않는 것을 전제로 특허제품의 가공이나 부품교환행위가 '생산'에 해당하는지 아닌지에 따라 소진의 유무를 결정하는 것으로 이해되었는데,[15)] 본판결에 의하면 가공 · 부재 등의 교환 후의 제품이 원래의 제품과 동일성이 없는 새롭게 제조된 제품으로 법적으로 평가할 수 있는지 여부가 중요한 판단 기준이 된다.[16)]

본판결이 특허권의 소진에 관하여 종합고려라는 판단기준을 채용한 것은 특허권자의 보호와 특허제품의 원활한 유통 · 이용과의 균형을 도모하는 소진론의 취지를 존중하여 개별 사안에 맞는 타당한 결론을 이끌어 내기 위한 판단이라고 말할 수 있다.

---

12) 判時(匿名), 4頁.

13) 平野知宏, "判批", 『知財ぷりずむ』(第65巻第6号), 経済産業調査会近畿本部, 2008, 21頁 등.

14) 田村善之, "修理と部品の取替えと特許権侵害の成否", 『知的財産法政策学研究』(第6号), 情報法政策学研究センター , 2005, 45頁 등.

15) 東京高判平成13年11月29日判時第1779号89頁(『アシクロビル事件控訴審』) 등.

16) 吉田知彦, "判批", 『法の支配』(第150号), 日本法律家協会, 2008, 77頁 등.

■ 일본의 중요 판례 해설: 『BBS사건(BBS事件)』[17)]

【사안의 개요】

X(원고, 피공소인, 상고인)는 국내에서 발명의 명칭을 '자동차 차륜'으로 하는 특허권을 가지고 있다. 또한 같은 발명에 관한 독일의 특허권도 가지고 있으며, 독일에서 그 특허권의 실시품(X제품)을 제조 · 판매하고 있다. Y(피고, 공소인, 피상고인)는 일본에 X제품을 소위 '병행 수입'에 의하여 수입 · 판매하고 있다. 본건은 X가 Y에 대하여, X가 소유하는 일본 특허권에 근거하여 X제품의 수입 · 판매 등의 금지 및 손해 배상을 청구한 사안이다.

제1심은 X의 일본 특허권에 대한 국제적 소진을 부정하여 X의 청구를 인용하였다. 이에 대하여 Y는 공소하였는데, 원심은 X의 일본 특허권에 대한 국제적 소진을 긍정하여 X의 청구를 기각하였다. 본건은 X의 상고심이다.

【법원의 판단】상고기각

특허독립의 원칙 및 속지주의의 원칙에 관하여, "일본 특허권의 특허권자가 국내에서 권리를 행사하는 경우, 권리행사가 대상으로 되는 제품이 해당특허권자 등에 의하여 국외에서 양도되었다는 사정을 특허권자의 특허권 행사의 가부를 판단함에 있어 어떻게 고려할지는 오로지 일본의 특허법 해석의 문제라고 해야 한다. 이 문제는 파리 조약이나 속지주의의 원칙과는 무관하며 이 점에 관하여 어떠한 해석을 취한다고 하여도 파리 조약 제4조의 2 및 속지주의의 원칙에 어긋나는 것이 아니다."

또한, 국내소진에 관하여는 "특허권자 또는 특허권자로부터 허락을 받은 실시권자에게서 해당특허발명에 관련되는 제품(특허제품)을 양도받은 사람이 업으로서 자신이 이를 사용하거나, 또는 제3자에게 재양도하는 행위나 양수인으로부터 특허제품을 양도받은 제3자가 업으로서 이것을 사용

17) 最判平成9年7月1日民集第51巻第6号2299頁.

하거나, 또는 다시 다른 사람에 양도하거나 빌려 주는 행위 등도 형식적으로 보면, 특허발명의 실시에 해당하여 특허권을 침해하는 것처럼 보인다. 그러나 특허권자 또는 실시권자가 국내에서 특허제품을 양도한 경우에는 해당특허제품에 대해서는 특허권은 그 목적을 달성하여 소진한 것으로써, 이미 특허권의 효력은 해당 특허제품을 사용하고, 양도하거나 빌려 주는 행위 등에는 미치지 못한다고 해야 한다. 그 이유는, (1) 특허법에 의한 발명의 보호는 사회공공의 이익과의 조화…, (2)…만일 특허제품의 양도 등을 할 때마다 특허권자의 허락을 필요로 한다면, 시장에서의 상품의 자유로운 유통이 저해되고 특허제품의 원활한 유통이 방해되어, 도리어 특허권자 자신의 이익을 해치는 결과를 초래하며, 더 나아가…특허법의 목적에도 반하게 되고, (3)…특허권자가 유통 과정에서 이중으로 이득을 취하는 것을 인정할 필요성은 존재하지 않기 때문이다."

그리고 국제적 소진에 관하여는, "그렇지만, 국내의 특허권자가 국외에서 특허제품을 양도하였을 경우는 상기 해석과 같이 논할 수는 없다. 즉 특허권자는 특허제품을 양도한 곳의 국가에서, 반드시 국내에서 가지고 있는 특허권과 동일한 발명에 관한 특허권(대응 특허권)을 가지고 있다고는 할 수 없고, 대응 특허권을 가지고 있는 경우라도, 국내에서 가지고 있는 특허권과 양도한 국가에서 가지고 있는 대응 특허권과는 별개인 권리인 것에 비추어 보면, 특허권자가 대응 특허권에 관계되는 제품에 대하여 국내의 특허권을 근거로 권리 행사를 한다고 하여도 이것이 바로 이중의 이득을 얻는 것이라고 말할 수 없다."

그래서 국제거래에서의 상품의 유통과 특허권자의 권리와의 조정을 고려하면, 현대사회에서 국제경제거래가 지극히 광범위하고 고도로 진전되고 있는 상황에 비추어 보면, 상품 유통의 자유는 최대한 존중해야 하고, 국외에서의 경제거래에서도 일반적으로 양도인은 목적물에 관하여 가지는 모든 권리를 양수인에게 이전하고, 양수인은 양도인이 가지고 있던 모든 권리를 취득하는 것을 전제로 하여 거래 행위가 이루어진다고 할 수 있는 바, 상기와 같은 현대사회에서의 국제거래의 상황에 비추어 보면, 특허권자가 국외에서 특허제품을 양도한 경우에도 양수인 또는 양수인으로부터 특허제품을 양도받은 제3자가 업으로 이것을 국내에 수입하고, 국내에서 업으로 이것을 사용하거나 다시 다른 사람에 양도하는 것은 당연히 예상되는 것이다.

"이 점을 감안하면, 국내의 특허권자 또는 이와 동시할 수 있는 자가 국외에서 특허제품을 양도한 경우에는, 특허권자는 양수인에 대하여는 해당제품의 판매처 내지 사용지역에서 일본을 제외하는 취지에 양수인과 합의한 경우를 제외하고, 양수인에게서 특허제품을 양도받은 제3자 및 그 후의 전득자(転得者)에 대하여 양수인과의 사이에서 앞의 취지를 합의한 뒤 특허제품에 이것을 명확히 표시한 경우를 제외하고, 해당제품에 대하여 일본에서 특허권을 행사하는 것은 용서되지 않는다고 해석하는 것이 타당하다. 즉 (1) 앞에서 설명한 대로, 특허제품을 국외에서 양도한 경우에, 그 후에 해당제품이 일본에 수입되는 것이 당연하게 예상되는 것에 비추어 보면, 특허권자가 유보하지 않은 채 특허제품을 국외에서 양도한 경우에는, 양수인 및 그 후의 전득자에 대하여, 일본에서 양도인이 가지는 특허권의 제한을 받지 않고 해당제품을 지배할 권리를 묵시적으로 수여한 것이라고 해석해야 한다. (2) 한편, 특허권자의 권리에 시선을 돌리면, 특허권자가 국외에서 특허제품을 양도할 때 국내에서의 특허권행사(의 권리)를 유보할 수 있다고 해야 하고, 특허권자가 이 양도를 할 때 양수인과의 사이에서 특허제품의 판매처 내지 사용지역에서 일본을 제외하는 취지를 합의하고, 제품에 이것을 명확히 표시한 경우에는 전득자도 또한 제품의 유통 과정에 타인이 끼어있다고 하여도, 해당제품에 관하여 그 취지의 제한이 되어 있다는 것을 인식할 수 있는 것이며, 이 제한의 존재를 전제로 하여 해당제품을 구입할 것인지 그렇지 아닌지를 자유로운 의사에 의하여 결정할 수 있다. 그리고 (3) 자회사 또는 관련 회사 등에서 특허권자와 동시 할 수 있는 자에 의하여 국외에서 특허제품이 양도된 경우도 특허권자 자신이 특허제품을 양도한 경우와 같이 해석해야 하고, 또한 (4) 특허제품의 양수인의 자유로운 유통에의 신뢰를 보호해야 하는 것은 특허제품이 최초로 양도된 곳에서 특허권자가 대응 특허권을 가지고 있는지 여부에 의하여 달라지는 것은 아니다."

"이것을 본건에 대해서 보면, …X가 X제품을 판매할 때, 판매처 내지 사용지역에서 일본을 제외하는 취지를 양수인과의 사이에서 합의를 한 것에 관해서도, 그것을 X제품에 명시한 것에 관해서도, X의 주장 입증이 없었기 때문에 X가 …금지 및 손해 배상을 청구하는 것은 인정할 수 없다."

【해설】

의장권의 병행수입에 관하여서 의장권 특유의 법리는 없고 특허권의 병행수입에 관한 법리를 원용하게 되므로 이하에서는 특허권의 병행수입에 관한 본판결을 설명하기로 한다.

본건은 병행수입에 대한 특허권자의 금지청구의 가부에 관하여 처음으로 판단한 최고재판소 판결이며 특허법 분야뿐만 아니라 국제거래 일반에 대하여도 중대한 영향을 미치는 중요한 판례이다. 그 외에 특허법상의 속지주의 원칙이나 파리조약에 규정된 특허독립의 원칙의 취지를 명확히 함과 동시에 국내 소진에 관하여 그 실질적 근거를 명확히 한 판시내용에는 주목할 만하다.

국내에서 특허권자 또는 적법한 제조·판매권을 가지고 있는 자(실시권자)로부터 특허제품을 구입한 자나 전득자가 스스로 이것을 업으로 사용하거나 전매하여도 특허권의 침해가 되지 않는다는 것은 당연한 것으로 해석되고 있다. 그 설명에 관한 통설적인 견해는 권리자(특허권자, 실시권자)가 특허제품을 적법하게 유통 시장에 두었을 때는(제조·판매), 해당제품에 한해서 특허권은 그 목적을 달성하여 다 사용한 것(소진한 것)이 되어 이미 같은 물건에 대하여 특허권을 주장할 수 없다고 설명하고 있다.[18] 이것을 '(국내) 소진론'이라고 한다. 본건에서도 방론이지만 같은 취지의 내용을 판시하고

---

18) 判時(匿名), 3頁; 百選特許4(鈴木将文), 205頁; 大阪地判昭和44年6月9日無体裁集第1巻160頁。

있는데,[19] 국내 소진론을 인정하는 이유로서 특허제품의 원활한 유통의 확보와 이중이득의 불요론을 들고 있다.

한편, 병행수입이란 일반적으로 어떤 상품의 수입에 관하여 총대리점 계약이 체결되어 있는 경우에 총대리점 이외의 제3자가 총대리점을 통하지 않고 다른 루트로 해당 상품을 수입하는 것을 말한다.[20] 따라서 특허권자 또는 이와 동시할 수 있는 자가 국외에서 특허제품을 양도한 경우에 제3자가 업으로써 해당제품을 수입하는 경우 특허권자가 수입국의 특허권에 근거하여 금지청구 등의 권리 행사를 할 수 있는가가 문제가 된다.

이 점에 관하여, 특허제품을 양도한 곳에서 동일 발명에 관한 외국특허권(대응특허권)이 있고 해당특허제품을 대응특허권의 실시품으로써 유통시장에 두었을 때는 해당제품에 관하여 일본의 특허권도 소진한 것으로 보아 권리행사를 할 수 없다고 설명하는 견해가 있는데, 이것을 '국제적 소진론'이라고 부르고 있다.

본건에서도 Y의 국제적 소진론의 주장에 대하여, 국제적 소진론이 속지주의 원칙이나 파리조약이 정하는 '특허독립의 원칙'에 어긋나는 것인가 등이 문제가 되었는데, 특허권자에 의한 특허권 행사의 가부는 "일본의 특허법 해석 문제(이며)…파리 조약이나 속지주의의 원칙과는 무관하다"고 판시하고 있다.[21]

본판결은 국제적 소진론의 성립을 부정하였는데, 그 이유로써 국외에서 양도한 경우는 상기 국내 소진론을 인정하는 이유 중에서 이중의 이득 불요론은 타당하지 않기 때문이라고 설명하고 있다. 즉, 특허권자가 대응특허권을 가지고 있지 않은 국가에서 특허제품을 양도한 경우 특허권자는 특허권의 독점 하에서 발명 공개의 보상으로의 이익을 얻지 않았기 때문에 해당 제품의 수입에 대하여 특허권의 행사를 인정하여도 특허권자는 이중

19) 본서 『잉크탱크사건(インクタンク事件)』을 참조하길 바란다.

20) 百選特許3(鈴木將文), 218頁.

21) 百選特許4(鈴木將文), 250頁에서는 '특허독립의 원칙'과 '속지주의의 원칙'의 개념을 재검토할 필요성이 있다고 지적하고 있다.

의 이득을 얻는 것이 아니고,[22] 한편 특허권자가 대응특허권을 가지고 있는 국가에서 특허제품을 양도한 경우에는 각국의 특허권은 해당국가에서 발명공개의 보상으로써 부여되므로 해당 제품을 병행 수입하는 것에 대하여 일본의 특허권의 행사를 인정하여도 일본의 특허권에 대하여 이중의 이득을 인정하는 것이 되지 않는다고 설시하고 있다.

하지만 한편으로는, 국제거래에서의 상품 유통의 자유와 이에 대한 양수인 및 그 후의 전득자의 신뢰를 최대한 존중하여, 양수인과의 관계에서 해당제품의 판매처 내지 사용지역에서 일본을 제외하는 합의와 전득자가 이 합의와 함께 그 내용을 특허제품에 명확히 표시를 하지 않으면 특허권의 행사를 할 수 없다고 하였다. 그 이유로서 "특허제품을 국외에서 양도한 경우에, 그 후에 해당제품이 일본에 수입되는 것이 당연하게 예상되는 것에 비추어 보면, 특허권자가 유보하지 않은 채 특허제품을 국외에서 양도한 경우에는, 양수인 및 그 후의 전득자에 대하여 일본에서 양도인이 가지는 특허권의 제한을 받지 않고 해당제품을 지배할 권리를 묵시적으로 수여한 것이라고 해석해야 한다"고 설시하고 있다. 본판결은 X제품에 관하여 일본에서의 권리행사에 관한 합의나 표시가 없었기 때문에 X의 권리행사는 할 수 없다고 하였다.

'권리의 묵시적 수여'에 관하여서는 특허권자가 실제로 허락할 의사가 있는지 여부에 관계없이 특허권자가 일본에서의 권리행사의 유보를 하지 않는 한 자동적으로 인정되는 것이다.[23] 이것은 특허권자가 유보를 하지 않고 제품을 양도한 경우, 외형적으로 제품의 양수인 및 전득자는 병행수입을 자유롭게 할 수 있다는 신뢰가 발생하기 때문에 이 신뢰를 보호하고 특허제품의 거래 안전을 확보하기 위하여 특허권자의 실제 의사가 어떠하였는지를 묻지 않고 특허권자의 권리를 부정한 것으로 볼 수 있다.

---

22) 牧野利秋他編(吉川泉), "特許製品の国際消尽と並行輸入", 『知的財産法の理論と実務II』, 新日本法規, 2007, 214頁.

23) 이것을 이유로 田村善之, "並行輸入と特許権-BBS事件最高裁判決の意義とその検討", 『NBL』(第627号), 商事法務, 1997, 32頁에서는 최고재판소의 법률구성은 '승낙의 의제'라고 해석하고 있다.

최고재판소는 "자회사 또는 관련 회사 등에서 특허권자와 동일시 할 수 있는 자에 의하여 국외에서 특허제품이 양도된 경우도 특허권자 자신이 특허제품을 양도한 경우와 같이 해석해야 한다"고 판시하고 있다. 그런데 '특허권자와 동일시 할 수 있는 자'의 범위에 관하여는, 예를 들어 100% 자회사처럼 모회사에 의하여 경영 지배를 받고 있는 자회사이외에, 기업그룹에서 특허권 등의 지적재산권의 보유 · 관리와 특허 등에 관한 제품의 제조 · 판매가 다른 회사로 분담되어 있는 경우의 제조 · 판매 회사, 해외의 실시권자 등이 여기에 해당한다고 해석하고 있다.[24)]

그리고 제품 위에 어떻게 표시하면 본건에서 말하는 '판매처 내지 사용지역에서 일본을 제외하는 취지를…(특허)제품에…이것을 명확히 표시한 경우'에 해당하는가가 문제가 된다. 본건에서는 양수인과 전득자의 경우를 나누어 전자에 대하여는 특허제품의 판매처 내지 사용지역에서 일본을 제외하는 취지의 합의를 한 경우, 후자에 대하여는 양수인과의 합의를 이루고 제품에 이것을 명확히 표시한 경우에 권리행사를 할 수 있다고 하고 있다. 적어도 본건에 의하면, 특허제품의 전득자도 해당제품을 구입할 때 특별한 주의를 필요로 하지 않고 표시의 존재 및 내용을 인식할 수 있고, 표시된 제한의 존재를 전제로 하여 해당물품을 구입할지를 결정할 수 있는 정도의 표시를 필요로 한다고 말할 수 있다.[25)] 예를 들어 구입 후에 포장을 열지 않으면 볼 수가 없는 첨부 설명서에만 표시되어 있는 경우는 제품에 기재가 있었다고 말할 수 없을 것이다.[26)]

본건의 판시내용은 의장권에도 적용된다. 따라서 의장권자 또는 이와 동시 할 수 있는 자가 국외에서 의장권에 관한 실시품을 양도한 경우 양수인에 대해서는 해당제품의 판매처나 사용지역에서 일본을 제외하는 취지를 양수인과 합의한 경우, 양수인에게서 해당제품을 양도받은 제3자 및 그

---

24) 判時(匿名), 6頁; 田村善之, "並行輸入と特許権-BBS事件最高裁判決の意義とその検討", 『NBL』(第627号), 商事法務, 1997, 36頁; 牧野利秋·飯村敏明編(片山英二), "並行輸入", 『新·裁判実務大系(4)知的財産関係訴訟法』, 青林書院, 2001, 146頁.

25) 三村量一, "判解", 『民集』(平成9年(中)), 最高裁判所判例調査会, 1997, 764頁.

26) 飯村敏明 · 設楽隆一編(杉浦正樹), "渉外問題", 『知的財産関係訴訟』, 青林書院, 2008, 299頁.

후의 전득자에 대해서는 양수인과의 상기 합의를 하고 해당제품에 이 취지를 명확히 한 경우를 제외하고 의장권을 행사할 수 있을 것이다.[27)]

제2절 선사용권

특허권 침해주장에 대한 항변으로서 선사용권에 대한 항변이 있다. 원칙적으로 선출원주의를 철저히 관철하면 선출원자만이 특허권을 취득할 수 있고, 타인은 실시할 수 없다.[28)] 그러나 특허법 제103조[29)]는 선사용에 의한 통상실시권 제도를 두어 선출원 주의를 취하고 있는 특허법 아래에서 선발명자의 보호가 도외시 되는 점을 보완하고 공평을 도모하기 위해 마련된 제도이다.[30)] 이러한 선사용에 의한 통상실시권은 무상의 통상실시권이다.

즉 선발명을 하였으나 특허출원은 하고 있지 않은 상태에서 다른 발명자가 선발명과 동일한 발명을 먼저 출원하는 경우가 있다. 이때 선발명자가 아무런 실시나 사업준비를 하고 있지 않은 경우라면 후발명에 대한 침해에 해당되지만 그렇지 않고 실시 준비 등을 하고 있었던 경우에는 무상으로 실시준비나 사업의 범위 내에서 그 발명을 실시할 수 있다.

이러한 무상의 통상실시권을 가지는 선사용권제도는 특허출원하지 아니한 선발명자가 특허권자의 공격에 대응하여 항변할 수 있는 하나의 수

27) 茶園[意](村上画里), 231頁.

28) 윤선희, "선사용에 의한 통상실시권", 『산업재산권 제16호』, 한국산업재산권학회, 2004, 3면.

29) 특허법 제103조(선사용에 의한 통상실시권) 특허출원 시에 그 특허출원된 발명의 내용을 알지 못하고 그 발명을 하거나 그 발명을 한 사람으로부터 알게 되어 국내에서 그 발명의 실시사업을 하거나 이를 준비하고 있는 자는 그 실시하거나 준비하고 있는 발명 및 사업목적의 범위에서 그 특허출원된 발명의 특허권에 대하여 통상실시권을 가진다.

30) 조영선, 『특허법」(제3판)』, 박영사, 2011, 411면.

단이라고 할 수 있다.[31] 여기서 문제되는 것은 특허법 제103조의 요건 중 "그 발명의 실시사업을 하거나 준비하고 있는 자"라는 점의 입증이 어렵다는 점이다. 어느 경우가 '실시사업의 준비'에 해당하는가는 당해 발명의 실시의사를 가지고, 즉시 실시가 가능할 정도의 객관적 여건을 갖춘 정도라고 할 수 있다.[32]

그러나 어느 범위까지가 '실시사업의 준비'에 해당될 것인지의 기준이 문제된다. 아직 우리나라에서 선사용권자의 항변을 인정한 사례가 보이고 있지 않지만, 우리 디자인보호법 제100조에도 특허법과 같은 취지의 규정이 있고, 디자인의 선사용권자의 보호에 있어서도 매우 중요하다고 생각된다. 이하에서는 이러한 관점에서 일본의 '워킹빔 사건'을 소개한다.

■ 일본의 중요 판례 해설: 『워킹빔사건(ウォーキングビーム事件)』[33]

【사안의 개요】

X(원고=반소피고, 피공소인, 피상고인)는 1966년 5월경 소외F사로부터 가열로에 관한 거래문의를 받아 동년 8월에 상하구동장치를 전동식으로 하는 워킹빔식 가열로인 A제품의 견적사양서 및 설계도를 F사에 제출하였다. 그 후, 수주에 대비하여 하청회사에게 각 장치부분의 견적을 의뢰하는 등을 하였지만 F사로부터 수주를 받지 못하였다. X는 상기 견적사양서 등을 정비보존한 뒤에도 매년 철강회사 등의 거래문의에 응하여 입찰에 참가하였다.

X는 1971년 5월 소외H사에게 전동식의 워킹빔식 가열로(침해대상제품)을 납품한 후 현재까지 제조 · 판매하고 있다. 침해대상제품의 기본적 구조는

31) 권태복, "특허침해소송에 있어서 선사용과 공연실시의 항변", 『산업재산권 제34호』, 한국지식재산학회, 2011, 58면.

32) 조영선, 『특허법』(제3판)』, 박영사, 2011, 411면.

33) 最判昭和61年10月3日民集40巻6号1068頁.

A제품과 동일하며 침해대상제품과 A제품은 본건 특허발명의 기술적 범위에 속한다.

Y^1(피고=반소피고, 공소인, 상고인)은 '동항로'를 명칭으로 하는 본건특허발명에 관하여 1968년 2월 미국에서 한 특허출원을 근거로 파리조약의 우선권을 주장하여 동년 8월에 특허출원을 하여 1971년 5월에 특허권의 설정등록을 받았다. Y^{2}는 본건특허권에 관하여 1981년 8월에 전용실시권의 설정등록을 받았다.

X는 Y등에 대하여, 특허법 제79조에 근거하는 선사용권을 가지고 있기 때문에 침해대상제품의 제조판매는 본건 특허권의 침해가 되지 않는다고 하여 (1) 금지청구권이 존재하지 않다는 확인, (2) 선사용권의 확인 등을 구하는 소를 제기하였고, 이에 대하여 Y등은 본건 특허권에 근거하여 침해대상제품의 제조판매의 금지 등을 구하는 반소를 제기하였다.

본건에서는 침해대상제품이 본건 특허발명의 기술적 범위에 속하는 것에 관하여는 다툼이 없다. 쟁점 ①은 X가 출원일 전에 F사에 견적서 등을 제출한 행위가 동법 제79조가 말하는 발명의 실시인 '사업의 준비'에 해당하는지 여부이며, 쟁점 ②는 출원일 전에 X가 준비하고 있었던 A제품의 선사용권의 효력이 침해대상제품에 미치는지 여부이다. 제1심과 원심은, ①에 관하여 X의 행위는 '사업의 준비'에 해당하며, ②에 관하여 A제품의 선사용권의 효력은 침해대상제품에 미친다고 판단하였다. 본건은 Y등의 상고심이다.

【법원의 판단】

쟁점 ①에 관하여, "동법 제79조에 말하는 발명의 실시인 '사업의 준비'는 특허출원에 관하는 발명의 내용을 모르고 이것과 같은 내용의 발명을 한 사람 또는 이 사람으로부터 알게 된 사람이 그 발명에 관하여, 아직 사업의 실시 단계에는 달하지 않았지만, 즉시 실시의 의도를 가지고 있고, 동시에 그 즉시 실시의 의도가 객관적으로 인식되는 태양, 정도로 표명되어 있는 것을 의미한다."

쟁점 ②에 관하여, "동법 제79조 소정의 소위 선사용권자는, '그 실시 또는 준비를 하고 있는 발명 및 사업의 목적 범위 내에서' 특허권에 관하여 통상실시권을 가진다는 것으로 되어 있는데, 여기에 말하는 '실시 또는 준비를 하고 있는 발명 및 사업의 목적 범위'는 특허발명의 특허출원을 할 때(우선권주장일), 선사용권자가 실제로 일본 국내에서 실시 또는 준비를 하고 있었던 실시 형식에 한정되는 것이 아니고, 그 실시 형식에 구현되어 있는 기술적 사상 즉 발명의 범위를 말하는 것이다. 따라서 선사용권의 효력은 특허출원할 때(우선권주장일)에 선사용권자가 실제로 실시 또는 준비를 하고 있었던 실시 형식뿐만 아니라, 이것에 구현된 발명과 동일성을 잃어버리지 않는 범위 내에서 변경한 실시 형식에도 미치는 것이라고 해석하는 것이 타당하다. 그 이유는 선사용권제도의 취지가, 주로 특허권자와 선사용권자와의 공평을 도모하는 것에 있는 것에 비추어 보면, 특허출원을 할 때(우선권 주장일) 선사용권자가 실제로 실시 또는 준비를 하고 있었던 실시 형식이외로 변경하는 것을 일체 인정하지 않는 것은 선사용권자에게 가혹하여 타당하지 않고, 선사용권자가 자기 것으로 지배하고 있었던 발명의 범위에서 선사용권을 인정하는 것이 동조의 문리해석상으로도 그렇기 때문이다. 그리고 그 실시 형식에 구현된 발명이 특허발명의 일부에만 해당할 때는 선사용권의 효력은 해당특허발명의 해당일부에만 미치는 것은 물론이지만, 이 발명의 범위가 특허발명의 범위와 일치할 때는 선사용권의 효력은 해당특허발명의 모든 범위에 미치는 것이라고 해야 한다."

【해설】

본건은 일본 특허법 제79조가 정하고 있는 선사용권의 성립요건인 ① 발명의 완성, ② 사업의 실시 · 준비, ③ 선사용권의 범위 중에서, ② · ③에 관한 최고재판소의 판결이다.

특허법 제79조의 의의에 관하여는 학설상 ① 선원주의제도 하에서 특허권자와, 그 출원 전에 이미 동일 발명을 실시하여 실시의 준비를 한 자와의 이익 공평을 도모하는 공평설,[34] ② 실제로 선의로 실시하고 있는 발명을 폐지하게 하는 것은 국민경제상 불이익을 초래한다는 경제설,[35] ③ 공평설과 경제설 양쪽의 관점에서 설명하는 절충설[36]이 있는데, 공평설이 유력설 또는 통설에 가까운 견해이다.[37] 본건도 "선사용권제도의 취지가, 주로 특허권자와 선사용권자와의 공평을 도모하는 것에 있는 것에 비추어…선사용권자가 자기 것으로 지배하고 있었던 발명의 범위에서 선사용권을 인정하는 것이 동조의 문리해석상으로도 그렇기 때문이다"라고 하여 상기 통설에 근거한 판단을 하고 있다.

쟁점 ①에 관하여 본판결이 있기 전의 하급심은 '사업설비'나 '사업의 준비'에 의한 선사용권의 성립을 거의 인정하지 않았고 제조를 위한 설계도나 도면이 완성되어 필요한 기재의 발주를 한 경우에 인정하곤 하였다.[38] 이 점에서, 본건은 "'견적사용서 등의 제출행위에 의하여 '사업의 준비'를 인정한 점은 실무에 미치는 영향이 크다고 볼 수 있다. 또한 아직 사업의 실시 단계에는 달하지 않았지만, 즉시 실시의 의도를 가지고 있고, 동시에 그 즉시 실시의 의도가 객관적으로 인식되는 태양, 정도로 표명되어 있는 것을 의미한다"고 한 판시내용은 구특허법의 하급심 판례에서도 같은 취지의 판단을 하고 있으며[39] 학설상 다른 의견은 없는 것 같다.[40] 따라서 본판결의 '사업의 준비'에 관한 판단은 판례 · 통설에 따른 것이라고 볼 수 있다.

---

34) 牧野利秋編(飯田秀郷), "先使用権(1) 発生要件事実", 『裁判実務大系 9 工業所有権訴訟法』, 青林書院, 1985, 299頁.

35) 東京地判昭和30年2月25日下級裁判所民事裁判例集第6巻第2号342頁 등.

36) 渋谷達紀, 『特許法』, 発明推進協会, 2013, 598頁.

37) 茶園[意](村上画里), 234頁; 百選特許3(美勢克彦), 178頁; 中山信弘, 『特許法[第2版]』, 弘文堂, 2012, 490頁.

38) 富岡健一, "先使用権に関する諸問題", 『日本工業所有権法学会年報』(第11号), 有斐閣, 1987, 35頁.

39) 東京地判昭和30年2月25日下級裁判所民事裁判例集第6巻第2号342頁에서는 "'실시의 사업설비를 갖추고 있는 것'이란 상기 발명을 즉시 실시하려는 의사를 가지며, 동시에 그 의사의 객관적 표명으로서의 설비를 갖추고 있는 것을 말한다"고 판시하였다.

40) 百選特許4(山名美加), 159頁; 原増司判事退官記念(松本重敏), "先願主義と先使用権", 『工業所有権の基本的課題(上)』, 有斐閣, 1971, 487頁.

그리고 쟁점 ②의 선사용권의 범위에 관하여 동조는 '실시 또는 준비를 하고 있는 발명…의 범위 내'라고 규정하고 있는데 학설상에는 그 범위가 ① 실시 또는 준비하고 있는 특정의 실시 형태에 한정된다는 실시형식한정설[41]과 ② 해당실시형식에 한정되지 않고 실제로 어떤 실시 형식에 표현된 기술과 발명사상과 동일한 범주에 속하는 기술을 포함한다는 발명사상설[42]의 대립이 있다. ①에 의하면, 선사용권자가 출원 후에 실시형식을 변경한 경우, 변경한 실시형식에는 선사용권이 미치지 않는 것이 된다. 판례 · 통설은 ②의 견해를 취하며 본판결도 "선사용권의 효력은 특허출원할 때(…)에 선사용권자가 실제로 실시 또는 준비를 하고 있었던 실시 형식뿐만 아니라, 이것에 구현화된 발명과 동일성을 잃어버리지 않는 범위 내에서 변경한 실시 형식에도 미치는 것이라고 해석하는 것이 타당하다"고 하여 판례 · 통설에 의한 판단을 하고 있다.[43]

의장법상의 선사용권의 범위에 관해서도 출원할 때의 실시 또는 준비를 하고 있던 실시형식에 한정되지 않는다고 볼 수 있다. 하급심이지만 의장법상의 선사용권의 범위가 쟁점이 된 사안에서도 의장법상의 선사용권의 의의를 상기 공평설에 입각하여 설명한 뒤, "선사용권의 효력은 의장등록을 출원할 때 선사용권자가 실제로 실시를 하고 있던 구체적 의장뿐만 아니라, 그것에 유사한 의장에도 미친다고 해석하는 것이 타당하다"고 판시하여,[44] 의장법상 선사용권의 범위가 유사의장에도 미친다는 일반론을 확인하고 있다.[45]

이상에서 보듯이 본판결은 특허법상의 선사용권에 관한 것이지만, 의장법 제29조에도 같은 취지의 규정이 있고 특허법 제79조에 관한 판례 · 학설은 동조의 선사용권을 이해하는 데 참고가 되며, 그 효력의 범위의 판단에

---

41) 東京地判昭和49年4月8日無体裁集第6巻第1号83頁 등.

42) 東京高判昭和50年5月27日無体裁集第7巻第1号128頁 등.

43) 茶園[意](村上画里), 237頁; 百選特許3(美勢克彦), 179頁.

44) 大阪地判平成12年9月12日判時第1748号164頁(『포장용바구니사건(包装用かご事件)』).

45) 百選(潮海久雄), 237頁.

미치는 영향이 크다고 볼 수 있다.[46)]

제3절 비밀유지명령

비밀유지명령제도는 2011년 개정 특허법에서 먼저 규정된 후, 2013년 디자인법 전부개정(제33차 전부개정 2013.5.28. 법률 제11848호) 시에 제217조[47)]에

---

46) 의장권 침해 사안에서 제1심의 침해 판단에 대하여 선사용권의 항변을 인정한 大阪高判平成17年7月28日(平成16年(ネ)第2599号, 『수액용기사건(輸液バッグ事件)』)이 있다. 본건에서는 피고 의장은 유용성 시험이 끝난 1999년(평성11년) 7월 당시까지 창작되어 원고의 등록의장에 관한 의장등록출원 당시 완성되거나 완성에 가까운 상태에 있었다고 인정하여 선사용권에 근거한 통상실시권을 인정하였다.

47) 디자인법 제217조(비밀유지명령) ① 법원은 디자인권 또는 전용실시권의 침해에 관한 소송에서 당사자가 보유한 영업비밀(「부정경쟁방지 및 영업비밀보호에 관한 법률」 제2조제2호에 따른 영업비밀을 말한다. 이하 같다)에 대하여 다음 각 호의 사유를 모두 소명한 경우에는 그 당사자의 신청에 의하여 결정으로 다른 당사자(법인인 경우에는 그 대표자), 당사자를 위하여 소송을 대리하는 자, 그 밖에 그 소송으로 인하여 영업비밀을 알게 된 자에게 그 영업비밀을 그 소송의 계속적인 수행 외의 목적으로 사용하거나 그 영업비밀에 관계된 이 항에 따른 명령을 받은 자 외의 자에게 공개하지 아니할 것을 명할 수 있다. 다만, 그 신청 시점까지 다른 당사자(법인인 경우에는 그 대표자), 당사자를 위하여 소송을 대리하는 자, 그 밖에 그 소송으로 인하여 영업비밀을 알게 된 자가 제1호에 규정된 준비서면의 열람이나 증거 조사 외의 방법으로 그 영업비밀을 이미 취득하고 있는 경우에는 그러하지 아니하다.

1. 이미 제출하였거나 제출하여야 할 준비서면 또는 이미 조사하였거나 조사하여야 할 증거에 영업비밀이 포함되어 있다는 것
2. 제1호의 영업비밀이 그 소송 수행 외의 목적으로 사용되거나 공개되면 당사자의 영업에 지장을 줄 우려가 있어 이를 방지하기 위하여 영업비밀의 사용 또는 공개를 제한할 필요가 있다는 것

② 제1항에 따른 명령(이하 "비밀유지명령"이라 한다)의 신청은 다음 각 호의 사항을 적은 서면으로 하여야 한다.

1. 비밀유지명령을 받을 자
2. 비밀유지명령의 대상이 될 영업비밀을 특정하기에 충분한 사실
3. 제1항 각 호의 사유에 해당하는 사실

③ 법원은 비밀유지명령이 결정된 경우에는 그 결정서를 비밀유지명령을 받은 자에게 송달하여야 한다.

④ 비밀유지명령은 제3항의 결정서가 비밀유지명령을 받은 자에게 송달된 때부터 효력이 발

도입되었다. 비밀유지명령이란 소송절차에서 생성되거나 교환된 영업비밀을 보호하기 위하여 소송당사자, 대리인 등에게 소송 중 알게 된 비밀을 소송 수행외의 목적으로 사용하지 못하게 하거나 공개하지 못하게 하는 법원의 명령을 말한다. 이 제도는 한 · 미 FTA 협정문 제18.10조 제11항(지식재산권 집행)[48]의 규정내용을 국내법에 반영한 것이다. 법원의 서류제출명령 권한에 관해서는 민사소송법 제292조, 제344조, 제347조 및 제367조 등을 통하여 이행 가능하여 별도의 입법의 필요성은 없었다. 다만, 한 · 미 FTA 제11항의 비밀유지명령에 대해서는 우리 민사소송법에도 특별한 규정이 없었으므로 특허법, 디자인법 등에 도입하게 된 것이다. 이와 함께, 비밀유지명령제도 위반에 따른 처벌규정도 아울러 도입되었다.

이 제도를 도입함으로써 소송절차 진행 중에 알려지게 된 영업비밀을 보호할 수 있고, 또한 서류제출거부에 대한 남용 사례를 감소시킴으로써 손해의 입증이 용이해 지고 심리의 충실을 도모하는 것이 가능하게 되었다.[49]

이 제도가 도입된 지 얼마 지나지 않아서인지 아직 우리나라 판례는 나오고 있지 않다. 다만, 일본에서는 특허권 또는 전용실시권의 침해 금지를 구하는 가처분사건에서 비밀유지명령의 신청을 인정한 바 있다.[50] 이는 디자인법에서도 마찬가지로 적용 가능할 것이다. 이하에서는 일본의 판례를 소개한다.

생한다.

⑤ 비밀유지명령의 신청을 기각 또는 각하한 재판에 대하여는 즉시항고를 할 수 있다.

48) 한 · 미 FTA 협정문 제18.10조(지식재산권의 집행) 11. 각 당사국은 사법 당국이 다음의 권한을 가지도록 규정한다.

가. 적절할 경우 사법 당국이 내린 유효한 명령을 지키지 못한 민사사법절차의 당사자에게 벌금 · 구류 또는 구금을 명할 수 있는 권한, 그리고

나. 소송절차에서 생성되거나 교환된 비밀정도의 보호에 관한 사법명령의 위반에 대하여, 민사사법절차의 당사자, 변호인, 전문가 또는 법원의 관할권이 미치는 그 밖의 인에게 제제를 부과할 수 있는 권한.

49) 지식경제위원회, "특허법 일부개정 법률안 검토 보고서", 2011. 10, 23-24면 이하 참조.

50) 最決平成21年1月27日民集第63巻第1号271頁.

■ 일본의 중요 판례 해설: 『비밀유지명령사건(秘密保持命令事件)』[51)]

【사안의 개요】

본건은 A(채권자)가 X(채무자)에 대하여 X의 액정 텔레비전 및 액정 모니터의 수입 · 판매 등은 A의 특허권을 침해한다고 주장하여 그 금지 등을 구하는 특허권가처분명령신청사건에서 X가 동 사건의 A대리인인 Y_1 등 5명을 상대로 특허법 제105조의4 제1항에 근거하여 비밀유지명령의 신청을 한 사안이다. 본건에서는 특허권침해금지 등을 구하는 가처분사건에서 비밀유지명령의 신청이 허용되는지, 구체적으로는 동항의 '특허권 또는 전용실시권의 침해의 관한 소송'에 가처분사건이 포함되는지가 쟁점이 되었다.

제1심[52)]은 본건 특허권 가처분명령신청사건과 같은 민사보전절차에는 특정한 사정이 없는 한 비밀유지명령에 관한 규정의 적용은 없다고 하여 X의 신청을 기각하였다. 원심[53)]은 특허법 제105조의4 제1항의 '특허권 또는 전용실시권 침해에 관한 소송'의 범위에 민사보전법이라는 민사소송법과는 별개의 절차로 운영되는 가처분절차를 포함한다고 해석하는 것은 국민의 입장에서 상당한 어려움을 동반한다는 것, 형벌법규의 겸억성(謙抑性) 및 명확성의 취지를 고려하면 실질적으로 처벌범위의 확대를 초래하는 것이 되는 법해석은 삼가해야 한다는 등의 이유를 들어 X의 항고를 기각하였다. 본건은 X의 상고심이다.

【법원의 판단】

"특허권 또는 전용실시권의 침해에 관한 소송에서 제출 예정인 준비 서면이나 증거 내용에 영업비밀이 포함되어 있는 경우에는, 해당 영업비밀을 보유하는 당사자가, 상대방 당사자에 의하여 이것이 소송 수행 목적이외

---

51) 最決平成21年1月27日民集第63巻第1号271頁.

52) 東京地判平成20年4月14日判時第2015号132頁.

53) 知財高判平成20年7月7日判時第2015号127頁.

의 목적에 사용되거나 제3자에게 공개되어 이것에 근거한 사업 활동에 지장을 초래할 우려가 있어 해당 영업비밀을 소송에 제시하는 것을 주저하여 주장 입증에 최선을 다할 수 없는 사태가 생길 수 있다. 특허법이 비밀보유명령제도(…)를 마련하고 형벌에 의한 제재를 동반하는 비밀유지명령을 통해서 해당 영업비밀을 해당소송의 수행 목적이외의 목적에 사용되는 것 및 이 명령을 받은 자 이외의 자에게 공개되는 것을 금지할 수 있다고 한 취지는 상기와 같은 사태를 막기 위해서라고 해석할 수 있다.

특허권 또는 전용실시권의 침해 금지를 구하는 가처분사건은 가처분명령의 필요성 유무라는 본안소송과는 다른 쟁점이 존재하지만, 그 외는 본안소송과 쟁점을 공통으로 하므로 해당 영업비밀을 보유하는 당사자에게 상기와 같은 사태가 생길 수 있는 것은 본안소송의 경우와 다를 바 없으며 비밀유지명령제도가 이것을 용인하고 있다고 해석할 수 없다. 그리고 상기 가처분 사건에서 비밀유지명령의 신청을 할 수 있다고 해석하여도 신속한 처리가 요구되는 등의 가처분 사건의 성질에 반한다고 할 수 없다.

특허법에서는 '소송'이라고 하는 문언이 본안소송뿐만 아니라 민사보전사건을 포함하는 것으로 이용되는 경우도 있으며(…), 상기와 같은 비밀유지명령제도의 취지에 비추어 보면, 특허권 또는 전용실시권의 침해 금지를 구하는 가처분사건은 특허법 제105조의4 제1항 본문에 규정하는 '특허권 또는 전용실시권의 침해에 관한 소송'에 해당하며 상기가처분사건에서도 비밀보유명령의 신청이 허용된다고 해석하는 것이 타당하다."

【해설】

본결정은 특허권 또는 전용실시권의 침해금지를 구하는 가처분사건에서 비밀유지명령을 할 수 있다는 점을 명백히 하였다. 이 점에 관해서는 입법과정의 논의나 검토자료, 학설상의 논의가 거의 없는 상태이다.[54] 금지

54) 佐藤祐介, "判評", 『判例時報』(第2054号), 判例時報社, 2009, 172頁; 越山和広, "判解", 『法学セミナー増刊』(第5号), 日本評論社, 2009, 142頁.

가처분이 지식재산권에 관한 분쟁의 전초전으로서의 의미가 있을 뿐만 아니라 그 귀추가 사실상 채권자나 채무자 양쪽의 사업 활동에 치명적인 영향이 있는 것을 고려하면, 본결정은 재판실무에 큰 영향을 미친다고 말할 수 있다.

제4절 무효의 항변

터널 등에 관한 디자인권을 갖고 있는 원고가 피고에 대하여 디자인권 침해를 주장한 사안에서, 법원은 "특허침해소송에서 특허의 무효사유가 명백한 경우에는 무효될 특허를 가지고 금지청구나 손해배상 청구 등 권리행사는 허용되지 않는다"는 점을 설시하면서, 이러한 법리는 디자인권에 기한 권리행사에도 마찬가지라고 판시하였다.

구체적으로 법원은 "이 사건 등록디자인은 비교대상디자인 1의 터널 등에 비교대상디자인 2에 개시되어 있는 유선형으로 이루어진 측면부와 돌출되어 있지 않은 유리 투광부의 형상을 단순 결합 · 변형시킨 디자인에 불과하다. 따라서 이 사건 등록디자인은 그 디자인 분야에서 통상의 지식을 가진 자가 흔한 창작수법이나 표현방법에 의해 비교대상디자인 1과 2의 형상과 모양을 단순 결합 · 변형시킨 디자인으로서, 이 사건 등록디자인의 무효심판청구를 기각하는 심결이 있었으나 그 심결을 취소하는 특허법원의 판결이 선고되었고, 이에 불복한 원고의 상고가 대법원에서 심리불속행의 기각 판결을 선고받았기에 그 확정된 심결취소 판결의 기속력을 받는 특허심판원의 등록무효심판에서 이 사건 등록디자인이 무효로 될 것이 확실히 예견된다고 할 수 있으므로, 이 사건 등록디자인에 기초한 침해금지청구 등의 권리행사는 허용되지 아니한다고 보아야 한다"고 판시하였다.[55)56)] 이러한 판시내용은 특허법 분야에서 적용되는 법리가 디자인권에도 그대로 적용된 사례라고 할 수 있을 것이다. 이하에서는 특허법 분야의 논의에 대하여 살펴본다.

특허무효심판을 통해 당해 특허가 무효라는 심결이 확정되면, 그 특허는 소급적으로 소멸되어(특허법 제133조 3항)[57)] 형성적·대세적 효력이 발생한다. 또한 재심사유가 없는 한 누구라도 더 이상 다툴 수 없는 강력한 소송법적 확정력을 가지게 된다. 그래서 특허무효심판은 실질적으로 형성소송에 있어서 형성판결과 같은 성질을 가지는 것으로 이해되었다.[58)]

우리 판례도 이러한 관점에 따라, 특허권의 부여와 부여된 특허권의 무효선언은 특허청의 전속적인 권한으로 하고, 특허권을 둘러싼 사법적인 법률적 분쟁에 대한 판단은 일반 민사법원의 관할로 하는 것에 충실하였다.

그러나 예외적으로 대법원 1983.7.26.선고 81후56 전원합의체판결[권리범위확인]에서 "등록된 특허의 일부에 그 발명의 기술적 효과발생에 유기적으로 결합된 것이 아닌 공지사유가 포함되어 있는 경우 그 공지부분에까지 권리범위가 확장되는 것이 아닌 이상 그 등록된 특허발명의 전부가 출원당시 공지공용된 것인 경우에도 특허무효심결의 유무에 관계없이 그 권리범위를 인정할 수 없다고 판시하였고, 이와 더불어 특허권은 신규의 발명에 대하여 부여되는 것으로 특허권 권리범위확인 청구사건에 있어서 그

---

55) 서울중앙지방법원 2011.11.29.선고 2010가합81730판결.

56) 이 판결의 자세한 사항에 대해서는 정희영, "무효사유 있음이 명백한 지식재산권에 기한 권리행사의 가부 – 서울중앙지방법원 2011.11.29.선고 2010가합81730판결", 『Law &technology 제8권 제1호』, 서울대학교 기술과법센터, 2012. 82-83면 참조.

57) 특허법 제133조 제3항: 특허를 무효로 한다는 심결이 확정된 때에는 그 특허권은 처음부터 없었던 것으로 본다. 다만, 제1항 제4호의 규정에 의하여 특허를 무효로 한다는 심결이 확정된 때에는 특허권은 그 특허가 동호에 해당하게 된 때부터 없었던 것으로 본다.

58) 원래 행정법 관계에 있어서 행정행위에 판결의 추정력과 같은 소송법적 확정력을 부여하는 것은 독립한 행정법원의 판결에만 주어지는 효력이며 특허에 관한 확정 심결(행정행위)에 이와 같은 효력을 부여하는 것은 특허법이 특허심판을 준사법적인 절차로 보고 그에 대한 심결도 판결에 유사한 것으로 생각하고 있기 때문이다.

권리범위를 정함에 있어서는 출원당시의 기술수준이 무효심판의 유무에 관계없이 고려되어야 한다"고 판시하였다. 이 판결 이후, 권리범위확인과 관련된 사안에서 법원은 기술적 범위를 특정할 수 없는 경우나 당해 특허의 실시가 불가능한 경우에도 침해소송을 담당하는 법원이 그 무효사유에 대하여 심리판단을 하게 되었다.[59)60)]

이러한 상황 하에서 침해소송(가처분, 형사소송 포함)에 있어서 당사자 일방(피고)의 특허침해여부가 다투어지는 경우 피고가 당해 특허의 무효사유를 주장할 수 있는지와 이 경우에 법원에서 당해 특허의 유 · 무효를 판단할 수 있는 지가 쟁점이 된 사건[61)]이 발생하였다. 이 침해금지가처분 사건에서 대법원은 "특허법은 특허가 일정한 사유에 해당하는 경우에 별도로 마련한 특허의 무효심판절차를 거쳐 무효로 할 수 있도록 규정하고 있으므로, 특허는 일단 등록된 이상 이와 같은 심판에 의하여 특허를 무효로 한다는 심결이 확정되지 않는 한 유효한 것이며, 법원은 위와 같이 특허를 무효로 할 수 있는 사유가 있더라도 다른 소송절차에서 그 전제로서 특허가 당연 무효라고 판단할 수 없는 것이다"라고 판시하여 침해소송 등을 담당하는 법원이 특허무효사유에 대하여 판단할 수 없다는 원칙을 분명히 하

59) 대법원 1998.10.27.선고 97후2095판결("…등록 실용신안의 일부 또는 전부가 출원 당시 공지공용인 경우에는 실용신안등록무효의 심결 유무에 관계없이 그 권리범위를 인정할 수 없으나, 이는 등록실용신안의 일부 또는 전부가 출원 당시 공지공용의 기술에 비추어 새로운 것이 아니어서 이른바 신규성이 없는 경우에 그렇다는 것이지, 신규성은 있으나 그 분야에서 통상의 지식을 가진 자가 선행기술에 의하여 극히 용이하게 발명할 수 있는 것이어서 이른바 진보성이 없는 경우까지 다른 절차에서 당연히 권리범위를 부정할 수 는 없다"고 판시하였다. 다만, 이 판결은 신규성이 결여된 경우에는 당연 무효는 인정되나 진보성 결여를 이유로 당연 무효를 판단할 수 없다는 입장을 취하고 있다).

60) 한편, 대법원 2003.11.28.선고 2003다30265 가처분 사건에서 법원은 "가처분을 필요로 하는지 여부는 당해 가처분신청의 인용여부에 따른 당사자 쌍방의 이해득실관계, 본안소송에 있어서의 장래의 승패의 예상, 기타의 제반 사정을 고려하여 법원의 재량에 따라 합목적적으로 결정하여야 할 것이며, …장래 그 실용신안권 등의 권리가 무효로 될 개연성이 높다고 인정되는 등의 특별한 사정이 있는 경우에는 당사자 간의 형평을 고려하여 그 가처분 신청은 보전의 필요성을 결한 것으로 보는 것이 합리적이다"라고 판시하였다.

61) 대법원 1992.6.2. 자 선고 91마540 판결.

였다.[62)]

그러나 2004년 대법원은 기존의 태도를 바꾸어 침해소송에서도 피고의 무효의 항변을 인정함으로써 침해소송담당법원도 특허의 유효성을 판단할 수 있다는 판결을 내렸다. 이 판결[63)]에 따르면, "특허의 무효심결이 확정되기 이전이라고 하더라도 특허권 침해소송을 심리하는 법원은 특허에 무효사유가 있는 것이 명백한지 여부에 대하여 판단할 수 있고, 심리한 결과 당해 특허에 무효사유가 있는 것이 분명한 때에는 그 특허권에 기초한 금지와 손해배상 등의 청구는 특별한 사정이 없는 한 권리남용에 해당하여 허용되지 아니한다"라고 판시함으로써 권리남용설을 채택하기에 이르렀다. 즉, 이 판결은 특허권 침해소송법원은 특허의 유 · 무효를 판단할 수 있고, 이 경우 특허의 무효사유로서 신규성이 없음이 명백한 경우에 특허권자는 이 권리에 기초한 금지와 손해배상을 청구할 수 없다고 판단한 것이다.

한발 더 나아가, 2010년 엘지전자가 대우일렉트로닉스를 상대로 특허권 침해금지 및 손해배상을 청구한 사건[64)]에서 대법원은 "특허발명에 대한 무효심결이 확정되기 전이라도 특허발명의 진보성이 부정되어 그 특허가 특허무효심판에 의하여 무효로 될 것이 명백한 경우에는 그 특허권에 기한 침해금지 또는 손해배상 등의 청구는 특별한 사정이 없는 한 권리남용에 해당하여 허용되지 아니하여야 한다고 보아야 하고, 특허권 침해소송을 담당하는 법원으로서도 특허권자의 그러한 청구가 권리남용에 해당한다는 항변이 있는 경우 그 당부를 살피기 위한 전제로서 특허발명의

62) 이러한 입장은 대법원 1998.10.27.선고 97후2095판결; 대법원 1998.12.22.선고 97후1016판결, 1023, 1030판결; 대법원 2001.3.23.선고 98다7209판결; 대법원 2004.2.27.선고 2003도6283판결에도 계속 유지되었다.

63) 대법원 2004.10.28.선고 2000다69194판결은 특허권자인 독일의 메밍거-아이알오 게임바하사의 특허 제29468호 "방직용실 저장 및 공급장치"에 관한 특허침해금지 및 손해배상청구소송의 상고심 판결이다.

64) 대법원 2012.1.19.선고 2010다95390판결.

진보성 여부에 대하여 심리 · 판단할 수 있다고 할 것이다"라고 판시하였다.

이로써 침해소송담당법원은 침해소송에서 신규성은 물론, 진보성에 대해서도 특허 유효성을 판단할 수 있게 되었다. 다만, 법원에서 당해 특허가 무효임이 명백하다고 판결하여도 그 자체로서 특허가 무효 되는 것은 아니고, 권리남용의 법리에 따라 권리행사가 제한될 뿐이다. 따라서 그 특허를 무효로 하기 위해서는 무효심판을 청구하여 무효심결을 받아야 한다. 이러한 점에서 법원에서의 무효 판결은 소송당사자 간에만 효력이 있다(상대적 효력).[65)]

이러한 판례의 해석론에 따르면 디자인권 침해소송에서도 피고는 디자인권에 무효사유가 있다는 취지의 항변을 주장할 수 있고, 이러한 주장이 인정된다면 디자인권 행사는 제한된다.

■ 일본의 중요 판례 해설: 『찜통용 깔기사건(せいろう用中敷事件)』[66)]

의장권에 관하여 무효의 항변이 인정된 사안으로서, 『찜통용 깔기사건(せいろう用中敷事件)』이 있다. 본건은 의장의 대상이 되는 물품을 '찜통용 깔기'로 하는 의장(본건 등록의장)의 의장권을 가지고 있는 X(원고)가 Y(피고)등이 제조 · 판매하는 쿠킹용 시트(Y제품)가 원고의 의장권을 침해한다고 하

65) 한편 일본에서도 과거에는 침해소송을 심리하는 재판소는 권리의 유효성을 판단할 수 없고 권리에 무효사유가 있다고 하여도 무효심결이 확정되지 않는 이상 그 권리는 유효한 것으로 취급하였지만 『킬비사건(キルビー事件)』 최고재판소의 판결이후 침해소송에서도 권리의 무효항변을 할 수 있게 되었다(最判平成12年4月11日民集54巻4号1368頁). 즉 본판결에서는 "특허의 무효심결이 확정되기 전이라 하여도, 특허권 침해 소송을 심리하는 재판소는 특허에 무효이유가 존재하는 것이 명확한지 아닌지에 관하여 판단할 수 있다고 해석해야 하고, 심리의 결과 해당특허에 무효이유가 존재하는 것이 명확할 때는 그 특허권에 근거하는 금지, 손해 배상 등의 청구는 특별의 사정이 없는 한 권리의 남용에 해당하여 허용되지 않는다고 해석하는 것이 타당하다"고 판결하였다.

66) 東京地判平14年8月22日(平成13年(ワ)第27317号), 裁判所HP.

여 Y제품의 제조 · 판매 등의 금지를 구하는 소송을 제기하였는데, 재판소는 '원형모양의 시트에 다수의 같은 원형 모양 · 크기의 작고 투명한 구멍이 거의 균등에 분포되어 있는 형태는 본건 등록의장의 의장등록출원 전에 이미 공연히 실시되어 공지인 것으로 인정된다. 그리고…금속제 등의 원형 모양의 찜통용 깔기에 투명한 구멍을 동심원 모양으로 산재적으로 배치하는 것은 일반적으로 볼 수 있는 것이며 투명한 구멍의 배열에는 특별한 의장상의 창작성은 존재하지 않는다는 것이 인정된다.'고 하여 본건 등록의장은 의장법 제3조 제2항에 반하여 등록된 것이며 무효이유를 가지고 있다는 것이 명확하므로 본건 등록의장에 근거한 X의 청구는 권리의 남용에 해당한다고 판시하였다.

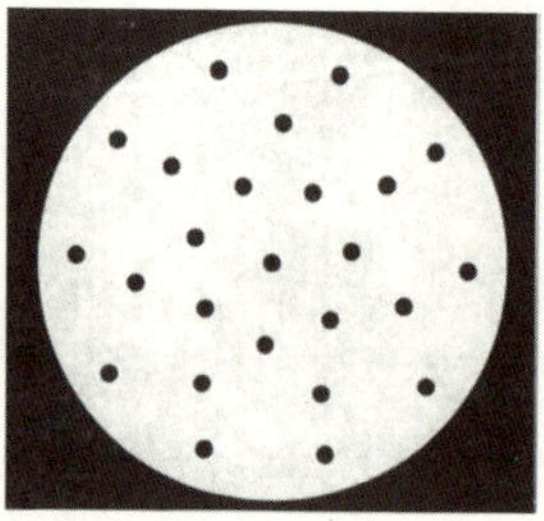

[본건등록의장]

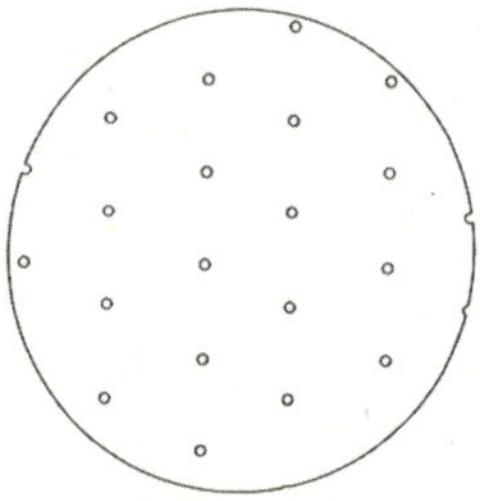

[인용의장의 예]

제5절 금반언의 원칙

이 원칙은 특허권의 균등침해(균등론)가 문제 될 때, 이를 제한하는 법리이다. 출원경과 금반언(prosecution history estoppel)이라고 하며 미국에서 탄생한 법리이다. 간단히 설명하면, 특허출원을 할 때부터 특허권을 부여받을 때까지의 전 과정 속에서 출원인 또는 특허권자가 의식적으로 제출한 서면이나 주장, 혹은 특허청을 비롯하여 법원에 표시한 견해에 대한 출원인의 대응을 참작하는 것을 말한다.[67] 즉 원래 특허발명의 균등영역에 속하는 기술인데 특허권자가 출원절차 등의 과정에서 이를 의식적으로 제외한 경우에는 나중에 균등론에 의하여 회복하는 것은 허용되지 아니하고 따라서 위 기술은 특허발명의 보호범위에 속하지 아니한다는 이론이다.[68] 우리 대법원은 2002.6.14. 선고 2000후2712 판결에서 처음으로 출원경과금반언의 원칙을 적용하여 균등론을 배제시킨 이래, 잇따르는 판결[69]에서도 계속하여 적용되고 있다. 특히 2007. 2. 23. 선고 2005도4210 판결에서는 "대상제품이 특허발명의 출원 · 등록과정 등에서 특허발명의 특허청구범위로부터 의식적으로 제외된 것에 해당하는지 여부는 명세서뿐만 아니라 출원에서부터 특허될 때까지 특허청 심사관이 제시한 견해, 특허출원인이 제출한 보정서와 의견서 등에 나타난 특허출원인의 의도 등을 참작하여 판단하여야 한다"고 하였다.

이러한 균등침해의 인정여부에 있어 중요한 법리로 자리 잡고 있는 '출원경과금반언의 원칙'은 디자인권 침해판단에서도 동일하게 적용될 수 있다. 이하에서는 디자인 침해사건에서 출원경과 금반언의 원칙이 적용된 일본의 사례를 소개한다.

■ 일본의 중요 판례 해설: 『장화사건(長靴事件)』[70]

『장화사건(長靴事件)』은 의장의 대상이 되는 '장화'로 하는 의장(본건 등록

67) 권태복, "특허소송에서 출원경과금반언의 적용범위", 『창작과 권리 52호』, 세창출판사, 2008, 2면.

68) 최성준, "한국법원에서의 균등론", 『Law & Technology 제2권 제5호』, 서울대학교 기술과법센터, 2006, 128면.

69) 대법원 2002.6.14.선고 2000후2712판결(원심 특허법원 2000.9.7.선고 99허9755판결); 대법원 2003.12.12.선고 2002후2181판결(원심 특허법원 2002.9.6.선고 2002허1218판결); 대법원 2006.6.30. 선고 2004다51771 판결 등.

70) 大阪地判平21年11月5月(平成21年(ネ)第2726号), 裁判所HP(『장화사건(長靴事件)』).

의장)의 의장권자인 X(원고)가 Y(피고)에 대하여, Y가 판매 등을 하는 제품(Y 의장)은 자신의 의장권을 침해한다고 하여 Y제품의 판매 금지 및 손해배상을 청구한 사안이다.

본건 등록의장의 출원경과에서, 본건 등록의장이 인용의장과 유사하여 의장법 제3조 제1항 제3호에 해당한다고 한 거절이유통지에 대하여 X는 본건 등록의장은 인용의장에 유사하지 않다고 하는 의견서를 제출하였다. X는 이 의견서 에서 "본원의장(본건 등록의장)의 몸통부 조임의 단수는 5단이며, 인용의장의 몸통부 조임의 단수는 3단이다. 몸통부 높이와 관련하여 몸통부 조임 단수는 두 의장을 손에 들었을 때 가장 주목되는 부분의 하나이다"고 주장하였다.

본판결은, "본건 소송에서 몸통부 조임의 단수가 상기 인용의장과 같은 3단인 Y제품 의장과의 유사판단에서 단수의 차이는 수요자에게 주는 미감에 영향을 미치지 않으므로 Y제품의 의장은 본건등록의장에 유사하다는 등의 X주장은 출원경과에서의 상기 주장에 반한다"고 하여 금반언 원칙 내지 신의칙 위반을 이유로 X청구를 기각하였다.

금반언 원칙은 특허권침해소송에서 논의되는 경우가 많은데 본건은 의장권침해소송에서도 동일하게 적용된다는 것을 확인한 점에서 중요한 의미를 가진다.

[본건등록의장]

[피고의장]

| 참고 문헌 |

■ 국내문헌

조영선, 『특허법(제3판)』, 박영사, 2011.

윤선희, 『특허법』, 법문사, 2004.

정상조 · 박성수 공편, 『특허법 주해 II』, 박영사, 2010.

지식경제위원회, "특허법 일부개정 법률안 검토 보고서", 2011.

특허청, 『디자인보호법 이론과 판례』, 2014.

특허청, 『특허법 조문별 해설』, 2005.

황의창 · 황광연, 『디자인보호법』, 법영사, 2011.

구회근, "지적재산권 관련 분쟁에 관한 최근 판례 동향(일부 주요사건의 사례연구 포함) : 지난 1년간 선고된 대법원판결을 중심으로", 『기업소송연구』, 다사랑, 2007.

권태복, "특허소송에서 출원경과금반언의 적용범위", 『창작과 권리 52호』, 세창출판사, 2008.

권태복, "특허침해소송에 있어서 선사용과 공연실시의 항변", 『산업재산권 제34호』, 한국지식재산학회, 2011.

권택수, "구 의장법 제2조 제1호 소정의 '물품'의 의미 및 그 물품이 의장등록의 대상이 되기 위한 요건", 『대법원판례해설 통권 제37호』, 2001.

권영준, "의장권침해소송에 관한 고찰-의장의 유사개념을 중심으로-", 『21세기 한국민사법학의 과제와 전망(심당 송상현교수 화갑기념 논문집)』, 박영사, 2002.

김종석, "디자인의 이용관계", 『대법원판례해설 88호』, 법원도서관, 2011.

김용덕, "디자인의 창작 용이성", 『특허소송연구 5집』, 특허법원, 2010.

나종갑, "Design 특허와 디자인의 기능성 : 미국특허법을 중심으로", 『연세법학연구 7집1권 (통권9호)』, 연세대학교 법과대학 법률문제연구소, 2000.

노태정, "디자인의 국제경쟁력을 위한 의장제도의 역할", 『창작과 권리 제34호』, 세창출판사, 2001.

노태정, "의장법 개정방향과 그 배경", 『창작과 권리 제19호』, 세창출판사, 2000.

노태정, "2010년 디자인보호법 개정안에 대한 문제점과 개선의견", 『창작과 권리 59호』, 세창출판사, 2010.

박준석, "상표상품만의 병행수입론의 논의를 넘어 특허-상표-저작권 전반의 권리소진 이론으로", 『저스티스 통권 제132호』, 한국법학원, 2012.

박종학, "디자인의 동일 또는 유사 여부 판단 : 대법원 판례를 중심으로", 『창작과 권리 60호』, 세창출판사, 2010.

서영철, "디자인의 유사여부 판단", 『특허소송연구 4집』, 특허법원, 2008. 12.

성기문, "공지부분이 포함된 특허 및 의장을 둘러싼 실무상의 제문제", 『특허소송연구 2집』, 특허법원, 2002.

안원모, "디자인 유사 판단에서 기본적 · 기능적 형태가 가지는 의미-대법원 2013.4.11. 선고 2002후3794 판결을 중심으로-", 『홍익법학 제15권 제1호』, 홍익법학연구소, 2014.

안원모, "디자인 이용관계의 본질 및 유형별 논점에 관한 연구", 『법조 통권 650호』, 2010.

안원모, "부분디자인의 성립 및 등록에 있어서의 특유한 문제점 고찰", 『창작과 권리 61호』, 세창출판사, 2010.

안원모, "부분디자인의 유사 판단에 관한 연구", 『산업재산권 29호』, 한국산업재산권법학회, 2009.

안효질, "현행 의장무심사등록제도의 문제점과 개선방안", 『인권과 정의 290호』, 대한변호사협회, 2000.

오영준, "물품의 기능을 확보하는 데 불가결한 형상의 의의 및 디자인의 유사여부 판단(2006. 9. 8. 선고 2005후2274 판결: 공2006하, 1697)", 『대법원 판례해설 65호 (2006 하반기)』, 법원도서관, 2006.

유영선, "우리나라 법에 의한 산업디자인의 보호 및 한계", 『사법논집 제41집』, 법원행정처, 2005.

유영선, "등록무효소송에서 기본적 또는 기능적 형태를 포함하고 있는 디자인의 유사성 판단기준," 『지적재산권 7호』, 한국지적재산권법제연구원, 2009.

육소영, "디자인보호법에 의한 화상디자인의 보호", 『산업재산권 22호』, 한국산업재산권법학회, 2007.

윤선희, "특허소진의 의의와 그 논거에 관한 연구", 『산업재산권 제27호』, 한국산업재산권법학회, 2008.

윤선희, "선사용에 의한 통상실시권", 『산업재산권 제16호』, 한국산업재산권학회, 2004.

이상정, "글자체디자인권의 침해에 관한 소고", 『경희법학 제39권 3호』, 2005.

이상정, "의장법의 개정방향에 관한 소고", 『경희법학 제39권 제2호』, 경희법학연구소, 2004. 12.

조영호, "의장의 대상이 되는 물품은 반드시 실제 거래사회에서 현실적으로 거래되고 다른 물품과 호환될 것을 요하는지 여부", 『정보법판례백선(I)』, 한국정보법학회, 박영사, 2006.

정철, "중국에서 외국디자인의 보호", 『법조 57권8호(통권623호)』, 법조협회, 2008.

정희영, "무효사유 있음이 명백한 지식재산권에 기한 권리행사의 가부 - 서울중앙지방법원 2011. 11. 29. 선고2010가합81730 판결", 『Law & technology 제8권 제1호』, 서울대학교 기술과법센터, 2012.

차상육, "유럽연합 디자인법에서의 미등록공동체디자인의 보호", 『정보법학 제15권 제1호』, 한국정보법학회, 2011.

최성준, "한국법원에서의 균등론", 『Law & Technology 제2권 제5호』, 서울대학교 기술과법센터, 2006.

한규현, "의장의 유사 여부 판단방법", 『대법원판례해설 65호 (2006 하반기)』, 법원도서관, 2007.

한동수, "디자인의 등록요건 판단시 물품의 기능을 확보하는데 필요한 형상 부분이 있는 디자인의 유사여부 판단방법", 『대법원판례해설 80호』, 법원도서관, 2009.

■ 일본 문헌

竹田稔, 『知的財産権侵害要論 特許·意匠·商標編[第5版]』, 発明協会, 2007.

渋谷達紀, 『知的財産法講義II-著作権法·意匠法-[第2版]』, 有斐閣, 2007.

兼子一 · 染野義信, 『工業所有権法』, 日本評論社, 1968.

松尾和子, "図案化された文字と意匠の意義", 『民商法雑誌』(第85巻第1号), 有斐閣, 1981.

牛木理一先生古希記念(藤本昇), "意匠法上の視覚性について", 『意匠法及び周辺法の現代的課題』, 発明協会, 2005.

田村義之, 『知的財産法[第5版]』, 有斐閣, 2010.

峯唯夫, "意匠の使用概念からのアプローチ", 『DESIGN PROTECT』(第51号), 日本デザイン保護協会, 2001.

牛木理一, "肉眼により認識することができない意匠の登録は認められない", 『知財管理』(第57巻 第2号), 日本知的財産協会, 2007.

牛木理一, 『意匠法の研究[第4版]』, 発明協会, 1994.

牧野利秋·飯村敏明編(山田知司), "意匠の類否", 『新·裁判実務大系 4 知的財産関係訴訟法』, 青林書院, 2001.

竹田稔, 『知的財産権侵害要論 特許・意匠・商標編[第5版]』, 発明協会, 2007.

牛木理一古希記念(内藤義三·川岸弘樹), "意匠権の本質", 『意匠法及び周辺法の現代的課題』, 発明協会, 2005.

牧野利秋·飯村敏明編(山田知司), "意匠の類否", 『新·裁判実務大系 4 知的財産関係訴訟法』, 青林書院, 2001.

竹田稔, 『知的財産権侵害要論　特許・意匠・商標編[第5版]』, 発明協会, 2007.

村林隆一先生傘寿記念(小谷悦司), "登録意匠の要部認定と類否判断について", 『知的財産権侵害訴訟の今日的課題』, 青林書院, 2011.

峯唯夫, ゼミナール意匠法(第2版), 法学書院, 2009.

恩田博宣, "判批", 『パテント』(第64巻第2号), 日本弁理士会, 2011.

板倉集一, "判批", 『知財管理』(第57巻第6号), 日本弁理士会, 2007.

斉藤瞭二, "判批", 『ジュリスト』(第967号), 有斐閣, 1990.

古沢博, "判批", 『知財管理』(第41巻第6号), 日本知的財産協会, 1991.

仙元隆一郎, 『特許法講義[第4版]』, 悠々社, 2003.

盛岡一夫, "通常実施権者の差止請求権", 『日本工業所有権法学会年報』(第8号), 有斐閣, 1984.

田倉整編(本間崇), "実施権", 『特許・商標・著作権(実務法律大系(10)』, 青林書院新社, 1972.

高林竜, 『標準特許法[第4版]』, 有斐閣, 2011.

兼子一・染野義信, 『工業所有権法[改訂版]』, 日本評論社, 1968.

吉田清彦, "専用実施権設定と特許権による侵害差止請求", 『パテント』(第33巻第11号), 日本弁理士会, 1980.

茶園成樹, "判解", 『ジュリスト』(第1313号), 有斐閣, 2006.

高林竜, "判批", 『ジュリスト』(第1071号), 有斐閣, 1995.

玉井克哉, "判批",『特許研究』(第21号), 工業所有権情報·研修館, 1996.
中山信弘,『特許法[第2版]』, 弘文堂, 2012.
高部真規子, "判批",『法曹時報』(第55巻第5号), 法曹会, 2003.
小野昌延先生喜寿記念(横山久芳), "拒絶審決取消訴訟と固有必要的共同訴訟",『知的財産法最高裁判例評釈大系 I』, 青林書院, 2009.
茶園成樹, "判批",『パテント』(第100巻第12号), 日本弁理士会, 2003.
牛木理一,『意匠権侵害−理論と実務−』, 経済産業調査会, 2003.
茶園成樹, "意匠の利用について",『知的財産法研究』(第44巻第3号), 蕚工業所有権研究所, 2003.
牧野利秋編(松尾和子), "間接侵害(2)−間接侵害行為",『裁判実務大系9 工業所有権訴訟法』, 青林書院, 1985.
横山久芳, "特許製品のリサイクルと消尽論−インクタンクリサイクル事件大合議判決を読んで−",『ジュリスト』(第1316号), 有斐閣, 2006.
平野知宏, "判批",『知財ぷりずむ』(第65巻第6号), 経済産業調査会近畿本部, 2008.
田村善之, "修理と部品の取替えと特許権侵害の成否",『知的財産法政策学研究』(第6号), 情報法政策学研究センター , 2005.
吉田知彦, "判批",『法の支配』(第150号), 日本法律家協会, 2008.
牧野利秋他編(吉川泉), "特許製品の国際消尽と並行輸入",『知的財産法の理論と実務II』, 新日本法規, 2007.
田村善之, "並行輸入と特許権−BBS事件最高裁判決の意義とその検討",『NBL』(第627号), 商事法務, 1997.
牧野利秋·飯村敏明編(片山英二), "並行輸入",『新·裁判実務大系(4)知的財産関係訴訟法』, 青林書院, 2001.
三村量一, "判解",『民集』(平成9年(中)), 最高裁判所判例調査会, 1997.
飯村敏明·設楽隆一編(杉浦正樹), "渉外問題",『知的財産関係訴訟』, 青林書院, 2008.
牧野利秋編(飯田秀郷), "先使用権(1) 発生要件事実",『裁判実務大系９ 工業所有権訴訟法』, 青林書院, 1985.
渋谷達紀,『特許法』, 発明推進協会, 2013.
富岡健一, "先使用権に関する諸問題",『日本工業所有権法学会年報』(第11号), 有斐閣, 1987.
原増司判事退官記念(松本重敏), "先願主義と先使用権",『工業所有権の基本的課題

(上)』, 有斐閣, 1971.
佐藤祐介, "判評", 『判例時報』(第2054号), 判例時報社, 2009.
越山和広, "判解", 『法学セミナー増刊』(第5号), 日本評論社, 2009.

■ 우리나라 판례

대법원 1978.12.13.선고 78다232판결
대법원 1982.7.13.선고 81후74판결
대법원 1984.5.29.선고 83후57판결
대법원 1985.5.14.선고 84후110 판결(거절사정)
대법원 1987.2.24.선고 85후101판결
대법원 1989.7.25.선고 88후1021판결
대법원 1990.5.8.선고 89후2014판결
대법원 1991.6.11.선고 90후1024판결
대법원 1991.7.12.선고 90후1994 판결(거절사정)
대법원 1991.9.10.선고 90후2072 · 2089(병합)판결
대법원 1991.9.10.선고 90후2096판결
대법원 1991.11.26.선고 91도612 판결
대법원 1992.3.31.선고 91후1595판결
대법원 1992.6.2.선고 91마540 판결
대법원 1992.10.27.선고 92후377판결
대법원 1994.2.22.선고 93후1346판결
대법원 1994.9.9.선고 93후1247판결
대법원 1995.7.28.선고 94후1626판결
대법원 1998.10.27.선고 97후2095판결
대법원 1998.12.22.선고 97후1016, 1023, 1030 판결
대법원 1999.5.25.선고 98다41216판결
대법원 1999.7.23.선고 98후2689[등록무효(의)]
대법원 1999.8.24.선고 99후888판결
대법원 1999.12.28.선고 98후492판결
대법원 2001.1.30. 선고 98후2580 판결 권리범위확인(특)
대법원 2001.4.27.선고 98후2900[등록무효(의)]

대법원 2001.3.23.선고 98다7209판결
대법원 2001.6.29. 선고 2000후3388판결
대법원 2002.6.14.선고 2000후2712판결
대법원 2003.11.28.선고 2003다30265결정
대법원 2003.12.12.선고 2002후2181판결
대법원 2004.2.27.선고 2003도6283판결
대법원 2004.6.10.선고 2002후 2570판결
대법원 2004.7.9.선고 2003후274판결
대법원 2004.9.24.선고 2003도 3081판결
대법원 2004.10.28.선고 2000다69194판결
대법원 2006.6.30.선고 2004다51771판결
대법원 2007.1.25.선고 2005후1097판결
대법원 2007.1.25.선고 2005다11626판결(소리바다 1사건)
대법원 2007.10.26.선고 2005마977결정
대법원 2009.1.30.선고 2007후4830판결
대법원 2010.8.26.선고 2009후4148판결 등록무효(디)
대법원 2010.11.11.선고 2010후2209판결
대법원 2011.4.28. 선고 2009후2968판결 권리범위확인(디)
대법원 2012.1.19.선고 2010다95390판결
대법원 2012.6.14.선고 2012후603판결 거절결정(디) [미간행]
대법원 2014.8.20.선고 2013다41578판결(공유물분할)
부산고법 2013.5.9.선고 (창원)2012나2197 판결.
특허법원 1998.11.5.선고 98허58 판결
특허법원 2000.9.7.선고 99허9755판결
특허법원 2002.5.17.선고 2002허1379판결
특허법원 2002.9.6.선고 2002허1218판결
특허법원 2003.12.29.선고 2003허3938판결
특허법원 2007.10.31.선고 2007허4861판결
특허법원 2009.7.24.선고 2009허3466판결
특허법원 2012.9.14.선고 2012허4872판결
서울중앙지방법원 2011.11.29.선고 2010가합81730판결

■ 일본 판례

最判昭和36年8月31日民集第15巻第7号2040頁
最判昭和49年3月19日民集第28巻第2号308頁
最判昭和50年2月28日判タ第320号160頁
最判昭和55年10月16日民集第131号13頁
最判昭和61年10月3日民集40巻6号1068頁
最判平成7年3月7日民集第49巻第3号944頁
最判平成9年7月1日民集第51巻第6号2299頁
最判平成14年2月28日民集第58巻第2号348頁
最判平成14年3月25日民集第56巻第3号574頁
最判平成17年6月17日民集第59巻第5号1074頁
最判平成19年11月8日民集第61巻第8号2989頁
最決平成21年1月27日民集第63巻第1号271頁
知財高判平成17年8月30日(平成17年(ネ)第10016号), 裁判所HP
知財高判平成17年10月31日(平成17年(ネ)第10079号), 裁判所HP
知財高判平成17年11月11日判時第1911号48頁
知財高判平成18年3月31日判時第1929号84頁
知財高判平成20年1月31日(平成18年(行ケ)第10338号), 裁判所HP
知財高判平成20年7月7日判時第2015号127頁
知財高判平成22年7月20日(平成19年(ネ)10032号)
知財高判平成23年3月28日(平成22年(ネ)10014号)
東京高判昭和50年5月27日無体裁集第7巻第1号128頁
東京高判昭和53年7月26日無体裁集第10巻第2号369頁
東京高判昭和55年3月25日無体裁集第12巻第1号108頁
東京高判平成1年4月27日判時第1324号135頁
東京高判平成2年3月7日無体裁集第22巻第1号142頁
東京高判平成5年7月15日知財裁集第25巻第2号454頁
東京高判平成6年1月27日判時1502号137頁
東京高判平成7年9月26日知的裁集第27巻第3号682頁
東京高判平成10年6月18日知財裁集第30巻第2号342頁

東京高判平成12年11月28日判時第1748号159頁
東京高判平成13年11月29日判時第1779号89頁
東京高判平成15年6月30日平成15年(ネ)第1119号, 裁判所HP
大阪高判昭和54年2月28日無体裁集第11巻第1号92頁
大阪高決昭和56年9月28日無体裁集第13巻第2号630頁
大阪高判昭和59年12月21日無体裁集第16巻第3号843頁
大阪高判平成17年7月28日(平成16年(ネ)第2599号)
大阪高判平成9月16日無体裁集第14巻第3号571頁
名古屋高判昭和60年4月24日無体裁集第17巻第1号183頁
東京地判昭和30年2月25日下級裁判所民事裁判例集第6巻第2号342頁
東京地判昭和40年8月31日判タ第185号209頁
東京地判昭和49年4月8日無体裁集第6巻第1号83頁
東京地判昭和56年2月25日判時第1007号72頁
東京地判平成9年12月12日判時第1641号115頁
東京地判平14年8月22日(平成13年(ワ)第27317号), 裁判所HP
東京地判平成20年4月14日判時第2015号132頁
東京地判平成22年5月14日(平成20年(ワ)36851号)
大阪地判昭和44年6月9日無体裁集第1巻160頁
大阪地判昭和46年12月22日無体裁集第3巻第2号414頁
大阪地判昭和59年4月26日無体裁集第16巻第1号271頁
大阪地判昭和59年12月20日無体裁集第16巻第3号803頁
大阪地判平成1年4月24日判時第1315号120頁
大阪地判平成3年3月25判例工業所有権835318頁
大阪地判平成12年9月12日判時第1748号164頁
大阪地判平成12年10月24日判タ第1081号270頁
大阪地判平成17年12月15日判時第1936号155頁
大阪地判平成21年11月5月(平成21年(ネ)第2726号), 裁判所HP
大阪地判平成23年9月15日(平成22年(ワ)9966号)
大阪地判平成46年12月22日無体裁集第3巻第2号414頁
福岡地小倉支部判昭和62年9月18日判タ第664号222頁

전성태

경희대학교 일반대학원 졸업(법학박사)
경희대학교 약학대학 산업재산권법 강사
일본지적재산연구소 초빙연구원(도쿄)
현, 한국지식재산연구원 부연구위원

저서 및 논문
- 주해 게임산업진흥에 관한 법률(공저)
- 수리부품 디자인의 보호에 관한 국제적 동향과 과제
- 3D 프린팅과 산업재산권법
- 특허침해소송에서의 무효의 항변
- 3D 디자인파일의 저작권법상 과제
- 한·중 FTA와 의약품허가특허연계제도 외 다수

신현철

오사카대학 법학부 법학과(지적재산권법 전공)
오사카대학 대학원 박사전기과정(지적재산권법 전공) 수료(법학석사)
오사카대학 대학원 박사후기과정(지적재산권법 전공) 수료
현, 오사카대학 지적재산센터 특임연구원(종합적지적재산교육사업추진에 관한 연구 등 수행)
현, 椙山女学園대학 비상근 강사

디자인 보호법의 쟁점과 사례

2014년 12월 12일 초판 인쇄
2014년 12월 15일 초판 발행

지은이 전성태·신현철
발행처 한국지식재산연구원
편집·제작처 新論社
등록번호 제10-308호(1989.3.4)

보급판매처 새문사
등록번호 제1-273호(1977.9.19)

한국지식재산연구원

주소 : 서울시 강남구 테헤란로 131 한국지식재산센터 3, 9층
전화 : (02)2189-2600 팩스 : (02)2189-2694
website : www.kiip.re.kr

新論社

주소 : 서울시 마포구 대흥로6길 6-12
전화 : (02)715-7232(代) 팩스 : (02)715-7235
website : www.saemoonbook.com

ISBN : 978-89-7411-423-7 93360